高畠素之の亡霊

ある国家社会主義者の危険な思想

佐藤 優

新潮選書

高畠素之の亡霊　ある国家社会主義者の危険な思想　目次

高畠素之の亡霊　ある国家社会主義者の危険な思想

引用については、適宜旧かな、新漢字とする。引用文中、現在の基準からすると人権の観点から不適切な表記や表現がある場合も、歴史的文書であることに鑑み、言い換えや削除は行わない。難読漢字には適宜ルビを付した。

まえがき

われわれは文字通り危機（crisis）の時代に生きている。危機の語源は、古典ギリシア語のκρίσιςで、転換点を意味する。病気ならば、転換点を超えて向こう側に行ってしまえば死に、こちら側に留まることができれば生き残る。

国際政治においても状況は危機的だ。二〇一七年一月に米国の大統領にドナルド・トランプ氏が就任してから、東アジアにおいても危機が現実となっている。米国と北朝鮮が戦争を始めれば、通常兵器だけを用いても二百万人以上の死者が出ると想定されている。核戦争になれば、死者は一千万人を超える。ちなみに朝鮮国連軍は現在も存続している。外務省ＨＰの「朝鮮国連軍地位協定」（二〇一八年二月十三日更新）には、以下の事実が記されている。

〈横田飛行場に所在する朝鮮国連軍後方司令部には、ウィリアムズ司令官（豪空軍大佐）他3名が常駐しているほか、8か国（オーストラリア、イギリス、カナダ、フランス、トルコ、ニュージーランド、フィリピン、タイ）の駐在武官が朝鮮国連軍連絡将校として在京各国大使館に常駐している。〉

〈現在、朝鮮国連軍は、国連軍地位協定第5条に基づき、我が国内7か所の在日米軍施設・区域（キャンプ座間、横須賀海軍施設、佐世保海軍施設、横田飛行場、嘉手納飛行場、普天間飛行場、ホワイトビーチ地区）を使用することができる。〉

従って、朝鮮戦争が勃発すれば、米軍を中心とする朝鮮国連軍に基地を供与する日本は、北朝鮮の中距離弾道ミサイルの攻撃対象になる。また、日本国内に潜入している北朝鮮の工作員による攪乱工作も十分ありうる。

日本の内政状況を見ても危機的だ。森友学園への国有地売却問題をめぐって、財務官僚が公文書を書き換えるという前代未聞の不祥事が起きた。二〇一八年三月二十七日、衆参両院の予算委員会で元財務省理財局長の佐川宣寿氏に対する証人喚問が行われた。森友学園への土地売却に関する公文書が改竄された経緯や自らの関与については、刑事訴追の虞《おそれ》があるという理由で証言を拒否した。しかし、安倍昭恵首相夫人の関与については、全面的に否定した。本件に関する田原総一朗氏のコメントが秀逸だ。

〈NHKや民放各局が流した佐川宣寿・前国税庁長官の喚問中継を見た国民は、「この人は事実を何か隠している」と感じたのではないでしょうか。映像の中の彼がそれを雄弁に伝えていたと思います。

証言に立った佐川氏の表情を見て、二重三重にもよろいを身につけ「完全武装」でのぞんでいるような印象を受けました。これ以上、身をおいた官僚の世界からも孤立したくないし、官邸の信頼も失いたくない。そのためにどう答えるべきか。戦略を固め、そこから逸脱しないという覚悟を決めた表情に見えました。

その通り、証言の間も、これまでの国会証人喚問の歴史で時折見られたような、動揺したり、困惑したりする姿を見せることはありませんでした。「刑事訴追を受ける恐れがあり、答弁を差し控えさせていただきたい」を連発し、何ひとつ明らかにしないまま終えました。ただ、「訴追が理由ではなく、都合の悪いことはしゃべらないのではないか」と追及されるほど沈黙を貫いたなかで、安倍首相や昭恵夫人、官邸などの指示や関与について、その根拠も示さず、断定的に否定したのは異様に感じました。それもあって、結局その場をしのぐという国会での短期的戦略は成功したかもしれませんが、意図とは逆に、国民の間では、土地売買や決裁文書改ざんに、官邸の何らかの関与があったのかもしれない、という疑惑を深めてしまったと思います。彼にとってはマイナスの効果です。〉（二〇一八年三月二十八日「朝日新聞デジタル」）

田原氏の言うとおりと思う。佐川氏は本件に関する自身の関与について、改竄された公文書を見たか否かという刑事訴追に関係するとは思われない事項に関してから証言を拒否した。それにもかかわらず改竄に関する昭恵氏の関与を否定するのは奇妙だ。なぜなら佐川氏自身が当該公文書を読んだことを含め、事案の全体像に通じていなくては昭恵氏の関与を否定できないからだ。

佐川氏は、首相官邸、財務省と自分を同時に守るという連立方程式を作って喚問に臨んだ。その目的は、首相官邸と財務省を守れば、自分が刑事責任を追及されることを免れるという希望的観測に基づくものだ。佐川氏には、国民に対する奉仕者である国家公務員だったという意識が稀薄だ。自分の生き残りしか考えていない。それだから、有権者による直接選挙で選ばれた参議院議員、衆議院議員の前で真実を語ることに関心がなかったのだ。今回の証人喚問の結果、国民から超然として存在している元財務官僚の病理が可視化された。

真理は具体的なので、現下の日本が抱える問題についてここで少し詳しく事例を説明した。こういう危機的状況から、日本国家も日本人も私たち一人一人が抜け出さなくてはならない。そのために私は高畠素之《たかばたけもとゆき》（一八八六年一月四日～一九二八年十二月二十三日）の亡霊を呼び出さなくてはならないと考えた。明治末期から昭和初期にかけて、高畠は論壇の寵児だった。同志社の神学部を中退したのち、同志社時代に習得した英語に加え独学で高度なドイツ語力を身につけて、さまざまな英語、ドイツ語文献を消化した上で、多彩な文体を使い分けて、活字メディアの世界を縦横無尽に駆け抜けた。翻訳家としても優秀で、マルクス『資本論』の全訳を初めて行った。しかも、二回、全面的な改訳を行っている。高畠は『資本論』の内在的論理に通暁していたにもかかわらず、社会民主主義者や共産主義者にならなかった。その理由は二つある。

第一は、マルクスの『資本論』に国家論が欠如しているのに不満を覚えたからだ。ちなみにこの認識は哲学者の柄谷行人氏と共通している。

第二は、高畠がハーバート・スペンサー流の社会進化論の影響を受けていることだ。生存競争によって、強者が弱者を踏み台にしていくことが必然だ。人間は性悪な存在なので、革命によって生産手段の私有が排除されても、一部のエリートが大多数の民衆を抑圧するという社会体制は変わらないからだ。

高畠は、このような人間が人間を抑圧する体制を変革することには賛成した。社会主義革命は必要なのである。しかし、それはマルクス主義者が説くようなプロレタリア革命によって社会主義を実現することではない。性悪な人間を抑え、社会的公平を確保する機能は、最大の暴力装置である国家にしかないと高畠は考えたのである。高畠は、自らを国家社会主義者と規定した。高畠が主張する国家社会主義は、state-socialism でドイツのナチスが主張する national-socialism（民族社会主義）ではない。この関係で興味深いのは、ボリシェビキ（ロシア共産主義者）による革命によって出来たソ連が、国家を廃絶するのではなく、赤色帝国主義国家となったことを高畠は肯定的に評価したことだ。高畠のソ連論は、あの国家の本質を見抜いた優れたものだった。高畠は、国家機能によって資本家と労働者の橋梁体制を構築するイタリア・ファシズムにも共感を抱いた。高畠も日本人が生き残るためには、日本の国家体制をファッショ化しなくてはならないと考え、陸軍（宇垣一成大将）に接近した。一九二八（昭和三）年末に高畠は四十二歳で死んだ。あと十年、高畠が生きたならば、日本の歴史は変わっていたかもしれない。一九三二（昭和七）年の五・一五事件も、三六（昭和十一）年の二・二六事件も、高畠が関与したならば、放送局、新聞社、電気、水道、ガス、鉄道などのインフラ施設をクーデター勢力の管轄下に置いて、宮中の動きを封じ込めて、国家社会主義革命を完遂した可能性は十分にあると思う。

このような高畠の政治プログラムに私はまったく共感を覚えない。しかし、資本主義と民主主義の危機を当座、克服するために、高畠型のファシズム＝国家社会主義には、それなりの合理性と魅力があることは認めなくてはならない。

日本でも、国家機能を強化して再分配を確保し、格差を是正しようとする言説が影響力を持ち始めている。小泉純一郎政権から継続している新自由主義路線の軌道修正をしなくてはならない。そのときに当事者が自覚を欠いたまま、日本の国家と社会の構造がソフトファシズムに転換していく危険がある。この危険を避けるためには、土着のファシストである高畠素之の亡霊を、今、ここで呼び出し、国家社会主義という危険な思想に対する耐性をつけておく必要がある。性悪な人間を規制するのに性悪な国家を利用する、つまり「悪によって悪を克服する」という思想の間違いに、われわれは気付かなくてはならない。悪を克服することは、善にしかできない。しかし、性悪な人間は善を行うことができない。われわれは外部からわれわれに働きかけてくる善なるものに徹底的に従わなくてはならないのである。

二〇一八年三月二十八日、曙橋（東京都新宿区）にて

第一章　不良神学生

高畠素之《たかばたけもとゆき》の名前を初めて聞いたのは、筆者が同志社大学神学部一回生、一九七九年四月のことである。神学部の新入生には、「校祖墓参」という行事がある。四月末の大型連休に入る前に、神学生が鹿ヶ谷の若王子山町にある新島襄の墓を参拝するのである。このときに、野本真也教授（後に学校法人同志社理事長）から、「同志社を中退するとだいたい大人物になります。徳富蘇峰、山川均（筆者註　日本共産党の創設者であったが、その後は共産党と対抗する労農派の指導者になる）もそうでした。神学部でも、フォークシンガーの岡林信康がそうですし、はるか昔には『資本論』を日本で初めて完訳した高畠素之がいます」という話があった。

筆者は、野本教授に「その『資本論』を最初に完訳した人に関心があるんですが、何を読んだらいいですか」と尋ねた。野本教授は、「最近、人文科学研究所の田中真人先生が高畠についての本を出したと思います。それ以外には、ちょっと思い当たらないですね」という答えだった。

校祖墓参の後、当時、烏丸上立売西入ルにあった同志社学生会館二階の生協書籍部に行った。書籍部では、学部別に関係図書を並べてある売り場があり、神学部の棚に行くと、現代評論社から一九七八年に上梓された田中真人著『高畠素之　日本の国家社会主義』が平積みにされていた。

早速、一冊購入した。面白かった。特に、高畠がキリスト教を捨て、無政府主義者、マルクス主義者を経て、国家社会主義者になるが、常に性悪説を原理にして社会を見ていることが興味深かった。

高畠についてもっと知りたいと思い、神学館二階にある神学部図書室で関連書籍を探してみた。ここには、一九二五年に新潮社から上梓された高畠素之著『社会問題辞典』が一冊あるだけだった。同志社大学神学部で、高畠先輩は忘れ去られた存在だったのである。

ところで、プロテスタント神学は、哲学の衣装を借りて、思惟を進める。従って、神学書を読み解くためには、当該神学が展開された時期の哲学についても知識が必要とされる。従って、本気で神学と取り組むためには、文字通り山のような哲学書と神学書を読まなくてはならなくなる。筆者も、神学部一回生の夏頃から、読書の嵐に巻き込まれ、高畠について追跡する意欲を失ってしまった。

その後、筆者が再び高畠と出会うのは、神学部三回生の春のことだった。その頃、筆者は神学部の学生運動に少しだけ首を突っ込むようになっていた。当時、東京では学園紛争の嵐は去っていたが、京都では時差があった。特に、古代生態系が現在も残る東太平洋のガラパゴス諸島にちなんで「同志社ガラパゴス」と揶揄されていたわが学園では、「ブント（共産主義者同盟）」の系譜をひく新左翼系の学友会が強い影響力をもっていた。一九七九年度の後期試験が学友会による全学バリケードストライキで中止になり、一九八一年度の後期試験は、大学側の全学ロックアウトによって中止になるという状態だった。

もっとも同志社でも学生運動は衰退期にさしかかっており、大きな闘争を担うよりも、そのほとんどのエネルギーを内ゲバに費やしているような状態だった。第三者の眼で、突き放して見るならば、たいした問題とならない小さな差異が、学生運動に従事する当事者にとっては、革命の本質にかかわる事柄のように見えたのである。

学友会の学生運動活動家は、ブントの伝統を引いているので、赤いヘルメットを被る。ヘルメットの色と文字で党派がはっきりわかる。白いヘルメットにZと書かれていると「革マル派（日本革命的共産主義者同盟革命的マルクス主義派）」、同じく白いヘルメットに中核と書かれていると「中核派（革命的共産主義者同盟全国委員会）」だ。当時、お互いに内ゲバで死者まで出していた両派が白いヘルメットを被っているのは、革命的共産主義者同盟の伝統である白ヘルという老舗の暖簾《のれん》を守っているからだ。「革労協（革命的労働者協会＝社会党・社青同解放派）」は青色のヘルメットに反帝（反帝国主義の意味）の文字を書いていた。

高畠素之

学友会の学生運動活動家が、集会ではいつも赤ヘルを被っていたのに対して、神学部の連中は、滅多にヘルメットを被ることはなかったが、被るときは黒ヘルだった。通常、この業界では、黒ヘルは全共闘などのノンセクトラジカルを象徴していたが、神学部自治会の場合は違っていた。むしろアナーキズムの影があるのだ。それは神学部自治会の旗が、赤旗ではなく黒旗であったことにも象徴されている。この黒旗には、白ペンキで魚の絵が描かれ、その魚の腹の部分に古典ギリシア語で「キリスト（*Χριστος*）」と書かれていた。十字架が象徴になる前の古代教会では、魚がキリスト教のシンボルだったからだ。今になって振りかえると、神学部の学生運動は、アナーキズム、マルクス主義、反スターリン主義、キリスト教社会主義が、奇妙なアマルガム（合金）を作り上げていたということだ。

神学館二階の神学部図書室の北隣りに「アザーワールド（Other World）」研究室という部屋があった。もともとは大学院生の研究室だったのだが、一九六〇年代末に神学部の学生運動活動家たちが不法占拠し、神学部自治会の活動拠点になっていた。この部屋で筆者たちはよく読書会をした。マルクス、エンゲルス、レーニン、ルカーチ[1]、宇野弘蔵[2]、廣松渉[3]といったマルクス主義陣営の書物だけでなく、オルテガ[4]、ベルジャーエフ[5]などの反共系の哲学書、更に初期ヘーゲルの神学論攷やバルト[6]、ボンヘッファー[7]などの神学書についても読み合わせ、活発な議論をした。

一九八一年の、筆者の記憶が正しければ五月のことだ。『高畠素之　日本の国家社会主義』をアザーワールドでの読書会で取りあげたことがある。メンバーは、筆者、大山修司君（日本キリスト教団膳所教会牧師）、滝田敏幸君（千葉県議会議員［自民党］）、米岡敬司君（民間会社役員）の四人だったと記憶している。日本のファシズムについて勉強する一環として、神学部の先輩のファシストについても一応知識をもっておく必要があると考えたからだ。正直言って、高畠がなぜあれほど国家に対して思い入れをもったのかが、筆者たちには理解できなかった。しかし、この本に描かれた同志社神学校（神学部の前身）の様子と高畠たち不良神学生が退学になる過程が実に面白かった。
〈高畠がキリスト教を放棄するのはまもなく、一九〇六年の春に知り合うことになる同志社神学校の同級生遠藤友四郎[8]の影響が大きい。

神学生遠藤の背教の契機は、彼の回想記「同志社脱走記」（『霹靂』一九二〇年三月）にも明らかではないが、その棄教意志の明確な表明が一九〇六年の夏季伝道における前橋教会での講話であったことははっきりしている。

同志社神学校は一〇月を一年の学期始めとし六月を学年末としていた。三ヵ月の夏季休暇には各地の教会に散って夏季伝道に従事することが奨励され、約半数の学生がそれに参加していた。遠藤の郷里は福島県であったが、知り合った高畠の勧めで前橋に行くことになったのである。この滞在中に行った講話「善人の悪事」が遠藤の棄教宣言である。

遠藤の宗教批判はある意味で形通りのものであった。この世界が神の所有であるならば階級社会において、神は何と不公平なことを為したのか、キリスト教徒の行う廃娼運動、禁酒会、慈善事業なども、不平等な現実世界の補完物にすぎない、という趣旨を個々の事例をあげて説いたものであるが、言葉が強すぎた。「今日の教会牧師、伝道師は、平凡な世間受けのする正義人道を呼物にして、其の実は人類社会に忘れられて居る悪事を弁護し、神を喰物にして、悪魔の霊に貢いで居る、社会の一種の寄生虫であります」という一句でついに聴いていた牧師も立ち上ってさえぎる場面となった。

遠藤は最後屁よろしくこの演説を終えるとすぐ京都に帰った。高畠は、遠藤が前橋でこのような激しい演説をしてくることを予期していたかどうか明らかではない。しかし前橋教会での遠藤の演説のあと「君は教会と社会主義演説会とを一緒にしているんだ」といってつめ寄ってきた男を「高畠の手紙に、前橋教会で殴って遣りたいやうな男が一人居ると在った松宮と云ふ男だ」と遠藤が書いているところを見ると、高畠も教会の空気にかなりの違和感を感じていたことが推察される。遠藤がキリスト教界の現状にすこぶる批判的であることを承知のうえで、あえて前橋行をすすめたものであろう。

遠藤は京都に帰ってからは、神学校への挑発を続けた。まず寄宿舎での食事の前に祈禱をするという形式を放棄した。朝の礼拝にも出なくなった。校長がこれを問題にして遠藤を呼び出すと、遠藤は神を葬ったことを明言した。ミッションからのヘルプ、つまり奨学金を受けている神学生にとり、これは決定的である。暮の一二月二四日、いつものようにラーネッド博士のところに七円の補助金を受け取りに行った遠藤は支給を拒否された。遠藤は直ちに退学し、荷物をまとめて上京、「平民社」（新紀元社のことであろう）を訪ね、石川三四郎[9]から田中正造あての紹介状を受け取ると谷中村に飛び込むことになる。

遠藤がこうした行動をとっているとき、高畠はどうか。食前の祈禱という形式を踏んでいた高畠は、遠藤の行動を聞き「神を葬たって、そらァ面白いね」と同調し、遠藤、高畠に伊庭孝[10]、中館与次郎の「神学生の四人組と称する信仰の冷えた、理屈の好きな手合」が出来た（遠藤前掲論文）。「我々は毎日の礼拝には必ず欠席し、日曜日には教会に行かず、寄宿舎で葡萄酒を飲んでその空瓶を寮の真中に放り出したりした」（伊庭「張り合い」、茂木編前掲書）。さらに四人は遠藤の発起で寮内に肉筆雑誌『土曜文学』を出し、寮の新聞室に置くことになった。遠藤「神を葬り記」、高畠「杜翁と基督」、伊庭「春画と聖書の比較」、中館、新体詩による教会諷刺、といったものであったらしい。

遠藤だけがまず補助金を打ち切られたのは主犯格と認められたからであろう。師走の寒い晩、遠藤を見送った高畠は感情家よろしく親友遠藤ばかりを放浪させて自分は外人教師に相変らず補助金をもらっているのはすまない、と泣いていた。しかし高畠もまもなく補助金を打ち切られ一九〇七年五月には居づらくなった寮も出て、相国寺の北、鞍馬口の出張講義所で、まだ補助金を受け取っていた伊庭と二人で自炊をしながら同志社にふみとどまっていた。生活の問題もふくめて高畠には遠藤ほどすっきりとはいかないものがあったのであろうか。しかし遠藤の去った半年後、一九〇七年の初夏、卒業も間近いにもかかわらず伊庭・高畠は退学届を出して、東京に出ることになる。このとき高畠は二十一歳になっていた。〉（田中真人『高畠素之 日本の国家社会主義』現代評論社、一九七八年、三四〜三六頁）

滝田君が、「おもしろい。キリスト教文化学のレポートで『春画と聖書の比較』について書いてみようか」と言う。大山君が「それよりも、成人割礼の実態についての図解付き解説の方が教授陣に与えるインパクトが大きいんじゃないか」と言って笑う。当時、神学専門科目について、ギリシア語、ラテン語、ヘブライ語などの古典語を除いて試験はほとんど行われなかった。全てレポートで評価することになっているが、一学年の人数が四十名弱、しかも、常時、授業に出てくるのは数名なので、教授たちは試験やレポートを課さなくても、よくできる学生が誰であるかを知っている。

ある教授は「ほんとうに神学を必要とする学生は、一年に一人か二人しかいない。しかし、それでは経営が成り立たず、神学部が潰れてしまう。そこで、同志社の卒業証書が欲しくて神学部に入学してきた学生さんには『お客さん』として、できるだけ不愉快な思いをしないで、同志社を卒業してもらうことにしている。同志社大学は、レジャーランドになることで生き残るんだ」と述べていたが、これはどうも神学部教授会の本音だったようである。逆に「神学を必要とする学生」と見なされた場合、課されるノルマは非常に多かった。自分で言うのもおかしいが、人生でいちばん本を読み、徹底的に考える訓練を受けたのは神学部と大学院の六年間だった。神学書を読む時間が足りず、一回生の夏に下宿にあったテレビを友人に譲った。それでも時間が足りなくなって、今度は本棚にあった小説類を捨てた。どうしても未練があって捨てることのできない五味川純平や高橋和巳の小説や評論はアザーワールドの本棚に移した。

滝田君や大山君は、それなりに優等生なので、「春画と聖書の比較」や「成人割礼の図解」といったレポートを書くような悪戯はしない。しかし、現在は牧師になっている筆者の後輩は、「あなたの氏名をヘブライ語で書け」という試験に、名字は正しく書いたが、名前に「キンタマ」と綴った。当時、大学移転を巡って教授会と神学部自治会の関係が緊張していたので、この後輩は、大学評議員であり、神学部学生主任だった旧約聖書学とヘブライ語担当の野本教授を挑発したのである。しかし、野本教授は挑発に乗らず、この神学生の単位を通した。後に、「あれはおどろいたぞ。キンタマなんていう言葉を答案で見るとは思わなかった。もっともこちらとしてチェックしたかったのは、日本語の音をヘブライ語で正確に書くことができるかどうかだから、キンタマでも十分学習成果はあがっていると評価した」という打明話を筆者たちにした。

神学生時代に筆者は、田中真人教授の著作だけでなく、高畠自身が著した一九二八年に改造社から上梓された『マルクス学解説』も読んだ。この本は、一九二六年に新潮社から上梓された『マルクス十二講』の廉価普及版である。読みやすく、自分の頭できちんと考えている本であるという読後感をもったが、当時の筆者は「国家社会主義などというのは、ナチズムやファシズムの類でけしからん」という偏見をもっていたので、唯物史観批判やマルクスの国家論の限界についての高畠の問題提起を真剣に受けとめることができなかった。

神学部三回生のときに、筆者は高畠素之を卒業したはずである。しかし、それから数年経ってから、高畠の亡霊が筆者の周囲にときどき現れるようになった。それは、当時はソビエト社会主義共和国連邦と呼ばれていた国の日本大使館で民族問題を担当していた一九八八年頃である。リトアニア、ラトビア、エストニア、アゼルバイジャンの民族運動活動家たち、そのほとんどが二十歳代であるが、彼/彼女らは自民族による国家をつくるために文字通り命を捧げる心構えをもっているのだ。また、ソ連共産党幹部の中にもソ連国家を守るために命を賭けている人たちがいる。民族や国家がもつ魔力を筆者は皮膚感覚で理解した。

このときにかつて高畠が、社会と国家が対立するというマルクスのモデルは間違えている、社会と国家は、結構相性がいいんだ、マルクスが言う国家が社会に吸収されて死滅するというモデルよりも、フェルディナント・ラッサール[11]（高畠の表記ではラッサレ）の国家は永続するという現実を厳粛に踏まえ、国家の枠内における人間の調和と一致を志向するモデルの方が現実的だという高畠の言説が頭に甦ってきた。
高畠は、マルクスとラッサールの国家観の差異について知るためには、両者の源流であるヘーゲルの国家観をどう評価するかが鍵になると言う。

〈ヘーゲルは国家と社会とを区別する。彼れに従へば、社会とは幾多の家族が自己の欲望を充足するため相互関係を結ぶことに依つて成立する。即ち社会とは、各人が相互に利用し利用されつつ、生活資料獲得のために活動する所である。ヘーゲルはこれを『一切人類の一切人類に対する個人的私利害の戦場』となし、『弱肉強食の行はれる所』となした。然るに国家は全くこれと異る。国家は社会全体の合理的意志に基く組織であり結合である。一般的利益を確保せんがために個々人の合意を以つて成立する所のものである。社会は個々人の私的利害の戦場であるに反して、国家は全体の利害を代表する組織である。社会は個々人の私慾の表現であり、反対に国家は個々人の道義の表現である。ヘーゲルの定義に従へば国家は『倫理的の全一体であつて、自由の実現』を意味する。〉（高畠素之『マルクス十二講』新潮社、一九二六年、一四〇〜一四一頁）

われわれは、原始共産制、奴隷制、封建制、資本主義、社会主義、共産主義と歴史は発展していくという通俗唯物史観の呪縛から解放されなくてはならない。イギリスの社会人類学者アーネスト・ゲルナー[12]が強調するように、人類史は、前農業社会（狩猟・採取社会）、農業社会、産業社会の三段階の発展を遂げているのである。そのいずれの段階においても人間の社会は存在する。

ただし、前農業社会において国家はなかった。農業社会において、国家がある場合とない場合が並存していた。産業社会では国家は必ずある。

産業社会で生きているわれわれは、国家がある状態しか知らないので、国家と社会が一体になって見えるのである。しかし、それが原理的に区別されているとヘーゲルは考える。高畠はヘーゲルの言説を正確に把握している。

更に高畠は現実に存在する国家をヘーゲルがどのように理解していたかについて、以下のようにまとめる。

〈然しヘーゲルは、斯《か》かる国家が過去に於いても、現在に於いても、現実的に存在せるものとは考へなかつた。この国家は、理想的の国家であり、観念された国家である。ヘーゲルに依れば、歴史上国家の起原は、社会に於ける分業の結果、資産の不平等及び職業階級の分岐を来たし、これがため政治的秩序が必要やむを得ざるものとなつて出現したものである。故に国家といふ国家は総べて最初から階級対抗と階級不平等とに基くものである。国家の歴史は、此等の対抗不平等の歴史といふも過言でない。ヘーゲルは曰く、『市民社会及それと共に国家が存在するところに在つては、其処には階級の差別が生じて来る。国憲の歴史は斯かる階級形成の歴史であり、且つ此等の階級に対し、その相互に対し、及びその中心点に対する個人の法律的関係の歴史である』と。換言すれば、国憲発達の内容を成すものは、階級の発達及び分化であり、階級間の法律的抗争であるとする。これがヘーゲルの主張である。彼れは斯く国家が元来階級対立に基づくものであることを認め、随《したが》つて歴史上の国家なるものは決して『自由の実現』でないと主張する。古代の希臘《ギリシア》及び羅馬《ローマ》の国家、中世のキリスト教的国家、近世の官僚的国家等は、いづれも彼れの理想に合致した国家でない。けれども此等の現実的国家の不完全は、彼れに取つて問題となるものではない。また、国家の現実的起原が強制支配に発したものであつても構はない。歴史的現象としての国家は、単に歴史的事物、歴史的考察の対象たるに過ぎぬものであつて、国家の本質は別の所に在ると考へたのである。国家の本質は現実の国家の変遷とは関係する所なく、永久不変に存立する。それは理想善の発揮、合理的自由の実現に在る。社会は物質的、私慾的な現実であり、国家は反対に精神的、道徳的な理想である。〉（前掲書一四一～一四二頁）

マルクス研究者ではあるが、マルクス主義者ではない高畠は、マルクスによってヘーゲルの国家論が止揚されたという読み方をしない。逆にヘーゲルのテキストの中にある階級闘争史観を抽出するのだ。高畠はヘーゲル左派の論客と同じ眼をもっている。そして、「国家が元来階級対立に基づくものであることを認め、随つて歴史上の国家なるものは決して『自由の実現』でない」という現実に存在する国家に対する見解を示す。

高畠は、このヘーゲル左派の国家観が、初期マルクスにおいて批判的に継承されていると考える。

〈マルクスは最初このヘーゲル国家観の影響を受け、社会を以つて個人的私慾の活動舞台と見、これに国家を対立せしめてゐた。而して現実的の国家は多くの欠陥を有するとはいへ、それは国家が尚ほ未完成の域に在るためであつて、完成された国家は道徳上政治上の自由の実現せられるべき一大有機体であるとなしてゐた。けれども彼れの思想系統が発展するに従つて、彼れの国家論も漸くヘーゲルを離れ、国家は階級社会に於いて階級支配の役目を演ずる道具であると考へるやうになつたのである。国家は最早や社会の外部に立ち社会と対立するものでなく、社会進化の道程に生ずる一つの産物に外ならないとするやうになつた。それは階級社会の生滅と運命を共にする。而してプロレタリアの解放は一切の階級を廃絶せしめるから、国家は遂に死滅する。自由の実現は国家の完成に依つて達成せられるものでなく、寧ろ国家の滅亡に依つて達成せられると説いたのである。〉(前掲書一四二〜一四三頁)

高畠はマルクスの国家観は、その後、変化したと見ている。初期におけるマルクスは、国家は社会の外部であると考えた。階級対立は、国家ではなく、社会で起きる現象である。従って、国家の枠組みによって、階級対立を止揚した自由な社会を実現することができるのである。結論を先取りして言うならば、高畠が主張する国家社会主義はこのような初期マルクスの国家観を下敷きにしているのである。

経済学研究を進める過程でマルクスはヘーゲル体系から離れていく。その結果、国家観においてもマルクスは独自性をもつようになる。それは、社会によって国家が包摂されてしまうというモデルである。国家は階級支配から生まれる制度なので、社会において階級対立が解消すれば、自ずから国家は消滅するのである。逆に、社会において階級が解消するような状態が生じていないときに、政治的に国家を解消してもそれは不可能と言うことになる。

確かにマルクスの『資本論』を素直に読むと、このような国家観が導き出される。もっとも同じ論理構成であっても国家を社会の外に想定することも可能だ。『資本論』は社会の構造を解明した書物である。人間の生活に必要な物質の交換が全面的に商品でなされる世界においては労働力商品化が実現していなくてはならない。労働力とは、労働者が働くエネルギーを蓄えるのに必要とされる物とサービスに対する価格の合計である。例えば、一カ月の賃金が二十万円であるということは、この金で家を借り（労働者は借家住まいであることが前提にされている）、食事をし、服を買い、ちょっとした趣味やレジャーでリラックスして、「さあ、来月も頑張るぞ！」というエネルギーを生み出すことに対する対価なのである。二十万円の賃金労働者は、二十万円を超える収益を資本家（企業）に対してもたらさなくてはならない。そうでなければ、企業が労働者を雇う意味がない。仮に企業が労働者を雇い、賃金と生産過程で必要とされる経費を差し引いた上で、十万円が残るとする。これが剰余価値である。ただし、資本家はこの剰余価値を全額自分のものにすることはできない。その一部を地代として、土地所有者（地主）に渡さなくてはならない。ここでいう土地には、水、陽当たり、土壌などの自然環境の要素が含まれる。この地代論に関する部分は、マルクスが自然環境は資本によっても労働によっても作れないという認識をもっていたことを示す論理構成になっており、エコロジーの観点からも実に興味深い。

『資本論』においては、課税がまったくでてこない。結論から言うと、『資本論』においては、国家のない社会が想定されている。社会の外部にある国家は、抽象的存在ではなく、官僚によって担われている。官僚は、社会から税金を収奪して生きていく階級である。その際に、官僚は過剰に社会から収奪し、自らの取り分の残りを社会に再分配する。それ故に収奪者としての官僚の顔は見えなくなり、あたかも中立的な再分配機能を国家が果たしているように見えるのだ。

高畠は『資本論』を全部で三回訳した。『資本論』の論理に通暁した高畠は、『資本論』があえて考察の対象から除外している国家の重要性に気づいたのである。

8

この観点から、高畠はフェルディナント・ラッサールの業績を見直す。一八二五年四月十一日、ブレスラウで生まれたラッサールは、ブレスラウ大学、ベルリン大学で学びヘーゲル左派の一員になる。一八四八年の革命期にラッサールはマルクスと共同歩調をとる。しかし、十年後にマルクスと決別し、ラッサールは生産組合と普通選挙による国家社会主義の実現を提唱するようになる。一八六四年八月三十一日、スイスのジュネーブで女性問題をめぐって恋敵に決闘を挑み、撃ち殺された。享年三十九。

〈ラッサレに依れば、ブルヂォアは正しい国家の認識に到達して居らない。而して過去の如何なる社会に於いても、国家の本質が正しく認識されたことはない。この認識に達することは、これ正にプロレタリアに残された使命といふべきである。プロレタリアは元来孤立無援であつて、『社会の最終最極端の勘当せられた階級』となつてゐる。彼等はブルヂォアが封建君主に代つて新たなる特権階級となつた場合とは異なり、何等の独占的排他的なる要素をも有して居らない。何等かの方法で社会に貢献せんとする限り、人類はいづれもみな労働者たるものである。随つてプロレタリアなるものは人類一般を意味する事になる。『第四階級[13]の自由は人類の自由であり、第四階級の支配は一切人類の支配に外ならない。』さればプロレタリアの社会原理は、階級分裂を含まず、寧ろ調和と一致と愛とから成立することになる。斯かるプロレタリア的の立場に依つてのみ、国家本質を正しく認識した国家観が生じて来る。而してこの国家観は即ち『自由の発展及び完成』を包含するものとなるのである。

労働階級が一切の抑圧階級を粉砕して自由に発展を遂げるやうになつた時、最早や従来行はれた如き認識不足に基づく国家の曲用濫用はなくなり、十分の自覚を以つて『国家の倫理的本質』が発揮されるやうになるのである。〉(前掲書一四四〜一四五頁)

国家の力によって、平等を実現するのである。ロシアや東ヨーロッパに現実に存在した社会主義は、むしろラッサールの国家社会主義に近いのである。

〈斯くの如く、ラッサレの国家観はマルクスの国家観とは反対の極に立つものである。マルクスに於いては、労働者階級が政権を掌握し一切の抑圧階級を廃除した後に国家は消滅して、自由なる聯合がこれに代る。然るにラッサレに於いては、自立なる聯合は生じても、それは国家の基礎上に立ち、国家それ自身の本質に包含されるのである。更らに、マルクスはブルヂォア社会と社会主義社会との中間にプロレタリア国家なるものを認め、プロレタリア国家支配の必要を強調するけれども、それは国家を完成せんが為ではなくして、寧ろ国家を消滅せしめん為の必然的段階とされる。プロレタリア国家は最初から、国家それ自身の滅亡を期待してゐるのである。

ラッサレの観念的抽象的な理想主義国家観は、やがて彼れを現実的国家の肯定に導き、遂には保守的国家主義の巨頭ビスマルクと握手せしめるに至つた。ビスマルクは一方の手で国家を呪ふ共産主義を強圧すると共に、他方の手で社会政策を行ひ、国家権力に依つて社会を改良しようと考へてゐた。ラッサレは斯かる国家権力との間に妥協の余地を見出したのである。斯くしてラッサレの社会主義は、現実的国家との提携の意味からしても、『国家社会主義』なる名称を与へられるやうになつたのであるが、マルクス、エンゲルスの社会主義も亦往々にして国家社会主義と称せられてゐる。これ蓋《けだ》し、プロレタリアの国家支配を以つて社会革命途上の必然的段階なりとする主張に起因するものであるが、その終極の目標が国家の消滅を期する点に在る所から考へれば、マルクス主義を以つて国家社会主義的であるとすることは、妥当でないとも言ひ得るであらう。〉（前掲書一四五〜一四六頁）

一九一七年十一月（露暦十月）のロシア社会主義革命後に生まれたソビエト・ロシアと一九二二年に成立したソ連の本質が、国家社会主義であり、赤色帝国主義であることを高畠は見抜いた。そして、今後、各国は帝国主義政策を強力に推進するために国家社会主義的な国家改造が進むであろうと洞察するのである。

第二章　ソ連論

戦前日本のマルクス主義の特徴は、ソ連に対して甘いことである。世界的規模で見た場合、一九一七年十一月（露暦十月）の十月社会主義革命（以下、ロシア革命という）を肯定的に評価したマルクス主義者は、実のところ少数派だった。マルクス主義正統派を自他共に認めていたカール・カウツキー[14]は、ロシアで生まれたレーニンのボリシェビキ政権を一党独裁で、社会民主主義とは縁もゆかりもないと厳しく断罪した。ロシア・マルクス主義の父であるゲオルギー・プレハーノフ[15]もロシア革命については否定的評価をした。

一九二〇年代において、マルクス主義陣営は、ロシア革命によって生まれたソ連を社会主義体制であると認めない社会民主党の陣営（第二インターナショナル）とソ連型社会主義がマルクス主義の唯一の正統的発展形態であると考える共産党の陣営（第三インターナショナル＝コミンテルン）に分解した。

諸外国では、社会民主党と共産党が近親憎悪に基づく激しい抗争を展開した。その中で、重要な論点はソ連を社会主義体制と見なすか否かであった。社会民主党は、ソ連はレーニン、トロツキー、スターリンなどの陰謀家によって建設された独裁国家であると非難した。そもそも社会主義とは、資本主義が高度に発達した社会において成立するもので、ロシアのような後発資本主義国で社会主義革命が起きることはありえないと考えた。

日本には、労農派と呼ばれる非共産党系マルクス主義者の強力なグループが存在した。労農派の指導者山川均[16]は、一九二二年の第一次日本共産党の創設者の一人であったが、創設直後に共産党を離れた。ロシア同様、後発資本主義国の日本では、共産党を創設するよりも、マルクス主義者は大衆の中に入って、労働組合や農民団体のネットワークである協同戦線を形成する方が社会主義革命に向けた現実的戦略であると考えたからだ。このような非共産党系マルクス主義者には、大内兵衛[17]、大森義太郎[18]、向坂《さきさか》逸郎[19]などの大学教員が多く、その多くが一九二七年に創刊された雑誌『労農』の同人もしくは定期寄稿者と重なっていたので労農派と呼ばれた。労農派は、「日本共産党に対する信仰をもたないマルクス主義者」という否定神学的に定義することが適切な集団であり、そのマルクス主義解釈の幅はきわめて広い。ただし、太平洋戦争前における労農派の論客のソ連観は、いずれもソ連を社会主義国家として認めるという前提に立っていた。恐らく、この中では山川均がソ連に対してもっとも厳しい見方をしていたと思われるが、山川にしても、ソ連が特殊な条件の中で生まれた社会主義国であるという認識を戦前はもっていた。

高畠素之もソ連は社会主義国家であると考えた。しかし、それはマルクスが考えた国家が止揚された共産主義社会（アソシエーション）でないことはもとより、そのような共産主義社会を志向する第一段階としての社会主義国家とも考えなかった。高畠はソ連を労農帝国主義国家と考えたのである。

〈目糞が鼻糞を笑ふといふ譬《たとえ》はちと尾籠だが、労農ロシアの担ぎ廻る打倒帝国主義の看板にも、さういつた身のほど知らずさが見える。毒を以つて毒を制する気転にも通じやうが、そこにはまた観音様でお賽銭を釣るやうな外道的営利主義も働いてゐる。帝国主義といふものは、何も資本主義ばかりの専売ではない。国にして帝国主義的ならざるはなしといふ、ムツソリーニ流の言ひ方には誇張もあらう。瑞西《スイス》やモナコでも国でないとは言へぬからである。が、苟《いやし》くも独立の一国として優越の本能と燃ゆるが如き覇図を有する程のものは、みな結論に於いて帝国主義的たることを避けられぬ。それは国家自我の実現と発展との努力に伴ふ必然的帰結だ。〉（高畠素之「労農帝国主義の極東進出」『論・想・談』人文会出版部、一九二七年、一二一頁）

レーニンは帝国主義を、商品の輸出に替わって資本の輸出を中心とする資本主義の最高段階であると規定した。この規定を適用するならば、確かにスイスやモナコのような小国を除いては、いずれの国家も資本の輸出を行い、植民地を必要とする帝国主義国であることになる。高畠はこの事実を淡々と述べているに過ぎない。社会主義を看板に掲げる国家であっても植民地獲得に乗り出せば、それは帝国主義国もしくは社会帝国主義国となる。

〈労農ロシアは社会主義国家である。少くとも、社会主義国家たらんとしつつあるものだ。而も一面には、燃ゆるが如き国家的野心を帝政以来植ゑつけられてゐる。彼れのいはゆる世界赤化とは、この両要素の結合作用に外ならぬものである。だから、世界平和の使徒を以つて任ずる共産ロシアも、軍備拡張に汲々たることは人道主義の資本アメリカと兄たり難く弟たり難い。軍備は国防のためといふ御託を、いまさら共産ロシアから受売りするにも及ぶまい。〉（前掲書二二一〜二二三頁）

ソ連は、マルクス・レーニン主義による革命の輸出という要素と帝政ロシア以来の領土拡張という要素が分かちがたく結びついてできあがった国家である。それでは、ソ連が領土を拡張しようとする原因は何なのか。

〈要するに、国家的勢力範囲の拡張といふことが主一の目的だ。領土の拡張は、国家的範囲拡張の素朴なる一形態に過ぎぬ。拳固で撫でるといふ秘法もある。やれ帝国主義打破の、民族解放のといふ口の上から、ドンドン自国の勢力範囲を拡張して行けば世話はない。薄利多売が多売厚利の羊頭であり、社会奉仕が社会搾取と両頭の蛇であり、デモクラシーが少数支配の一変形であるのと同じ意味で、労農ロシアの反帝国主義は帝国主義の社会奉仕といへやう。〉（前掲書二二三頁）

高畠は、民主主義（デモクラシー）が少数支配の一形態に過ぎないと考える。高畠は、民衆に自己統治をする能力はそもそもないと考える反民主主義者である。同時に、ソ連が掲げる反帝国主義は、そのようなスローガンによってソ連の帝国主義的野望を実現しようとしているのだという突き放した見方をする。高畠は、徹底した人間性悪論をとる。従って、人間によって作り出されたシステムである国家も性悪な本性から逃れられないと考える。

ソ連の場合、国家の性悪な性格が、究極的に国家を廃絶するための世界共産主義革命を目指す国家という形態で現れる。しかし、その本質は、様々な民族をソ連という名のロシア国家の支配下に置いたことである。

〈労農ロシアの世界征服は、『世界赤化』の仮面を以つて現れてゐる。『世界赤化』とは世界を挙げてロシア流の共産主義に化せしめるといふことであるが、世界といつても事情は一様でない。欧米諸国では資本主義が完成されて、プロレタリアの自覚も進み労働者の組織も発達してゐるが、有色諸民族は欧米列強の属領又は植民地としてその搾取圧迫の下に呻吟してゐる。そこで欧米諸国に対しては、直接、労働者の階級的組織運動を共産主義的に刺戟し啓蒙して資本主義に当たらしめると同時に、劣弱被圧制民族、殊に東方諸民族に対しては、彼等の民族的自覚を促して欧米列強の帝国主義的羈絆《きはん》を脱却せしめるといふ戦略を採つた。前者は階級闘争であり、後者は民族闘争である。前者を直接の赤化といふならば、後者は即ち間接の赤化である。第三インターナショナルは主として前者の目的遂行のために設けられたものであるが、後者に対しては特にスターリンを挙げて独特の民族政策を遂行せしめた。

労農ロシアは最初、第三インターナショナルに依る欧米赤化に向つて直進する計画であつたらしいが、この方面の運動は事毎に失敗して手も足も出なくなつてしまつた。しかるに、東洋方面に対する民族政策は着々その功を奏して、民族自決のお題目は巧みに旧露領諸民族を一括して労農傘下に誘きよせる好餌となつた。尤も、欧露西北辺疆の諸州に対しては、三月革命以来の分離を基礎として夫々《それぞれ》の独立を認めたが、他の露領諸民族に対しては、一面民族自決権を与へると同時に、その内部には着着サウエート（引用者註　ソビエト）の勢力を扶植浸潤させて、分離はしても結局モスコーの支配下に舞ひ戻らずしては立ち行かぬやうにした。

だから、これらの属領に対する民族自決主義といふものは、ちやうど資本主義の下に於ける『労働の自由』のやうなもので、労働者は労働するもしないも自由の人格だといふが、労働しなければ食へぬやうな位置に立たして置いてさういふのであるから、これは何のことはない、労働への強制を胡粉で塗飾したものに過ぎぬ。露領劣弱民族もこの筆法で、民族自決を恵まれて、結局モスコー治下への復帰を自発的に強制された。〉（前掲書二三～二四頁）

&

この高畠の分析は、三つの点で興味深い。

まず第一に、ソ連の国家政策が、西欧における階級闘争と東洋における民族解放闘争という原理的に矛盾する二つの政策から成り立っていることに気づいたことだ。『共産党宣言』（一八四八年）の「万国のプロレタリアート団結せよ！」という階級闘争の原理によるならば、プロレタリアートには祖国がないのであるから、被抑圧（圧制）民族に属する資本家もソ連にとっての敵である。これに対して、「万国の被抑圧民族団結せよ！」という民族解放闘争の原理に立つならば、被抑圧民族は、資本家、労働者、農民などの階級的構成と関係なくソ連の味方なのである。政治とは、敵と味方の境界線を鮮明にすることによって成立するゲームである。敵と味方の境界線確定において、ソ連は絶対矛盾の自己同一のような構成を孕んでいるのだ。

第二は、ソ連の本質は、モスクワを中心とするロシア国家の膨脹にあると高畠は考えるが、それをロシア民族主義の原理に基づくものとは考えていないことである。モスクワは民族主義の中心ではなく、共産主義というイデオロギーによって作られた中心であると考えていることだ。

第三は、カール・マルクスが『資本論』で展開した弁証法を応用していることである。『資本論』によれば、労働者は土地や身分に縛られず、自由に職業を選択することができる。しかし、同時に土地や機械などの生産手段も所有していない（生産手段からも自由である）。マルクスは、プロレタリアート（労働者）のこの状態を「二重の自由」と特徴づけた。この「二重の自由」の下に置かれている労働者は、自らの労働力を商品とする以外に生きていく術がない。従って、資本主義社会における「労働の自由」は「労働への強制」と同義であるという弁証法的結論が導かれる。このように帝国主義体制の下での少数民族による民族自決権の行使は、少数民族の帝国主義国家への自発的従属という弁証法的結果をもたらす。そのようにして成立したのがソ連国家なのであると高畠は考える。

〈斯《か》くして、一九二〇年から一九二一年五月に至る間、一度び独立した白ロシア、ウクライナ、アゼルバイヂアン、アルメニア、ヂオルヂイア（引用者註　ジョージア）等各地方の共和政府は、モスコー政府と労農同盟条約なるものを締結せしめられ、続いて一九二二年十二月に至り、これらの独立共和国はサウエート社会主義共和国聯邦としてモスコー政府の下に統一された。その後、更にウズベック及び、トルコマン（引用者註 トルクメニスタン）両共和国をも加へて、いまではモスコー政府（ロシア社会主義サウエート聯合共和国）の下に、白ロシア社会主義サウエート共和国、ウクライナ社会主義サウエート共和国、後コーカサス社会主義サウエート共和国、ウズベック社会主義サウエート共和国、トルコマン社会主義サウエート共和国の五共和国が統合されて、これをサウエート社会主義共和国聯邦と称してゐる。これらのうち、ロシア、ウクライナ及び白ロシアの三つを除き、他は悉《ことごと》く東洋民族国であつて、帝政以来ロシア政府の支配下に抑圧されてゐたものである。〉（前掲書二五頁）

一九一七年のロシア革命によって、帝政ロシアから形式的に分離した諸国は、一九二二年にロシア・ソビエト連邦社会主義共和国、ウクライナ・ソビエト社会主義共和国、白ロシア・ソビエト社会主義共和国、ザカフカス（アゼルバイジャン、アルメニア、グルジア）ソビエト連邦社会主義共和国の四カ国が、主権国家として自発的な同盟（連邦）条約を締結し、ソ連を結成したという建前をとった。この連邦に中央アジア諸国が加盟するという体裁で、ソ連国家の帝国主義的再編がなされたのである。ソ連の正式国名であるソビエト社会主義共和国連邦という名称には、国民国家（ネーション・ステート）を示唆する言葉が一言もない。これは、ソ連が当時主流であった国民国家システムを超克する新たな国家形態をとろうとすることを意図していたということを示すものである。ソ連帝国主義は、民族主義から発展した資本主義的帝国主義とは論理構成を異にするのである。高畠はこの点を正確につかんでいた。

「労農帝国主義の極東進出」が収録された『論・想・談』は一九二七年に出版されている。この時期にスターリンはソ連の権力を掌握していない。それにもかかわらず、高畠はマルクス主義の階級闘争とスターリンの民族政策が本質的に異なるものであることを見抜いている。高畠ソ連論は当時、世界第一級の水準で、ソ連の本質を見事に剔《えぐ》っている。高畠は、ソ連を訪れたこともなく、ソ連やコミンテルンから特別の情報を入手する特権的立場にいたわけでもない。新聞、雑誌などの公開情報からソ連分析をおこなったのである。

&

高畠が、ソ連の本質を的確につかむことができたのは、筆者の理解では、高畠が『資本論』全巻を三回翻訳することによって強靭な弁証法的思考能力を身につけたからである。高畠はマルクス主義者ではなかった。しかし、マルクスから学んだ弁証法を高畠は自らの著作において縦横無尽に駆使している。そして、マルクスが『資本論』で解明した労働力商品化によって資本主義社会には階級制が隠蔽されているという前提で、高畠は社会倫理を組み立てた。凡庸な、自らの頭で考えることを怠っている大多数のマルクス主義者よりも高畠の方がマルクスの精神を正しく継承していると筆者は考える。高畠のマルクス観は、以下に端的に表れている。

〈こんど東大経済学部教授として招聘されたウヰン学派の何とかいふ博士が、『もうマルクスの時代ではない』といつたとか、新聞に出てゐた。かういふことを軽卒に口走る学者に限つてロクな奴がない。

マルクスの本領は古いとか、新らしいとかいふところにあるのではない。マルクスは死んでも、時間は死なないのだから、時間の齎《もたら》す新しい事実のうちには、マルクスの学説を古くしてしまふところも、無論あるにはあるだらうさ。けれどもマルクスの偉いところは、たとひ彼れの学説の全部が時間で腐らされても、時間の力ではどうにもすることの出来ないある種の生命を摑んでゐるところにあるのだ。

この生命は彼れの学的実感の強さ鋭さから来てゐる。彼れは単なる組み立ての雄ではない。社会人生の生きた現実に対して、錐の穂のやうな実感力を有《も》つてゐた。そして、この鋭い実感力に触れた現実の生命は、直ちに彼れの鋭い直感的推理を通して尨大なる学的構造の鎔炉のなかに流し込まれる。彼れの偉大さは、試問《フラーゲシュテルング》の急所にあるのだ。必ずしも、問題の解決案そのものにあるのでない。彼れの提出した学説的命題は、時間の歯にかかつて磨滅することもあるだらう。けれども、彼れの捉へた問題の急所は、永遠に腐滅することがないと信ずるのだ。

マルクスに限らず、世界の思想史上に新らしい時代を劃するほどの大思想家は、皆この点に共通の特色と魅力とを有つてゐる。プラトンにしても、カントにしても、時間を超越した彼等の真の偉大さは、彼等の学的構造そのものにあるのではなく、問題把握上の彼等の天才的機智に横はつてゐるのだといひ得る。

この点に於いて、マルクス信奉者の多くは贔屓の引き倒しに了つてゐる。マルクスの一言一句などは問題でない。個々の学説部分についても、古いものはドンドンすたれて行つて差支ないのだ。それではマルクスの有難味がなくなると考へるやうでは、まだ本当のマルクスの有難味を摑んでゐるとはいへない。小乗的の信仰だ。他力本願だ。或は（小泉信三氏の言葉を借りていへば）

亜流ドン帳趣味だ。〉（高畠素之「マルクスの不滅性」『論・想・談』人文会出版部、一九二七年、一九八〜一九九頁）

高畠にとって重要なのは、「（マルクスの）学的構造そのものにあるのではなく、問題把握上の（彼の）天才的機智」、すなわち方法論なのである。問題を設定し（フラーゲシュテルング）、それに弁証法的に対応していくことである。

&

さて、『資本論』の翻訳に高畠は尋常でないエネルギーを費やした。

〈高畠の訳稿執筆促進係であった改造社の大島治清の話によると、高畠の書斎の座布団の下の畳は腐ってしまったという。〉（田中真人『高畠素之　日本の国家社会主義』現代評論社、一九七八年、一八〇頁）

高畠の第一回目の翻訳は、大鐙閣から第一巻第一分冊が一九二〇年六月に刊行された。完結は一九二四年七月である。

第二回目の翻訳は、新潮社から第一巻が一九二五年十月に刊行され、完結は一九二六年十月である。

第三回目の翻訳は、改造社から第一巻第一分冊が一九二七年十月に刊行され、完結は一九二八年四月である。

高畠が二回目に全訳した新潮社版『資本論』の序文には以下の記述がある。

〈私が『資本論』の飜訳に著手したのは大正八年七月、最終の分冊を刊行し了へたのは大正十三年七月、その間正に五年の星霜を閲してゐる。同一出版物の労作期間としては、可なりに大きな年月と言はねばならない。勿論、その間には種々なる余技的享楽に時間を浪費したこともあるから、五ヶ年の全部を『資本論』のためにのみ没頭したとは言ひ得ないが、然し此間に於ける私の注意と努力と時間の主要部分が、『資本論』刊行の一目的に集中されてゐたことは事実である。

それで昨年七月最終分冊を刊行し終はつたとき、私の過去五年間の努力は曲りなりにも大成された訳であるから、私としては大いに重荷を卸した気分になり、祝盃の一つも上げなければならなかつた筈であるが、事実は更らに苦痛を加へるのみであつた。それは私の過去に於ける労作が甚しく不出来に終はつたといふ自意識に原因を置いてゐる。

私の飜訳は、何よりも先づ難解であつた。訳者たる私自身が読んで見ても、原文を対照しないでは意味の通じない所が無限にある。これは一つには、『資本論』の名に脅威されて、私の訳筆が余りに硬くなり過ぎたことにも起因してゐる。現に『資本論』以前に刊行した『資本論解説』の方は、不出来ながらも難解の欠点は比較的少なかつた。『資本論』も『解説』程度にやつてやれないことはなかつたであらうが、何分にも硬くなつてしまつて日本文の体をなさなくなつた。

第二に、純然たる誤訳とすべきものが少なからず見出された。これは大抵ケーアレス・ミステークとして恕《ゆる》し得べきものであつたが、中には私の実力不足に依るものも若干はあつた。

第三に、印刷上の誤植その他不体裁の点が少なからず見出された。ことに旧版第一巻第一、二冊の如きは、刊行を急がされたためでもあらうか、随分物笑ひになりさうな欠点を含んでゐた。

然し誤訳や誤植を改めるのには、さして時間と労力を要しない。一番困難なことは、難解の訳文をいま一度原文と対照して、日本人に解る日本語に全部訳し換へることである。それも些々たる小冊子ならば兎《と》にかく、大冊三巻に亘り一難去つて更らに此苦戦をきり抜けなければならないかと思ふと、さう思つただけで気が詰まりさうになる。それほど私の神経と理解性の尖端は『資本論』のために痲痺し尽されてゐたのである。

然し私としては、どうしても此仕事だけは完成しなければならない。原本が原本だけに恥を後世に残こすやうなことがあつては申訳がない。十分とは行かない迄も、せめて日本文が読めると仮定したマルクスから、一流の冷笑を以つてあしらはれないだけの成績は収めて置きたい。旧版は兎にかく失敗であつたが、第二戦に於いては少なくとも其処まで漕ぎつけたい、といふのが絶えず私の心頭にこびりついて離れない念願であつた。

さういふ決心を以つて著手したのが、この改訳版である。忠実、真摯の二点は勿論不動の出発点として、それ以外この改訳版で最も力を罩《こ》めたのは、旧版の最大欠点たる難解を一掃して、出来得る限り理解し易い日本文の『資本論』を綴ることであつた。この点に於いて私の努力がどの程度まで功を奏したかは、勿論権威ある評者の評価に待つの外はないが、私としては全力的に精根を絞つたつもりである。時間も可なり費した。昨年八月から著手して、少なくとも昨年一杯には第一巻だけは仕上げるつもりであつたが、何分にも手入れを要する個所が多く、今日に及んで漸く第一巻を完了したやうな始末、その間十ヶ月は文字通りこの仕事のためにのみ没頭して来たのである。

改訳については、カウツキー編纂平民版資本論が非常な助けになつた。旧版序文にも断つた通り、私の語学は英独二語に限られてゐる為、その他の国語で原文のまま掲げられてゐる脚註や引抄は如何とも歯が立たないのであるが、カウツキーの平民版にはそれが全部ドイツ語に飜訳されてゐるので、この点が先づ助かつた。〉（カール・マルクス［高畠素之訳］『資本論　第一巻』新潮社、一九二五年、一〜三頁）

この序文からは、高畠の誠実な人柄が伝わってくる。特に、自らの訳文が難解で、「訳者たる私自身が読んで見ても、原文を対照しないでは意味の通じない所が無限にある」などという自己批判は、翻訳者としてなかなかできることではない。

更に、高畠は、自己の古典語やフランス語に関する知識の欠如を正直に認め、カウツキーが編纂した労働者を読者に想定した民衆（平民）版によって、古典語や外国語にドイツ語訳が付されたことによって助けられたことも正直に認めている。この辺は、衒学とはまったく無縁な高畠の知識人としてのよい側面が現れている。それ故に高畠が「善人」であると考えたら大きな間違いだ。

高畠は極端な能力主義者である。自らが有能と認める者には敬意を払う。しかし、能力が劣ると見なした者には、情け容赦ない攻撃を加える。『資本論』の翻訳の過程においても、このような情け容赦のない攻撃によって、他の翻訳者に仕事を断念させている。

高畠訳の第一分冊は、一九二〇年六月に刊行されたが、その前に松浦要[20]と生田長江[21]による翻訳が刊行されている。

松浦訳は、東京の経済社から、第一分冊が一九一九年九月、第二分冊が同年十二月に刊行されている。これに対して、高畠はあまり激しい攻撃は加えていない。松浦訳が誤訳だらけであることは、関係者の間で有名で、堺利彦[22]が「三種の資本論全訳」（『新社会』一九一九年十月号）という論考で、この翻訳の稚拙さを徹底的に批判しているからだ。

〈高畠も堺あて葉書で「松浦君の全訳は厳正に言ふと毎行ミステーキがある」といい、「最も奇抜」なものいくつかを紹介している、という。たとえば Bailey und Konsolten「バイレイ及び其一味」は「バイレイ及コンソルテン氏」、Dame Quickly はシェイクスピア劇中の人物だが「迅速夫人」とするだけで説明なし、等々。〉（田中真人『高畠素之　日本の国家社会主義』現代評論社、一九七八年、一七〇頁）

これに比して、生田長江に対して、高畠は激しい敵愾心を燃やしている。

〈高畠の批評「生田長江君の癩病的資本論」は『解放』一九二〇年二月号に載る予定で書か

れたが、何かの都合で延期となったため、遠藤と二人で出した雑誌『霹靂』一九二〇年三月創刊号に掲載された。（この雑誌は、この一号のみで終ったもようである。）

　高畠の批評ぶりは「酷評」というにふさわしい。Kleinbuergerliche Welt「小ブルジョア世界」を「微々たる商工世界」と訳したのを嘲笑したのはまだ序の口。生田訳「独逸に於て資本家的生産方法が円熟し来ったのは、その敵役が既に仏蘭西や英吉利西に於て、歴史的闘争に依って騒々しく姿を現はした後のことである」に対して「antagonistischer Carakter『敵役』とは恐入ったネ。長江さんはマルクス以外にも何物かを知り、とりわけ脚本などを作る人だから、ズットくだけて『敵役』と出たのだらうが、資本的生産方法の敵役では労働階級のことでも指すのか知らないが、とんでもない間違だ。『敵役』ではなくて『矛盾性』或は『衝突性』の意味だ。茲《ここ》では資本家的生産方法に含まれている矛盾性を指すのである。」

　生田訳「自然科学においては律動的なのが、互市場にては英吉利の尺度や重量が支配していた。」

　高畠「長江さんにお伺ひ申すが『律動的』な尺度や重量とは一体全体何のことでゴスか。長江さんは僕に低能と罵られたことが悔しいと見えて、近頃寄ると触ると『低能が高能が』と訳のわからぬことを口走っているそうだが……苟《いやしく》も低能でない位いの人間が律動的の尺度《ど》とは何事だイ。呉魔化すなら呉魔化すで宜しいから今少し常識的な、呉魔化しをやっては何うだ。試みに僕の訳文を見ると……『自然科学に於てはメートル制度量衡（metrisches）が、世界市場に於ては英国度量衡が専ら行はれてゐた。』」〉（前掲書一七一～一七二頁）

「『律動的』な尺度や重量とは一体全体何のことでゴスか」などと揶揄し、相手の能力を徹底的にこき下ろすというのは、高畠の典型的な批判手法である。事実、語学的には高畠の言っていることは正論なので、反批判はできない。誰もが高畠の能力の高さと見識の鋭さを認めるが、人間的には好かれないのである。

生田長江を潰すために、高畠は相当品性下劣な攻撃を加える。

〈酷評ぶりを挙げればきりはないが、もうひとつあげよう。

Das Geheimniss des Werthausdrucks,die Gleichheit und gleiche Gueltigkeit aller Arbeiten, weil und insofern sie menschliche Arbeit überhaupt sind,kann nur entziffert werden,sobald der Begriff der menschlichen Gleichheit bereits die Festigkeit eines Volksvorurt eils besitzt.

生田訳、「あらゆる労働の平等及び同効といふ、価値表白の秘密は、その労働が一般に人間的労働である故に、また一般に人間的労働である限り、人間的平等の概念が既に一の民衆的先入見の確実さを有つに至るまで、解釈されることができなかった。」

高畠「（生田訳のこの個所は）無類の醜態で、宛《さなが》ら崩れかかった癩病患者が怪しげな声を絞り出して何やら歌でも唸ってゐると云った調子で、見た許でもゾットする。……長江宗匠はweil から sind 迄の句を kann entziffert werden の副詞句にしているが、とんでもないことで、それは die Gleichheit……aller Arbeiten の形容詞である。そこで全体を癩的でなく健全に訳出すると次のようになる。『価値表現の秘密、即ち総ての労働は一般的意味での人間労働であるが故に、又その範囲内に於て、一等であり同じ値打のものであると云ふことは、人類平等の思想が既に固定して民衆の先入取（ママ）となる時、始めて之を解き明かすことができるのである。』」

高畠訳も、それほど読み易いものとは思われないが、ともかく語学上は正論である。高畠はこうした「酷評」によって競争者を駆逐した。〉（前掲書一七二〜一七三頁）

『論・想・談』の扉には、堤寒三による高畠の人物評がかかげられている。

〈切れることに於ては、当代無双。剣術ばかりか、体術、水泳にまで及び、切つて切つて切りまくる。余り切れ過ぎて、剣に酔つたところがありますな。論拠に於て、多少、赤鞘的、大だんびら無しとせず、か。〉（高畠素之『論・想・談』人文会出版部、一九二七年、扉）

高畠には、学識があり、洞察力もある。性格だって決して冷たいわけではない。親分肌のところがあり、強力なカリスマ性をもっていた。しかし、このカリスマ性は、高畠を直接知る狭い範囲の人々にしか影響を及ぼさないのである。

第三章　性悪説

高畠素之は、自らを国家社会主義者であると規定した。現代で、国家社会主義というと、アドルフ・ヒトラーによるナチズムが想起されるが、高畠がいう国家社会主義は、ステート・ソーシャリズム（state-socialism）で、ヒトラーが唱えたナショナル・ソーシャリズム（national-socialism、民族社会主義）とは、本質的に異なる。高畠が考える国家社会主義における国家とは、特定の民族と結びつくという要素が稀薄な、統治機構としての国家なのである。これに対して、ナチズムにおける「ナショナル」は、統治機構である国家と民族、具体的にはドイツ民族が結びついた擬制である。さらにこれが、アーリア人種神話と結びついている。ナショナル・ソーシャリズムにおける「ナショナル」には、神聖な価値が付与されている。これに対して、高畠が国家社会主義において考える国家は乾いた、機能的な概念だ。

通説的なマルクス主義の唯物史観理解では、歴史は、段階的に発展する。マルクス主義の聖典である『共産党宣言』（一八四八年）には、次のように記されている。

〈すべてこれまでの社会の歴史は階級闘争の歴史である。

自由民と奴隷、貴族と平民、領主と農奴、ギルドの親方と職人、要するに抑圧者と被抑圧者とは、つねに対立して、ときには暗々のうちに、ときには公然と、絶えまなく闘ってきた。そしてこの闘いはいつでも全社会の革命的改造に終るか、そうでなければ相闘う階級の共倒れに終った。〉（カール・マルクス／フリードリッヒ・エンゲルス［相原茂訳］「共産党宣言」『マルクス・エンゲルス選集第五巻』新潮社、一九五九年、五頁）

この原文にエンゲルスは一八八八年に刊行された『共産党宣言』英語版に次の註をつけた。

〈ここに社会の歴史とは、正確にいえば、文書で伝えられている歴史である。一八四七年には社会の前史、すなわち、すべての記録された歴史に先行する社会組織は、知られていないといってもいいほどであった。その後に、ハクストハウゼンはロシアの土地共有制を発見し、マウレルは土地の共有があらゆるドイツ部族の歴史的出発の社会的基礎であったことを立証した。そして次第に、共同の土地所有をもつ村落共同体が、インドからアイルランドにいたるまで社会の原型であったことがわかってきた。最後に、氏族の真相および部族内における地位についての、モルガンの輝やかしい発見によって、この原生的な共産主義社会の内部組織が、その典型的な形においてあきらかにされた。この原始共同体が解体するとともに、社会は別々の階級に、そしてついには相対立する階級に分裂しはじめる。私はこの解体過程のあとづけを、《家族、私有財産および国家の起源》（第二版、シュトゥトガルト、一八八六年）においてこころみた。〉（前掲書一五頁）

これによって、『共産党宣言』における当初の「すべてこれまでの社会の歴史は階級闘争の歴史である」という基本テーゼは、「すべてこれまでの、文書で伝えられている社会の歴史は階級闘争の歴史である」と変更された。

ここで、無階級の原始共産社会が実際にあったか否かは基本的に重要な問題ではない。原始共産社会を発見したことによって、ユダヤ・キリスト教文化圏の人々は、安心するのである。なぜだろうか。これによって、人間の本来の状態が明らかになったからである。人間は本来、すなわち原始の状態において、階級がなかった。階級がないので、階級対立も階級闘争もなかった。ちょうど、旧約聖書の創世記におけるエデンの園において、アダムとエバ（当時、全人類はこの二人で構成されていた）は、裸で生活していたが、その二人は、原罪による堕落をしていなかったので、幸せだったのである。労働や出産の苦しみもなければ、死もなかった。

しかし、原罪をもつ人間は、神の戒めを破り、楽園から追放された。追放された場所がわれわれが生きているこの世界なのである。しかし、この世界の苦しみは、この世の終わりの日に神の力によって克服され、再び楽園を回復することができる。これと同じように、奴隷制、封建制、資本主義までの階級社会は、苦しみの世界であるが、革命によって共産主義（その初期段階である社会主義を含む）が到来することによって、人間は再び楽園を回復するのである。ユダヤ教、キリスト教は、神の力によって楽園を回復することを想定するが、マルクス主義は人間の自力によって楽園を構築するのである。

本来の状態を措定し、それと疎遠になった、疎外態としての現状認識を示し、それを超克して本来の姿にもどるという疎外論はユダヤ教神学、キリスト教神学と親和的なので、原始共産制という本来の状態が発見されたことで、マルクス主義者は安心したのである。通俗的なマルクス主義のドクトリンによれば、この階級闘争を動力として、人類史は、原始共産制、奴隷制、封建制、資本主義、社会主義、共産主義という形態で発展していくのである。マルクスがこのような発展史観をもっていたかについて、専門家の見解は分かれる。もっとも生きている思想としてのマルクス主義について考える場合、マルクスが本来考えていたことについて、専門家が文献考証によって析出した内容はそれほど重要性をもたない。マルクス主義者、そしてマルクス主義に反対する人々がうけとめたところのマルクス主義の言説が重要なのである。マルクスについては、とりあえず留保しておくにしても、エンゲルスは、唯物史観を発展史観として理解した。そして、この考え方は、レーニン、スターリンに継承され、全世界に伝播されていったのだ。

高畠は、このような唯物史観を「唯物的弁証法」と呼ぶ。そして、この唯物的弁証法を本格的進化論ドクトリンが発見される前の進化論的な形而上学であると考える。

〈たとへば、マルクスの唯物的弁証法といふやうな学説にしても、これをその儘今日問題にするなどは時代錯誤の甚だしいものだ。単なる学説としては、進化論前期の進化論的メタフイジークとしてのほか殆ど何等の意味もない。進化論が常識化した今日、弁証法でもあるまいぢやない

か。〉（高畠素之「マルクスの不滅性」『論・想・談』人文会出版部、一九二七年、一九九頁）

ここで高畠は「進化論が常識化した今日、弁証法でもあるまいぢやないか」と弁証法を揶揄している。しかし、ここでいう弁証法とは、唯物的弁証法（唯物史観）のことだ。高畠は、マルクスの『資本論』全三巻を三回完訳した。その結果、社会主義革命を志向するマルクス主義者にはならなかった。更に、高畠は『資本論』でマルクスが展開する弁証法を体得し、その弁証法の力によって、社会民主主義、共産主義の両潮流に属するマルクス主義者の思考の停止や硬直化を批判するのである。歴史の弁証法は、革命によって共産主義社会が建設されることにより止揚されてしまうようなものではない。人間にとって、他者が存在する限り、永遠に続いていく運動なのである。

〈そんなら、マルクスが唯物的弁証法を提唱した事実そのものの奥には何等の生命的価値も横はつては居らなかつたかといふに、決してさうではない。マルクスにとつては、社会革命を法則として推論すると同時に、これを情意の意識的活動として評価するところに特殊の意味があつたのだ。それでなければ、問題を生きた形に捕捉することは出来ないと彼れは感じた。そこに特殊の面白味があり、そこに不滅の生命があるのだ。けれども、この形に把握した問題解決上の方法論としての弁証法には、当時の学問的水準から脱却し切らない幾多の歴史的制限がつき纏《まと》つてゐる。かやうな制限は、時の流れと共に洗ひ淩《さら》はれて、遂には弁証法の本体そのものまでも廃兵に帰する。それでも、彼れの生きた価値には微動だもない。彼れの真価は寧ろ、革命論究の方法論として弁証法を摑んだといふ、その天才的機智の一点にあるといひたい位だ。

マルクスの形体を抱いて、マルクス信仰の安価な涙を手淫する弥次馬的マルクス信徒に対しては、『もうマルクスの時代でない』といふやうな低能的マルクス批判が、ちやうど手頃の喧嘩相手かも知れない。〉（前掲書一九九〜二〇〇頁）

高畠の理解では、唯物史観の奥には、生命的価値を体現する何かがある。これは、社会法則について作業仮説を組み立てることとは別の問題だ。もっと動的で、情熱的で、欲望に満ちあふれた力である。高畠は、それを「情意の意識的活動」と呼ぶ。マルクスが、この「情意の意識的活動」をつかむことに成功したから、マルクスの言説は面白いのである。マルクスの「真価は寧ろ、革命論究の方法論として弁証法を摑んだといふ、その天才的機智の一点にあるといひたい位だ」と高畠は言う。ここでいう弁証法こそが、高畠が『資本論』から学んだ弁証法だ。高畠は、『資本論』の弁証法によって、マルクス主義者の唯物史観を破壊しようとするのである。


筆者の見るところ、高畠の、『資本論』の弁証法理解は、宇野弘蔵と親和的である。宇野自身は、否定するが、宇野の『資本論』解釈の前提に宇野経済哲学が存在する。宇野は、マルクスの中に二つの魂を認める。

第一は、資本主義社会の内在的論理を解き明かそうとする観察者としての魂である。

第二は、資本主義社会から共産主義社会への転換をもたらす革命家としての魂である。第二の魂が強力な動因となって、マルクスを経済学批判へと向かわせた。マルクスの認識では、経済学は、アダム・スミスからデイビッド・リカードまでの古典派経済学によって基本的に完成している。従って、市民社会（資本主義社会）の歴史的制約を認識することができず、商品、貨幣、資本による経済をあたかも自然現象のごとく見なしている古典派経済学を全体として止揚することをマルクスは考えた。経済学批判である。そこで、マルクスは、二つの眼を持つことにした。古典派経済学者としての資本主義システムの内側の眼と、資本主義システムの外側にいる何者かの眼である。

この複眼をもっているので、マルクスは資本主義システムを立体的に把握することができたのである。かつて、筆者は、マルクスにとって資本主義システムの外側にいる何者かの眼をプロレタリアートの眼であると誤認していた。しかし、資本家がプロレタリアートなくして存在できないのと同様に、プロレタリアートも資本家なしに存在することはできないのである。プロレタリアートの眼は、資本主義システムの内側の眼なのである。ハンガリーのマルクス主義哲学者ジョルジ・ルカーチは、資本主義システムにおいて、自らの存在を首尾一貫した言葉で認識できる階級はプロレタリアートしかいないということを強調した。確かにそれは正しい。ただし、それであってもプロレタリアートの眼は、資本家とは視界が異なるが、資本主義システムの内側の眼なのである。

資本主義を外側から見ることは、ユダヤ・キリスト教文化圏の世界においてはそれほど難しいことではない。そこには聖書という文字になった教典が存在する。この教典は、資本主義システムが流行となるよりもずっと以前に書かれたもので、このテキストを通じれば、資本主義の外側の眼を確保することは容易なのである。『資本論』、特にエンゲルスの編纂による第二巻、第三巻ではなく、マルクス自身が印刷用原稿を書き上げた第一巻に、聖書、ルター、シェークスピアの著作などからの引用が異様に多いのも、マルクスが資本主義システムの外部からの眼を確保するために、これらのテキストからの引用が必要だったのだと筆者は考える。これをマルクスにおける超越的視座と言い換えてもよいと思う。

宇野は、マルクスの超越的視座に気づいていた。宇野も資本主義システムの外側から、超越的視座で資本主義システムを眺めることと並行して、資本主義システムの内側から、労働力商品化というキーワードを梃子に、資本主義の内在的論理を解明しようとしたのである。この超越者としての視座について、宇野は踏み込んだ発言をしなかった。そして、あたかも素朴に唯物史観を信じている素振りをし、純粋な資本主義社会の内在的論理を原理論（経済原論）という形でテキスト化することに知的エネルギーのほとんどを費やしたのである。宇野には社会主義革命に対する強烈な想い入れがあった。未だ実現されていない社会主義社会から資本主義社会を見ることを宇野は常に自らに強いていたのだと思う。社会主義への想いが宇野の超越性を担保したのだと思う。

これも宇野自身は強く否定しているが、宇野は新カント派の精神科学方法論から影響を強く受けている。自然科学のような、研究室で実験を反復することができない経済学においては、思考実験による個性記述が重要になる。宇野にとって、経済学とは、資本主義時代という特殊な時代の個性を記述する学問なのである。資本主義時代になってはじめて人間は、自らがどのような状況にいるかということを、客観的、実証的に認識することができるようになったのである。従って、経済学は、資本主義という特殊な時代を取り扱う歴史学の一分野ということになる。宇野経済哲学はこのような歴史主義によって支えられているのである。

高畠もマルクスに二つの魂を認めた。しかし、宇野とは逆に、資本主義システムの内在的論理よりも、マルクスの革命家としての魂、資本主義を超克しようとする「情意の意識的活動」に関心を向けるのである。しかし、マルクス主義者にはならない。むしろ自らを右翼であり、国家社会主義者と自己規定するのである。

このような高畠の奇妙な選択を理解する上で、高畠の心理が捻れていることに留意しなくてはならない。高畠は、制度化されたアカデミズムにおいて、哲学を体系的に学ぶ機会をもたなかった。

もちろん高畠も、当時の知的潮流の最先端であった新カント派の科学方法論に関心はもっていた。関心はもっていたが、高畠は、自らの知的基礎体力では、それを十分に消化できないことも認識していた。資本主義が自由主義から帝国主義に変貌することによって『資本論』では説明できない現象が多々生じてきた。金融資本をどう見るか、独占をどう見るか、帝国主義をどう見るかという類の問題であるが、ミハイル・トゥガン＝バラノフスキー[23]の著作（ツガン・バラノヴスキイ『唯物史観の改造』新潮社、一九二四年）を翻訳、紹介する以外の作業を高畠はしていない。これらの問題を解明するための基礎教養が自らに欠けていることを認識した高畠は、論争からうまく逃げている。

高畠は、論争好きであったが、その背後には常に勝ち負けに対する冷徹な計算がある。負ける可能性がある論争には、いくら挑発されても絶対に対応しないのである。そして、自分が得意な分野に相手をひきずり込んで、徹底的に痛めつけるのである。別の機会に詳しく論じるテーマであるが、高畠は制度化された知、特に国立大学に対して強い敵愾心をもっている。一九二〇（大正九）年に森戸辰男[24]東京帝国大学助教授によるロシアの無政府主義者クロポトキン[25]に関する「クロポトキンの社会思想の研究」が上杉慎吉[26]を中心とする東京大学内の右翼系団体から攻撃された。掲載誌は回収され、更に、新聞紙法第四十二条の朝憲紊乱《ちようけんぶんらん》罪により森戸は起訴され、休職処分となり、大審院で有罪が確定し、森戸は失職した。この事件について、高畠は森戸批判を展開する。

〈言論は本来自由たるべき筈だと云つたやうな人気とりの弁護士連や、人間の思想は自由であらねばならぬと云つた『斯《こ》うした気分』どもの世迷言は、何ぼなんでも相手にする気になれないが、学者方面から叫ばれてゐる研究の自由、学問の独立の要求は、大分若い者共に共鳴されてるらしいので、此際徹底的に片付けて置く必要がある。

芸術家と称する特殊人種が、本統の人間は芸術家ばかりだと云つたツラをする時、我々は何は兎《と》まれ彼等の横面を小ヅキたくなるが、それは学者の場合でも同じ事である。学者は学者なるが故に特別の自由を、特別の待遇を要求すると云ふ時、其要求その事が既に学者の浅薄な自惚《うぬぼ》れを表白してゐる。日本国民は皆んな一様に不自由をさせられてゐるのだ。学者も日本国民であり、一分業の担任者たる意味に於て、立ン坊やデーデーや汚穢屋と少しも違はないのだ。立ン坊が無政府主義を口にして悪いなら、学者が無政府主義を紹介して悪いことも分り切つてゐる。学問は社会の一分業として貴重なものであるが、決してそれ以上に価値あるものではない。それだから学者が他の分業者以上に自由の待遇を要求するのは身の程しらずの不埒な態度として、宜しく社会的制裁を加へて然るべきであらうと思ふ。〉（高畠素之「虫の善い学者の要求」『幻滅者の社会観』大鐙閣、一九二二年、一〇九〜一一〇頁）

要は、国家は暴力装置であって、自己保存の本能をもっている。従って、国立大学における「学問の自由」などというのは虚構で、国家に抗う言論活動を行えば、国家から制裁されるのは当然だという論理だ。これは一種の反語法である。知識人が政治に関与するときは、大学教官職の失職くらいは、本気で覚悟して発言しろ。その程度の覚悟すらないならば、口を閉ざせということだ。

高畠は、ポピュリズムを軽蔑している。しかし、ポピュリズムの有用性もよく理解している。そして、このように帝国大学助教授を攻撃するような場合には、大衆の目線に立って、「立ン坊が無政府主義を口にして悪いなら、学者が無政府主義を紹介して悪いことも分り切つてゐる」などと言って、世論を煽るのである。この辺に高畠が知識人から嫌われる理由があったのだと思う。

高畠にも強い超越性への志向がある。しかし、その超越性は、神とか、外部を措定するものではなく、人間の内部を徹底的に見つめることから生まれてくる内在的超越性である。より具体的に述べるならば、徹底した性悪説にたつ人間観である。これは、高畠の無政府主義観、すなわちなぜ高畠が無政府主義を忌避するのかという説明を追跡するとよくわかる。

〈無政府主義の言ふことは、私にもよくわかる。それに共鳴したがる傾向も、私は多分に持つてゐる。ネヂのかけ具合で私などは立派に無政府主義の信者になり得る素質だ。が、現在のネヂ加減では、無政府主義の正反対を走つてゐる。

無政府主義は、現実に対しては極度の悲観、理想に対しては極度の楽観であるが、私は理想も現実もみな悲観である。ただ、その悲観のうちにのみ、せせこましい安心立命らしいものを握つてゐるといふに過ぎぬ。〉（高畠素之「無政府主義論」『論・想・談』人文会出版部、一九二七年、一九二頁）

「ネヂのかけ具合」というのは、社会観、人間観として、性善説を採用するか、性悪説を採用するかという問題である。無政府主義者は現実に対しては、性悪説だ。それは、弱肉強食の資本主義社会では、性悪説に立たないと人間が生き残ることができないからだ。しかし、無政府主義者によれば、人間は本来、性悪な存在ではない。

〈無政府主義は、強権に依つて立つところの現実を極度に邪悪視して、人の本性にその対蹠的美しさを見る。〉（前掲書同頁）

従って、革命が起き、弱肉強食の資本主義が消滅すれば、人間は本来の性善説に立ち返るようになると無政府主義者は考える。この点において、マルクス主義者も無政府主義者と見解を共有するであろう。しかし、高畠は、人間の本性をこのように善と想定することが大いなる誤謬であると考える。

〈私にとつては、人の本性そのものが強権を喚び起したのである。人の性は悪である。人は生れながらにして、みな自分勝手なシロ物である。エゴイズムの権化である。が、それでは社会がもち切れず、自分ももち切れなくなるから、茲《ここ》に社会的自然淘汰の必然の結果として、強権に依る支配統制の社会的機能及び器官が生じて来たのである。社会に政府が生じ、国家が生じ法制的制度が生じたのは、みなこの必要からだ。

人の性が若し互譲愛他のものであるならば、社会には国家も法律も要らない。誰れもかれも心の欲する儘に動いて、それで立派に秩序が保たれて行く筈だ。しかるに、近世国家はもとより、原始的の種族社会といへども、何等かの程度に於いて強制を加味した法的秩序を有《も》たぬものはない。この点に於いて、原始社会が近世国家ほどに著しく強制権力の発動を示さなかつたのは、人間の慾望が単純で、その分化作用が進まなかつたからに過ぎぬ。それでさへ、多少の権力的秩序は避けられなかつたのである。〉（前掲書一九二〜一九三頁）

性悪説を前提に、無政府状態を考えると、そこは弱肉強食の世界である。この現実から出発しなくてはならないと高畠は考える。高畠がマルクスの唯物史観を進化論誕生期の形而上学として切り捨てるのは、そこに性善説の残滓があるからだ。高畠は、ハーバート・スペンサー[27]の社会進化論に触れることによって、徹底的に性悪説で社会理論を組み立てなくてはならないと痛感したのであろう。

高畠は、キリスト教から離れた。もはや神を信じていない。しかし、キリスト教の原罪観による人間性悪説は、高畠の思想の根元に据えられている。「人の性は悪である。人は生れながらにして、みな自分勝手なシロ物である」というのが、高畠の人間観なのである。この関係で、高畠が、エンゲルスのような無階級の原始共同体を想定していないことが興味深い。「原始的の種族社会といへども、何等かの程度に於いて強制を加味した法的秩序を有たぬものはない。この点に於いて、原始社会が近世国家ほどに著しく強制権力の発動を示さなかつたのは、人間の慾望が単純で、その分化作用が進まなかつたからに過ぎぬ」という認識を示す。人間の性悪な性質は、疎外態ではなく、まさに人間のありのままの姿なのである。

もちろん、高畠は自らも性悪な存在であると認識している。恐らくは、売文社[28]での社会主義者としての活動、国家社会主義運動を展開した後の右翼や軍人との交遊の体験も、高畠の性悪説を一層強化したのであろう。

高畠は、人間と人間の関係によって社会が構築されると考える。そして、社会の延長線上に国家を認める。人間が性悪ならば、人間によって、つくられた社会や国家も性悪な存在である。国家によって、利己主義な人間の悪を規制するということは、悪によって悪を抑えるということである。従って、政治とは悪の弁証法なのである。

先程、筆者は、高畠にも超越性への志向があると述べ、それは内在的超越性であると指摘した。高畠は、自己の内面を見つめ、なぜそこに善や、善悪のいずれでもない無記《むき》ではなく、悪を認めたのであろうか。それは、高畠がマルクスの思想の中で特に高く評価する「情意の意識的活動」と合わせて解釈するときにその輪郭が明らかになる。高畠の琴線が、性悪である人間、悪に満ちた社会から抜け出そうとするマルクスの思想と共鳴するのである。悪は、それ自身として自立する根拠がないということを高畠はマルクスを通じて、懸命につかみだそうとしているのだ。悪によって、高畠は自己を、他者を、社会を、そして、国家を相対化しようとしているのである。悪の中に悪を超克する内在的力があることを高畠は予感しているのである。それだから、必要悪である国家を手掛かりに、国家社会主義という社会改革運動に着手したのである。

高畠は、国家に対する誠実な敬意という感情を持ち合わせていない。例えば、警察官が、要請に応じて要人や工場を警備する「請願巡査」制度に関する論評で、高畠の国家観が率直に現れている。

〈博奕打の用心棒といふのがあつた。剣術は達者だが身持が悪く、主家をお払ひ箱になつたといふやうな、腕ツ節の強い人間を喰はして置いて、いざといふ場合の役に立たせようといふのである。羽振りの善い博奕打になると、この種の用心棒が入り代り立ち代り尋ねて来て、そこばくの日数滞在しては報酬を受ける。

単に博奕打ばかりでなく、料理店、貸座敷、芝居小屋など水商売の中にも、かういふ用心棒を雇ふのがある。腕力はあつても金や智慧のない者、金や智慧は廻つても腕力のない者、この両者が有無相通じて相互に秩序を実行するといふ巧い仕組で、官憲の力ばかり依頼して居られぬ水商売にとつては、当今の文明社会でも、これが一種有力な自己防禦手段となつてゐる。金のある者が報酬を支払つて腕力家を利用することは、主人が女中を雇ふのと同様な私的取引であつて、双方に不服の無い限り正当に約束される雇傭関係だといひ得る。

ところが、茲に述べやうとする請願巡査なるものは、用心棒は用心棒でも、右にいふやうな用心棒とは大分事情を異にしたところがある。富豪の邸宅、工場などで、ユスリ、泥棒、乱暴者などに備へるために置くのが、この請願巡査である。若しこの請願巡査なるものが、博奕打や料理屋の用心棒と同様な単なる市井の腕力家であるとすれば、取りたてて文句はない。〉（高畠素之「現代の悪制度」『論・想・談』人文会出版部、一九二七年、九三〜九四頁）

国家の官吏である警察官が、民間の資産家や工場を警備するのは、カテゴリー違いであるという指摘をした後に、高畠はこう続ける。

〈市井の用心棒は単なる私人である。彼れが腕力を用ひるときは私人としてこれを用ひるのであつて、そのために刑罰を受くる可能のあることを覚悟せねばならぬ。しかるに、請願巡査なるものは、貸座敷の用心棒と同様な役目をつとめながら、自分は官吏であつて、官吏としての職権を毫《ごう》も制肘《せいちゆう》されない。公然と武器を携へるところの用心棒である。

現代の富豪や有力者が体裁のよくない用心棒のかはりに、体裁がよくて而もヨリ有効な請願巡査を用ひるのは、彼等としては賢明なやり方である。請願巡査一人を置く費用は、彼等富める者にとつては些々たるものであらう。この些々たる費用を以つて、国権を具象化した巡査を利用することが出来るとは、何と都合の好い仕組ではないか。

が、それは富者にとつては好都合ではあらうが、我々一般国民にとつては、少しも有難くない。警察費は国庫から支出され、国庫の金は国民全体の懐から出たものである。国民全体が扶持してゐる巡査の利用を、一部少数の人々に多少でも専有されることは不愉快の極みではないか。

こけ脅しの門構へだけでもいい加減気持のよくないところへ、請願巡査などを置かれては、小便でもヒツ掛けたくなる。これは単純に起る反感だが、この単純な反感の底には当然な理由があると思ふ。

警官は国権を代表し、国権には必ず強制が伴ふ。強制に対する反撥は、やがて警官に対する反感又は嫌悪となつて、一般民心の奥底に潜在してゐる。その警官が、つねに財力を以つて傍若無人の振舞をしてゐる富者と結託して世人を威嚇するといふのであるから、これに対して反感が起るのも当然ではないか。〉（前掲書九四～九五頁）

まず、高畠は、警察官を用心棒と同一視している。その違いは、国家によって警察官は暴力を行使する正統性を付与されているが、用心棒にはそれが付与されていないだけである。更に、「請願巡査などを置かれては、小便でもヒツ掛けたくなる」と述べているが、これが国家官僚に対する高畠の率直な認識なのである。富者と結託する警察官に対して、国民の反感を煽ることが、この文書の目的と思われる。このように高畠の思想には、通常の国家主義思想の枠組みには収まらない破壊的要素がいくつもある。

第四章　貧困

高畠素之は、不思議な性格をしている。

無愛想なところと人懐こいところが同居している。英語、ドイツ語に堪能で、学識豊かな人物であるが、無頼漢の要素がある。明らかに強力なカリスマを有しているが、そのカリスマは自らが直接、顔を合わせる人々の範囲でしか発揮されない。マルクスの『資本論』を三回も完訳したにもかかわらず、マルクス主義者にならず、国家社会主義者になった。徹底的な性悪説を掲げるにもかかわらず、周囲の人間には優しく、一旦、信頼した人を疑うことをしない。

高畠自身は、自己の性格について、次のように分析している。

〈私は短気だから、根気で埋合せる。私は凡骨だから、努力と勤勉で埋合せる。私は人の悪口をいふから、我が身の責任と真実を重んずる。私は短所ばかりだから、何か一つ極端に長所を発揮しようと思つてゐる。

けれども私は、これらの短気や、凡骨や、毒舌や、その他一切の短所を改めようとは思はない。思つても、大方無益だといふことを知つてゐる。短所に手を触れるな。長所を発揮すればいいの

だ。〉（高畠素之『自己を語る』人文会出版部、一九二六年、扉）

この独自の倫理観は、徹底的な性悪説に根ざしているのである。短気という性悪な要素があることを自覚すれば、それを根気で埋め合わせることが可能になるのである。凡骨だから、努力し、勤勉になるのである。他人の悪口を言うから、自分は悪口を言われないように責任をもった言動をすることに心がける。要するに、短所を矯正するのではなく、自己の短所は、性悪な本性から生まれるものであるから、矯正を諦め、それを凌駕する長所を意識的に伸ばしていくことが人間的陶冶だと考える。ここに高畠の知識人論があると思う。知識人とは、自らの性悪な短所を客観的に自覚している人なのである。短所に関する客観的な自覚がなくては、長所を伸ばす動機が生まれないのである。

高畠が、多大な苦労をして、『資本論』を完訳した動機も、日本社会を含む、同時代の資本主義社会の悪と短所を見極めたいという欲望があったからだと思う。『資本論』によって、資本主義社会の「最も深い深淵」に到達しなくては、そこからはい上がっていくことができないという認識が高畠にはある。実は、このような発想は、高畠が棄教したプロテスタンティズム、特にルター派に特徴的なものである。自己を無にして（神学用語でいうケノーシス）、人間社会のもっとも悲惨な状況に神の子であるイエス・キリストが降りていったからこそ、神によってイエス・キリストは天に上げられた（神学用語でいう高挙）という認識をルターはもつ。この構成が『資本論』においてもとられている。プロレタリアートは、資本主義社会の「最も深い深淵」で生きることを余儀なくされている「ケノーシス」の人なのである。それ故に革命の主体となって、階級支配を打倒する特権的地位を与えられている。マルクスがプロレタリアートに与えた宗教的使命を、基礎教育がプロテスタント神学である高畠には容易につかむことができたのだ。

&

優れたテキストは、首尾一貫した複数の読み方が可能である。新約聖書で描かれたイエス像を、政治革命の枠組みを破壊する人間の精神、社会のすべてを改造することを主張した革命家と描くこともできるが、既成の権威に従うことを命じた政治的には保守的見解をもった道徳家として描くこともできる。

『カラマーゾフの兄弟』でドストエフスキーが主張したかったことは、真実のロシア正教に回帰し、帝政ロシアを保全することであるという解釈をすることは、もちろん可能である。他方、ドストエフスキーは、帝政ロシアの崩壊を予知し、激しい革命が起こることを期待していたと解釈することも決して無理ではない。

マルクスの『資本論』についても、複数の解釈が可能である。代表的解釈を二つ提示する。

第一は、『資本論』は「革命の書」で、資本主義社会の矛盾が必然的に社会主義革命に発展することを証した書であるという解釈だ。この解釈は、戦前の、講座派（日本共産党）、労農派（戦前の非共産党マルクス主義者で合法的無産政党による協同戦線を提唱する。戦後は、社会党左派のイデオロギーを構築する）の双方に共通していた。戦後、共産主義者同盟、革命的共産主義者同盟などの日本共産党から別れた諸潮流、日本社会党から別れた社会党・社青同解放派など、新左翼諸党派も「革命の書」として『資本論』を解釈した。

第二は、資本主義社会の内在的論理を解明した書としての『資本論』の読み解きである。労農派から派生した宇野弘蔵の読み方がこれに該当する。現代では、柄谷行人の『トランスクリティーク――カントとマルクス』（『定本　柄谷行人集3』岩波書店、二〇〇四年）、『世界共和国へ』（岩波新書、二〇〇六年）が、筆者の理解では、この系譜に属する。この系譜では、資本主義は、そう簡単に崩すことができないシステムであるとマルクスが認識していたことが強調される。

本書の第二章で詳述したが、一九一七年十一月のロシア社会主義革命によって、資本主義から社会主義への移行の必然性が証明されたと日本のマルクス主義者の誰もが信じた。ヨーロッパでは、共産党系のマルクス主義者は、ソビエト・ロシアを共産主義の初期段階である社会主義であるという信仰告白を行った。これに対して、社会民主党系のマルクス主義者、更にローザ・ルクセンブルクのような共産党の左側に位置する独立社会民主党のマルクス主義者は、ロシアで起きた騒動を社会主義革命とは認めなかった。

日本でも、コミンテルン（共産主義インターナショナル）日本支部である日本共産党がソ連を社会主義国と見なしたのは当然のことだ。しかし、日本共産党と激しく対立した、国際基準で見るならばドイツ社会民主党と親和的である労農派がソ連を社会主義と見なしたため、日本では、ソ連に対して批判的なマルクス主義者は存在しないという現象が起きた。第二次世界大戦後、山川均、対馬忠行[29]らの労農派マルクス主義者は、ソ連に対して批判的姿勢を鮮明にするようになったが、このようなソ連観は労農派の主流にはならなかった。向坂逸郎のイデオロギー的操作によってスターリン主義を基本的に肯定的に評価する「社民スターリニズム」という日本特有の現象が生じ、結局、この枠組みに労農派マルクス主義者はソ連崩壊までとらわれていたのである。

一九九一年十二月のソ連崩壊を日本共産党、日本社会党は、本格的に総括しなかった。新左翼諸党派は、反スターリン主義の立場をとっていたことを口実に「スターリン主義体制のソ連が崩壊しても、マルクス主義とは何の関係もない」という立場をとった。結局、ソ連とは何だったかという問題は、和田春樹氏[30]、塩川伸明氏[31]などの少数の学者の間で検討されるにとどまり、日本のマルクス主義者はソ連論を迂回して現在に至っているのである。

国家社会主義者である高畠は、ソ連の本質は国家主義であると考えた。しかも、この国家主義は、外部世界に対して侵略的性格をもつので「労農帝国主義」であると規定した。高畠が何故にソ連国家の本質を正確に把握していたかについては、ソ連崩壊の時点で、再吟味されるべきであったが、誰もその作業に従事しなかった。筆者の理解では、高畠は『資本論』の視座からロシア革命を観察し、その結果、ソ連を労農帝国主義と規定したのである。高畠の理解では、労働力が商品化されることによって、産業資本主義は完成し、それ故に資本主義はシステムとして自立するようになったのである。資本主義システムが種々の深刻な問題をはらんでいることは明白だ。それを解決するためには、労働力商品化を廃絶しなくてはならないのである。ソ連型社会主義では労働力商品化の廃絶を徹底できなかった。それ故にソ連は、マルクスが想定した社会主義ではないと高畠は考えたのであろう。

それでは、高畠は、『資本論』でマルクスが展開した労働力商品化をどのような概念ととらえたのであろうか。

〈資本家は労働者に賃銀を支払つて、彼れの労働力を買ひ取る。労働力とは、人の現身即ち生きた人格の中に存する所の、そして何等かの種類の使用価値を造る場合に作用する所の、身心能力の総計を指すのである。然し労働力が商品となるためには、予め種々なる条件が充されて居ることを要する。商品交換の根本条件として、商品所有者は先づその商品を自由に処分し得る所の権利を有すべきである。而《しこう》して労働者は、その労働力の所有者であるから、自己の労働力、随《したが》つて自己の身体については、自由なる処分権を持つて居らなければならない。それには、労働者が一定の時間に区切つて自己の労働力を切売りすることを必要とする。若しその労働力を一括して売切りにしてしまふとすれば、彼れは自分自身を売り放つことになつて、奴隷と異ならなくなる。即ち商品の所有者ではなく、商品そのものとなつてしまふのである。

労働力を商品たらしめる第二の条件は、労働力といふものはそれを所有するところの労働者にとつては使用価値でないといふことである。商品の交換は夫々《それぞれ》の所有者にとつて用のない物品間に行はれるとは、我々の既に知るところである。労働力の使用価値とは、労働力以外の他の使用価値（有用物）を造ることに存してゐる。されば、労働力の使用価値を発揮させるためには、労働力を生産上に作用させることが必要となつて来る。生産を行ふには、労働を仕向けられる原料や、労働を伝へる機械など、即ち総合して生産機関と称するものが是非存在しなくてはならない。然るに労働者は自己の労働力以外には何物も持たないのであるから、みづから生産を営むことは出来ない。折角の労働力も彼れにとつては使用価値とならないのである。そこで労働力を商品たらしめるこの第二の条件が成立するためには、労働者を生産機関から分離すること、換言すれば労働者が生産機関を所有しないことを必要とする。昔の独立労働者は、みづからその生産機関を所有してゐた。それ故、彼れは自己の労働力を商品として販売することなく、直接これを生産に使用し、生産物をみづから所有してゐたのである。然るに今日の労働者はプロレタリアであるから、生産機関を持たない。随つて、みづから生産を営むことが出来ず、自己の労働力を生産機関の所有者たる資本家に売つて生活するの外はないのである。〉(高畠素之『マルクス十二講』新潮社、一九二六年、二六四〜二六五頁)

「労働力とは、人の現身即ち生きた人格の中に存する所の、そして何等かの種類の使用価値を造る場合に作用する所の、身心能力の総計を指すのである」というのは、『資本論』の論理に合致した的確な定義である。

労働力も商品であるから、それには価値と使用価値がある。労働力の価値とは、労働者が、衣食住を基本とする自らの欲望を充足して、再び働くことができる心身能力を回復するための商品価格の総計で、これが賃金になる。

これに対して、労働力の使用価値とは、有用物(商品)を作ることだ。ただし、ここには労働力商品は含まれない。労働力商品という特殊な商品は、労働によって作られるのではなく、家庭の生活によって作られるのである。資本主義社会というすべてが商品によって処理される社会の根本である労働力商品だけは、商品経済の枠外である家庭で作られるというところに資本主義システムの弱さがあるのだ。高畠は、労働力が使用価値として用いられるための与件について考察する。

第一は、労働者が、労働力を自由に処分することができることである。より正確に言うならば、労働力を切り売りする自由をもっていることである。労働者が自己の労働力のすべてを資本家に売り渡してしまうならば、奴隷になってしまう。奴隷とことなり、身分的に自由であることが近代プロレタリアートの特徴なのである。

第二は、労働者が生産手段（高畠の用語では生産機関）をもたないプロレタリアートであることだ。

更に、高畠は、商品における価値が、他人のための使用価値であることに着目する。「労働者は自己の労働力以外には何物も持たないのであるから、みづから生産を営むことは出来ない。折角の労働力も彼れにとつては使用価値とならないのである」から、労働者は、労働力を他人（この場合、資本家）のために使用するのである。労働者が労働によって自己実現を図るというのは虚構である。労働者は他人のために労働するのである。ところで、資本家が商品を生産するのも、自らが消費するためではない。その商品を販売、すなわち貨幣と交換することによって、価値（貨幣）を得るためである。労働者は生存のために商品を購入せざるを得ない。これらの商品は、他人のための使用価値として作られたものである。使用価値という観点から見る場合、資本主義社会は、利他的な構成になっている。

ここで、人間の本性が善ならば、利他的な世界が、深刻な問題をはらむことなく存続する。しかし、人間の本性は悪である。従って、自らが獲得する価値にしか関心がない。労働者はいいかげんな労働をしても賃金さえ得られればよいと考える。そうなれば、欠陥商品が作られることになる。資本家は、売れればなんでもよいということになれば、露見する可能性が低いならば、食品の賞味期限を偽装したり、欠陥商品や有害物質が入っている食品が平気で市場に出回るようになる。高畠の論理を敷衍すると、人間が性悪な存在である以上、市場が中立的存在であるはずはない。市場も悪なのである。従って、市場の悪を国家というもう一つの悪で牽制する必要が生じてくる。

❦

高畠は、市場メカニズムがもたらす最大の悪は貧困であると考える。労働者が一生懸命働くにもかかわらず、貧困の状態から抜け出すことができない。更に社会的格差が拡大する。貧困に対する高畠の認識を少し詳しく紹介したい。

〈金が世間の敵なら、どうぞ敵にめぐり合ひたい――大阪仁輪加《にわか》は、頭からさういつて茶化すが、それほど世間の大多数は金に無縁な存在である。朝から晩まで、晩から朝まで、四六時ぢう金の問題ばかりを考へ、如何にして儲くべきかにあらゆる精力を傾注しながら、尚ほ生活が楽になるだけの金が得られない。それのみか、かへつて釣瓶おとしに生活は苦しくなつて行く。考へてみれば、理屈にも何んにも合つた話しでないが、その理屈に合はぬところが現代生活の特徴なのである。〉（高畠素之「人は何故に貧乏するか」『論・想・談』人文会出版部、一九二七年、五頁）

「金が世間の敵なら、どうぞ敵にめぐり合ひたい」とユーモアで貧困をとらえるのが、もっとも商品経済に親和的な大阪人であるというところに高畠は面白さを見ているのであろう。資本主義社会における問題の相当部分が金によって解決可能なのである。

〈金、金、金――生きとし生ける万人は、昼夜の別なく金の問題で大脳神経を磨滅しつつある。新聞記事を賑はす問題も、硬軟ともに直接か間接かこれに関聯してゐる。川崎造船所を生かすも金なら、失業者夫婦が三人の幼児を殺したのも金である。下世話の諺は『地獄の沙汰も金次第』といふ。この調子では生前の苦労を、そのまま死後にまで持ち越すのかも知れない。

人間がこれほど狂乱的に欲しがる金とは、抑《そもそ》もその正体は何んであるのか。金はその始め、交換の便宜のため社会的に考案された道具である。甲に取つては余分な物だが乙に取つては不足な物を、甲に不足で乙に余分なそれと交換するとき、物と物とを交換してゐたのでは色んな不便があるところから、物それ自体の価値を共通に表象する金（貨幣）をつくり、彼等の欲するあらゆる物を価値の共通的表象たる金で媒介させるやうにした。これは人間社会の思ひつきな発明である。随つて金は、人間に依つて支配さるべきものであつたが、人間の追求する価値が悉《ことごと》く金で代象されてゐる事実は、やがて端的に金そのものを追求するに傾かしめ、金は価値の尺度たる意味を転じてその唯一実体たるか《32か》の如き性質が与へられ、いつの間にか人間を却つて支配するやうになつた。マンモンは斯くしてエホバに代り、全智全能の神として人間に君臨し得たのである。〉

（前掲書二一～三頁）

ここで高畠は、『資本論』第一巻第一篇「商品と貨幣」の内容を、正確かつわかりやすく要約している。共同体と共同体の間で発生した商品の交換から便宜的に生じた貨幣が、逆に人間を支配するのである。金が力をもつのではない。金に表象された人間と人間の関係が力をもつのである。マルクスはこのことを「商品のフェティッシュな性格とその秘密 Der Fetischcharakter der Ware und sein Geheimnis」と説明した。現在、市場に流通している『資本論』の日本語訳においてフェティシズムの訳語には「物神崇拝」があてられているが、高畠はそれに魔術性という訳語を与えた。

〈商品の形態のもとに、物と物との関係の幻想的形態を採つて人類の目に映ずるものは、人類自身の一定の社会的関係に外ならない。そこで是れに類似した現象を見出す為には、宗教の夢幻境に助を求めなければならなくなる。此境地に於いては、人類の頭脳の諸産物は、相互に関係し且つ人類とも関係してゐる所の、それ自身の生命を附与された独立した存在物であるやうに見える。商品界に於ける人類の手で造られた諸産物についても同様である。私は之れを、労働生産物が商品として造られるや否やそれに固着し、随つて又商品生産から不可分的のものとなつてゐる所の魔術性と名づける。

商品界の此魔術的性質は、前述の分析に依つても知られる通り、商品を生産する労働独特の社会的性質に基くものである。〉（カール・マルクス［高畠素之訳］『資本論　第一巻』新潮社、一九二五年、五七頁）

Fetischcharakterという日本の読書界にはほとんど知られていない術語に直面して、高畠は「魔術的性質」と訳したのであるが、「物神崇拝的性格」よりもよい訳語と思う。神以外を拝んではいけないという厳しい戒めがあるユダヤ・キリスト教文化圏ではない日本において、例えば、石や樹木に手を合わせる神道は物神崇拝そのものである。そこに極端な違和感を感じない。これに対して、魔術という訳語からは、強い異常さを感じる。人間が作り出したものに魔法にかけられたように人間が呪縛されているという雰囲気が現れるからだ。人間には、貨幣という形態で、互いに魔術をかけ合う能力があるのである。

ⅽ

性悪な人間は無限の欲望をもつ。人間の欲望は、決して満たされることはない。それだから人間は無限の貨幣を欲しがるのである。従って、「各人はその能力によって働き、その欲望にみあった報酬を受ける」という共産主義社会は、永遠に到来することはないのである。

高畠は、人間の欲望について「生活に必要」な範囲内という天井を設けるべきと考える。しかし、「生活に必要」に関しても問題が残る。この点について、高畠はかなり詳しく論じている。少し長くなるが、関連箇所を正確に引用しておく。

〈人間の慾望が無限である以上、その慾望にもとづく必要も無限に増長すべきが当然だから、いはゆる『必要』の概念にも一定の限界がなければならない。その限界は『生活に必要』なことに置かれる。

生活には肉体的生理的なものと、精神的文化的なものとの二方面がある。衣食住の問題は前者で、娯楽教養の問題は後者に属する。この二方面に於いての『必要』とは、抑もまた何を指すのであるか。生活を肉体の維持存続といふ絶対的意味に解すれば、人間は二千五百カロリーから三千五百カロリーの栄養価を一日に取れば十分なさうである。して見れば、文字どほりの『露命をつなぐ』ことが出来ず、普選法のいはゆる『公私の救恤《きゆうじゆつ》』を受けなければならぬ程のものは、さう大して多く存在しないであらう。

しかし『公私の救恤』を受けないから、それで貧乏ぢやないといふ解釈も穏当を欠く。世間はよし彼れが救恤を受けなくとも、豚の如くただ肉体的生命を維持してゐるだけの人間を貧乏人と呼ぶに躊躇しない。電気ブランを呑み、ゴールデン・バットを喫ひ、新聞の一種や雑誌の一冊も読み、時に剣劇の一幕ものぞく人間でも、これを貧乏人と呼びならしてゐる。単位的絶対的な貧乏人に対しては贅沢きはまりなき貧乏人であるが、そんなら貧乏の標準は、比較的相対的なものと解すべきであるか。

比較的相対的といふ段になると、千万長者に対して百万長者は貧乏であり、月収三十円の雇員に対して月収五十円の書記は金持ちとならねばならない。劇場の特等席に陣取る貧乏人と、四階に辛うじて立見する金持ち——上みれば限りなし下みれば限りなし、それでは貧乏の概念は浮動してしまふ。随つてこれを、経済学的乃至社会学的に厳密な検討を下して行くなら、甲論乙駁を無際限に繰りかへすのほかなく、結局は八幡の籔知らずに陥るであらう。

そこで貧乏の定義は、ごく大まかに『人間らしい生活をするに必要な金が得られない状態』とでもして置くのほかはない。ところが『人間らしい』といふ言葉が抑もの曲者で、文芸上のいはゆる『人間的』などと同じく主観的に解釈するなら、これも一定の限界線がなくなつてしまふ。打水をした庭先きに下り立つて虫の音を聴く、といふやうな風流韻事はまだしも無難だが、妓楼に登り芸者末社に取り巻かれて大尽遊びをしなければ『人間らしい生活』とは思へない、などと贅をならべる奴が出ないとも限らぬ。しかしこれは、人のふり見てわがふりで、おのづからなる一定の客観的状態を標準とすべきである。〉（高畠素之「人は何故に貧乏するか」『論・想・談』人文会出版部、一九二七年、六～八頁）

金持ち、貧乏というのは、相対的であることを高畠は強調したいのである。実は、このこともマルクスの『資本論』を踏まえた上での言説なのである。

〈労働者は、精神的および社会的諸欲望を充たすための時間を必要とし、そしてこれらの欲望の範囲と数とは、一般的な文化状態によって規定されている。〉（カール・マルクス〔向坂逸郎訳〕『資本論　第一巻』岩波書店、一九六七年、三〇〇頁）

一般的な文化状態とは、生産力のそもそもの水準、資本家と労働者の力関係によって変化するのである。五十年前にエアコンは、富裕層の上層部しか所有することができなかった。現在は、二〇〇三年から筆者がお世話になった東京拘置所新獄舎にエアコンが入り、囚人も文明の利器の恩恵に浴するようになった。二〇〇四年から〇七年頃にかけて、世界的な好景気と円安により、多くの一部上場企業が、大幅に収益をあげていたにもかかわらず、労働者の賃金が上昇しなかったのは、労働運動の力が弱くなり、賃金の水準が資本家側に有利に定められているからだ。高畠が言う標準賃金の「一定の客観的状態」は、労資の階級闘争の結果によって均衡点が見出されるのである。

〈とにかく今日では、資本を有《も》つ人と労働をする人とが、截然と二つに分別したこと御覧のとほりである。資本を有つ人（資本家）は、労働する力だけしか有たない人（労働者）に、一定の賃銀を払ひ一定の労働をさせて産業を営む。これは普通の形であるが、もう一つ、自分では資本を有たないが、他の、資本を有つ人から融通を受け、必要とする建物や機械や原料やを求め、且つ労働者の労働力に対し一定の賃銀を支払つて、それで産業を営むといふ人もある。金融資本家と企業家との関係がそれで、企業家は財産を有たなくとも事業を営むことが出来る、といふことも理論上では明らかに言ひ得る。〉（高畠素之「人は何故に貧乏するか」『論・想・談』人文会出版部、一九二七年、一二一～一二三頁）

高畠は、ここで『資本論』でマルクスが若干しか論じていない株式資本について考えている。株式の発行によって、資本（金融資本家）と経営（企業家）が分離する。そして、熟練した労働者と企業家の下流部はどちらが金持ちで、どちらが貧乏であるかわからない状況が生じてくると指摘する。

〈マルクスの絶対的貧窮説に従へば、生産と資本の蓄積による国富の増加は、夥少数の資本貴族の手に富を集中させて、夥大数の国民を次第なる赤貧者に陥れるとのことであつた。なるほど随所に大富豪は出現した。けれどもそれと同時に、相対的な数と所得からいつて中流階級も増加し赤貧者はむしろ却《かえ》つて減少しつつある。ただ中流階級に属する集団が、従来は小資本乃至小金持ちを以つて代表されてゐたに対し、近来はヨリ多く酬いられる労働者によつて代表される観があり、その社会的性質は注目すべき価値がある。資本貴族に対するこれら労働貴族は、所得からいつてブルヂオアの最低部層と少しも変るところがない。

この事実は端的に、自分の労働力を売つて生活する労働者と雖《いえど》も、必ずしも貧乏であらねばならぬ理屈がないことを反証する。それは恰《あたか》も、資本家と雖も、貧乏であり得ることの理屈と表裏してゐる。

かうした労働貴族は如何にして出現したか。主として彼等の技術上の熟練である。しからば如何にして技術を熟練したか。生れつきの利鈍もあらうが、これも主として彼等の努力、献身、忍耐等、お定まりの道徳的要素に負ふものである。彼等にしてもし、更に勤倹、節約、貯蓄等の道徳力を発揮し得れば貧乏を免るべきは理の当然として、金持ちたることもまたさして困難としないであらう。〉（前掲書一七頁）

資本家と労働者の差異は、可処分所得の大小ではないのである。資本主義的生産様式における役割の違いに過ぎない。二十一世紀の現代においても、コンビニエンス・ストアーの店長は、資本家であり、店員の労働を搾取している。これに対して、巨大自動車製造会社の研究所の技師は、労働者である。この労働者である技師の賃金が、資本家であるコンビニエンス・ストアーの店長よりもよくても、それは不思議なことではない。

高畠にとって、重要なのは資本一般ではなく、巨大資本の動きなのである。

〈筋肉的なると頭脳的なるとを問はず、労働者（多数国民）の社会的地位の悪化は現代の資本制蓄積の傾向がもたらす当然の結果である。機械の発明による生産技術の進歩は、資本のヨリ小なる部分を労銀に転化せしめ、そのヨリ大なる部分を生産手段に転化せしめる。労働者の所得たる賃銀俸給は、かくして全社会的資本に対し次第にヨリ小なる部分を構成するが故に、たとひ労働所得の相対的増加はあつたとしても、ヨリ大なる資本所得の増加に対する開きは、所詮かせぐに追ひつく貧乏たらざるを得ない。大廈《たいか》（引用者註　大きな家の意）の倒れんとするや一木を以つて支へがたし、勤勉努力等の道徳的偉功もさることながら、この明白なる社会的傾向に対しては手の下しやうもない。兎と亀の競走なら、兎の昼寝に万一の僥倖を期待されぬこともないが、汽車に乗つて寝てゐる兎には勝つべき目算を立て得ない。それほど資本家の利潤は、懐手をしてゐても転がり込んでくるものなのである。〉（前掲書一八〜一九頁）

巨大資本の動きに対して、資本をもたない労働者や中小零細資本家は絶対に勝利することはできない。競争社会というのはまやかしなのである。巨大資本は、はじめから列車に乗った兎なのである。兎が、自分の足で走っていて、もしかしたら途中で寝ることがあるかもしれないなどと亀が考えるとすれば、それは完全な幻想なのである。亀として生まれた労働者や中小零細資本家は、高度に発展した資本主義社会において勝利する可能性はないと考える。

そこで、高畠は社会改造の必然性を説く。残念ながら、当時の検閲によって一部が伏せ字（引用中の…）となっているため、高畠の言説を正確に再現することはできないが、関連部分を引用する。

〈現代の貧乏は正に、働かんとする意志はあつても働くべき仕事がなく、働くべき仕事があつても、必要なだけの賃銀が得られない状態から導かれる。勤勉努力は素より、彼れの貧乏を緩和するであらう。しかし、勤勉努力が資本家の利潤には確実には貢献するとしても、それが彼れの所得の増収を……………………………………………………………。節慾貯蓄にしても然り、せつかくの臍繰りが朦朧会社の救済などに流用され、再び我が身に対する……………………ゐると聞いては、天に向つて唾でもしてゐた方が未だしも無難であらう。これ『稼ぐに追ひつく貧乏』でなくて何ぞや、などと憤慨しても始まらないほど、現代の大多数的貧乏は不可抗的な社会的必然を反映してゐるのである。

然らば貧乏は如何にして退治去るべきであるか——これは野暮に駄足をつける必要もあるまい。〉（前掲書二一一頁）

働く意志があっても働くことができない失業者、賃金が最低生活水準に満たない労働者の存在が貧困問題である。それは、個人の努力によって解決されるものではない。努力して勤勉に働いても、生活をほんの少しだけ改善するだけで、巨大資本の力を一層強めてしまい、かえって労働者の首を絞める結果になる。貯金をしても、それで倒産しかけた会社の支援がなされるだけで、資本主義体制を延命するだけである。「然らば貧乏は如何にして退治去るべきであるか——これは野暮に駄足をつける必要もあるまい」と高畠が明言を避けた処方箋が、社会主義革命であることは明白である。

高畠の国家社会主義は、マルクスの社会革命の延長線上にあるのだ。体制の論理に包摂されない暴力性を高畠の思想ははらんでいるのである。

第五章　消費

『資本論』を解釈するにあたって、高畠素之は、生産の観点のみならず、消費を重視した。そして、資本主義的な消費の中に人間を平均化していく傾向があることに気づくのである。

アダム・スミスからデイビッド・リカードまでの古典派経済学を継承したマルクス経済学は、通常、生産の視座から経済を分析したとされている。事実、『資本論　第一巻』は、「資本の生産過程」から始まっている。

〈資本主義的生産様式の支配的である社会の富は、「巨大なる商品集積」として現われ、個々の商品はこの富の成素《せいそ》形態として現われる。したがって、われわれの研究は商品の分析をもって始まる。〉（カール・マルクス［向坂逸郎訳］『資本論　第一巻』岩波書店、一九六七年、四五頁）

『資本論』を素直に読むならば、マルクスは経済を生産面から分析するために、始原として商品を取り上げたのである。始原として商品を取り上げれば、最終的な結論として、労働力商品という特殊な商品と貨幣の交換の中に階級関係が埋め込まれていることが明らかになるのだ。『資本論』が生産の経済学であることについて、マルクス主義経済学者の富塚良三[33]はこう述べる。

〈『資本論』は第1部「資本の生産過程」、第2部「資本の流通過程」、第3部「資本の総過程」（マルクスのもとの草稿では「総過程の諸姿態」）の三部から構成され、「弁証法的に編成」された「ひとつの芸術的全体」をなしている。第1部は、資本主義経済を生産過程の基礎において解明することを課題とする。資本主義的生産という特殊・歴史的な形態のもとでの生産によって資本主義経済の基本性格とその総過程の態様が規定されるのであって、この規定的な過程たる資本主義的生産過程の分析が、第1部の課題である。（中略）『資本論』第1部の論述は、生産過程の基礎視点からする考察という方法的限定のもとにおいてではあれ、一つのまとまりある全体をなし、そうであることによってまた『資本論』全体系を支える基盤をなす。〉（富塚良三編著『資本論体系　第二巻　商品・貨幣』有斐閣、一九八四年、七～八頁）

近代経済学の側からも、同様に古典派経済学（近代経済学者からすればマルクス経済学はリカード左派ということになる）を生産の経済学と規定する。松嶋敦茂[34]はこう指摘する。

〈古典派経済学者たちは富の「本質と起源」を、それが労働生産物であることに見ていた。いわゆる「近代経済学」が成立するためにはこのような「古典派」的富把握が一度根底から否定されねばならなかった。しかし、それはあくまでひとつの前提であった。「科学革命」はその前提の上に立ってさらに一歩を進めなければならなかった。〉（田中敏弘／山下博編『テキ

ストブック近代経済学史［改訂版］』有斐閣、一九九四年、一〇六～一〇七頁）

つまり、近代経済学を構築するためには、労働価値説を放棄するだけでは不十分であるというのだ。稀少財の分配に関する限界効用、また、ある個人にとって、効用が無差別になる財の組み合わせによって構成される無差別曲線などの主観的価値に基づく消費の視座からの経済学を構築する必要があるとする。これが経済学の世界における「科学革命」、すなわちパラダイム・チェンジなのである。

8

高畠素之は、標準的なマルクス主義経済学者とは異なり、『資本論』の経済学を生産とともに消費を説いたものと認識している。その上で、社会現象の分析を行っている。〈生産部面の生活が苦痛であればあるだけ、消費部面の生活に於いてこれを取りかへすべく、出来るだけ刺激的な享楽を追求するに傾くことはやむを得ぬ〉（高畠素之「現代人心浮動の社会的必然性――モガ・モボの跋扈も偶然ならず」『論・想・談』人文会出版部、一九二七年、二四二頁）と高畠は言う。生産と消費が表裏一体にあるという高畠の認識は、ここにおいても明白だ。

高畠が、消費を重視したのは、社会学に関する関心が強かったからであると筆者は見ている。高畠は日本の社会学の草分け的存在でもあり、一九二五年に新潮社から『社会問題辞典』を上梓した。この中で、消費について次のように定義する。

〈消費とは人間がその欲望を充足する為めに、何等かの財を消耗することをいふのである。〉（高畠素之編『社会問題辞典』新潮社、一九二五年、六六二頁）

そして、人間が効用を感じるときは、必ず財を消費しているとする。一時的に消費される一片のパンと、家屋・衣類のように数十回、数百回にわたって消費されるものも消費財としては本質的に同一であるとする。また、人間の欲望を直接満たす消費と、間接的に満たす消費の関係について、次のように整理する。

〈消費には人間欲望の直接的満足の為めにされるものと、人間欲望の間接的満足の為めにされるものとがある。前者は衣服・食糧・住居等のごときものの消費であり、後者は生産原料・石炭・機械等の如き所謂生産機関の消費である。故に前者は消費の為めの消費、後者は生産の為めの消費とも呼ばれる。マルクスは前者を個人的消費、後者を生産的消費と呼んでゐる。また不再生産的消費・再生産的消費とも言はれる。〉（前掲書同頁）

高畠は、マルクスを用いて、経済を消費の側面からも描こうとしている。その結果、労働力商品が消費によって作られることに気づいた。労働者が、一カ月の賃金を衣食住と若干のレジャーに対して消費することによって、実は、労働力を生産しているということに高畠は気づいたのである。従って、不再生産的消費という概念は適切でないと考える。

〈然し乍《なが》ら今日不再生産的と呼ばれる消費も、実は再生産の為めの消費であると言ふ事が出来る。即ち労働者の飲み食ひの如きものは、その労働力を再生産する為めに必要なる消費であると云ふ事も出来るのである。労働力が一の商品となり、財となつてゐる以上、労働力の生産に要するものは当然再生的《(ママ)》消費と見做され得るのである。

故に消費を再生産的・不再生産的と分類するのは、いささか妥当を欠く嫌ひがある。ただそれが人間欲望の直接的満足の為めに為されるか、間接的満足の為めに為されるかといふことによつてのみ、二様に分たれ得るのである。〉（前掲書同頁）

高畠は労働力商品という特殊な商品の性質を正確に理解している。この商品は、市場ではなく、家庭で作られるのだ。また、生産過程における労働者の地位は、資本家と比較して圧倒的に弱いが、消費の局面においては、消費者である労働者は資本家よりも強いのである。高畠自身は、消費者としての労働者がもつ強さを十分認識していると言えないが、消費者としての労働者が、特定の資本家の下で作られた商品をボイコット（不買運動）することによって、当該資本家を打倒することが可能になる。一九二〇年代に消費者としての労働者に着目したのは高畠の慧眼である。

それでは、高畠は資本主義的な消費社会の特徴をどのようにとらえているのであろうか？

〈資本主義社会にあつては、凡《あら》ゆる生活様式の分裂化的な傾向と同時に、その他面には平均化的な傾向も亦行はれる〉（高畠素之「現代人心浮動の社会的必然性」『論・想・談』人文会出版部、一九二七年、二三六頁）、すなわち、差異化、と普遍的な平均化という、一見、対立するような傾向が、資本主義システムの下で同時に急速に進捗すると考える。

差異化について、高畠は医療にその典型を見る。

〈生産上の分業といふことは、資本主義の発展を可能ならしめる根源となり、それが延《ひ》いて職業上の専門家的傾向にも影響し、一の専門は更に数個の専門に分化せしめられ、それがまたヨリ多数の専門に分化せしめられて停止するところを知らない。例へば医者の如き、最初は加持祈禱に頼る巫女や坊主の兼業であつたが、草根木皮に頼る職業的な医者が出来てからも、彼等は万病の治療を司つてゐたのである。それが外科と内科とに二分し、同じ内科はやがて産科や、婦人科や、皮膚科や、泌尿科やに分裂し、眼医者と歯医者とは全く別個な専門を司る職業となり、素人たる我々には窺ひ知ることを許さざる小専門は、夫々《それぞれ》の分科の中にも更に細目の分科をもたらしつつある。これなどは、資本主義社会に於ける分裂的傾向を雄弁に立証するものであらう。〉（前掲書同頁）

もともとは呪術から始まった医学が、近代になり、様々な分化を遂げる。その結果、ペースメーカーによって心臓の鼓動まで調整できるようになった。また、美容整形によって、顔を変化させることが可能になった。美容整形医と心臓医の間では、お互いの専門事項について理解することは難しい。このような細分化は、資本主義の分業システムが医療の現場を変化させているからである。差異を追求していく当事者は、何か独創的な発明や創造をしていると、主観的には考えているのであろうが、実際は資本主義の分業体制に流された分裂的傾向を示しているに過ぎないのである。

しかし、資本主義のより本質的な問題は、平均化である。これには二重の意味がある。

第一に、人間が機械の付属品になってしまっているような資本主義的生産様式においては、労働者個人が持つ技能の差異に大きな意味がなくなる。

第二に、労働者はプロレタリアートとして、低賃金に甘んじることを余儀なくされている。低い水準での所得と財産の平均化がなされるために、消費行動も平均化してしまったのである。

〈元来、資本主義社会に於ける生産は、それ自体が機械に倚頼《いらい》するものである。人間は機械に対して助手の役目を果すに過ぎず、推しなべて機械の附属品たる位置を出で得ない。個人的な才能や技術は、勿論それなりに彼等の優劣を決定するにはするが、斉《ひと》しく附属品として立ち働らかねばならぬ限り、猫たると杓子たるとは大して関係しないことになる。これは資本家的生産方法に随伴する特有の現象で、それ自体が、平均化的傾向の必然を予定するものでなければならぬ。

一方また、個人に於ける財産状態等について見ても、資本主義的生産の発展が、社会大衆をプロレタリアの群列に陥没せしめる限り、而してこれらのプロレタリア群列が大同小異の賃銀で甘んじなければならぬ限り、社会大衆の所得と同時に財産も勢ひ平均化の傾向に誘はれるであらう。かくして彼等の社会的関心は共通性を帯び、生活様式の一切も亦共通性を採ることを免れがたい。

加ふるに、彼等の衣食住が彼等の趣味や嗜好を満足せしめることを許さず、大量的に生産されるものを嫌応《いやおう》なしに押しつけられるとなつては、好むと好まざるとに拘らず、あらゆる部面に平均的現象が行はれるのもこれ理路の当然といふべきであらう。〉（前掲書二三七頁）

ここから個性を失った大衆が生まれてくるのである。この平均化の動きは、国境を超えるグローバルな性格を帯びている。それは、資本主義が理念を世界に拡げようとするといった類の高尚な目的をもっているからではない。より多くの利潤を得たいという衝動がグローバリゼーションを推し進めているのである。

新しい機械を発明する学者や技師は、必ずしも利潤について考えているわけではないであろう。しかし、新しい機械を採用する経営者は、利潤の増大を考えているのである。マルクスは『資本論』で資本家を生身の人間としてではなく、資本の利益を体現した無機質な人間として扱った。

〈起こりうる誤解を避けるために一言しておく。私は、資本家や土地所有者の姿を決してバラ色の光で描いていない。しかしながら、ここでは、個人は、経済的範疇の人格化であり、一定の階級関係と階級利害の担い手であるかぎりにおいてのみ、問題となるのである。私の立場は、経済的な社会構造の発展を自然史的過程として理解しようとするものであって、決して個人を社会的諸関係に責任あるものとしようとするのではない。個人は、主観的にはどんなに諸関係を超越していると考えていても、社会的にはひっきょうその造出物にほかならないものであるからである。〉（カール・マルクス〔向坂逸郎訳〕『資本論　第一巻』岩波書店、一九六七年、

五頁）

マルクスは、資本家を倫理的に非難するためにこのような抽象化を行ったのではない。「経済的範疇の人格化」として資本家を見ない限り、資本主義の内在的論理を解明することができないから、このような方法をとったのである。

国家社会主義者の高畠も、マルクスと同じ眼で資本家を観察する。

〈資本主義社会に於けるかうした平均化的傾向は（分裂化的傾向と同じく）、単に国内的に行はれるのみでなく、国際的にも行はれるのである。族性の相違や伝統の相違は、おのづからにして国民的色彩を分別せしめる原因となつてゐるが、而もそれを超越して作用するところの有力な原因を形成してゐるのである。

資本主義的生産方法をこの世に出現せしめた抑《そもそ》もの動機は、飽くことを知らぬ人間の営利衝動に外ならぬ。利潤の獲得——即ちヨリ多く儲けたいといふ希望からである。機械や器具の発見発明は、或はその発見発明者の名利を超越した動機から成されたにしても、これを生産上に利用する人々は、それに依つていくらでもヨリ多くの利潤を獲たいからに外ならぬ。大工場の設立も、大労働者群の雇傭も、大資本の投下も、何もかも一から十まで、かくすることに依り多大の利潤獲得を可能とするが故である。

既に資本主義的生産方法が営利目的を中心とするなら、営利獲得の対象が自国人たると他国人たるとは問ふところでない。彼等は唯儲けられさへすればよいのである。原料品や労働賃銀に於いて外国が廉いなら、何の躊躇もなくその『外国』を利用するであらうし、反対に外国人相手の商売が儲るといふなら、如何に内国人の必要を訴へる生産があつても、さうした必要は平気で蹂躙しても、ヨリ多大なる利潤獲得のために外国人の需要に迎合するであらう。善くも悪くも、今更野暮を言つたところで始まらない。

利潤獲得に内外を択ばざる結果は、それだけ国境的差別の撤廃に貢献せしめる。風俗ばかりか人情に於いても、次第に差別を薄弱ならしめて行くのである。これを促進する現実の条件は、運輸交通の開発といふことであるが、而もそれさへ実は資本家の利潤獲得に刺激されたものである限り、資本主義の平均的傾向は国際的であることが知られるであらう。寧ろそれは、営利目的を唯一最大の使命とする以上、無政府的性質を本来的に具有してゐるのである。自由の女神に跪拝《きはい》する資本主義は、干渉を予定する国家の荒神の支配に甘んじないのが当然である。〉（高畠素之「現代人心浮動の社会的必然性」『論・想・談』人文会出版部、一九二七年、二三八～二三九頁）

グローバル化する性向をもつ資本は、干渉が好きな国家と対立する傾向をもつことに高畠は気づいている。

実は、ここに大いなる逆説がある。個別の資本は競争で自らが生き残ることしか考えていない。ここにおいて国家は不在である。しかし、現実において、資本家はどこかの国家の領域に拠点を置いている。国家は自国の領域に所在する資本家から、税を徴収する。その税によって、国家を実体として支える官僚は生活している。資本家から見れば、これは収奪である。しかし、他の国家との関係において、国家は資本家を庇護する。この点については資本家も国家の存在意義を認める。資本家にとって、国家は収奪と庇護という両義的意味をもっているのだ。本稿「現代人心浮動の社会的必然性」において、高畠は国家の両義性について触れておらず、資本主義のもつ国境を超えた平均化傾向に警鐘を鳴らすのだが、それを阻止する機能を高畠は国家に求めているのである。「純粋な資本主義」が現実には存在せず、資本主義は必ず国家資本主義になるのである。

さて、高畠は、当時の良識ある大人が眉をひそめたモダン・ボーイ（モボ）、モダン・ガール（モガ）の問題を、資本主義という補助線を引いて分析するならば、論理的に説明できると考える。

〈最近の姦《かしま》しい問題にモガ、モボの是非論がある。断髪彩色の少女や喇叭《らつぱ》ズボンの青年が、日本の淳風美俗を破壊するとかしないとかの議論である。

女は結髪で男は散髪、これは明治以来の我が成文的風俗である。随《したが》つて、男の長髪と同時に女の短髪は、言ふまでもなく伝統の美俗に背反してゐる。また随つて、それ故に怪しからんといふ論法が持ち出されるのも免れがたいであらう。しかし、この問題は、当面の怪しかる怪しからんの水掛喧嘩の前に、もつと重大な社会的理由があることを知らなければならぬ。

今も言ふとほり、資本主義社会にあつては凡ゆる平均化的傾向が作用する。而も国境を越えて作用する。当今の青年男女が、風俗的に人情的に、国粋的なものから離れて欧米的になつたのは、少なくとも或程度までこの不可抗な社会的必然を反映したものといひ得る。即ち、日本に於ける資本主義的生産の発達が、次第に欧米的水準に接近すると同時に、風俗的乃至人情的にも彼等の水準に接近せしめられた結果なのである。〉（前掲書二三九～二四〇頁）

高畠は、現代風俗を倫理の観点から断罪するのは間違えていると考える。そのような風俗をもたらす動因を突き詰めて考えるべきであるとする。資本主義は普遍的なシステムである。文化や風俗もそのシステムの中に包摂されているのである。富国強兵のために外国の科学技術や最新機械だけを導入して、資本主義システムに付随する風俗や文化の流入を防ぐことはできないのである。従って、若者の風俗を嘆く右翼の志士、国士たちに対してもっと冷静になれと呼びかける。

更に、何故に、強い酒、セクシーなダンス、奇想天外な言葉、奇怪な美術作品が生まれるかについて、高畠は、労働の苦しさが増加するために、労働力を蓄えるために一層激しい刺激を労働者が必要としたという仮説をたてる。

〈これが当然の結果として、生産部面の生活が苦痛であればあるだけ、消費部面の生活に於いてこれを取りかへすべく、出来るだけ刺激的な享楽を追求するに傾くことはやむを得ぬ。強烈な酒精、淫蕩な舞踊、破調な言葉、怪奇的な美術、すべてさういつたものが、資本主義の爛熟と共に歓迎されるのは、かうした社会的必然の理由に出でてゐる。実際、一日の労働苦痛で身心ともに困憊《こんぱい》せる人々の神経系統に対し、一切の微温的なものは何等の刺激も与へ得ないのである。なるたけ直截的で瞬間的でそれを理解するに少しの教養も準備も必要とせざるむき出しの刺激のみが、彼等の心理を捕へ得る唯一の享楽対象として択ばれる。ジヤヅや、タンゴや、チアールストンや、さては八木節や、安来節や、小原節やが、東西呼応して流行せし理由は、これあるが故に外ならぬ。世界の人気を独占する映画も然り、健全なるべきスポーツすら、勝負第一の博奕的興味が、時代の人心に投じ得たと見られる理由が多い。

時代のかうした傾向は、如何にも粗雑で無恥であるかに見えるであらう。だが、目まぐるしく変転する社会相に当面し、生きんがために喰ひ、喰はんがために働らき、苦痛の代償に賃銀を与へられる彼等にして見れば、よくも悪くも、さうした蕪雑《ぶざつ》強烈な刺激を求めない限り、生きて生き甲斐を感ずることが出来ぬであらう。〉（前掲書二四二頁）

この説明は、図式主義的で、説得力に欠けるところがある。しかし、高畠が労働者にとって、消費が魅力的であるという点に着目したところは慧眼だ。マルクス主義者は、労働者にとって労働が苦痛であることとしか説かない。ここから労働者は、奴隷的境遇で嫌々生きているという印象が醸し出される。しかし、実際はそうではない。確かに労働者にとって、生産は苦しいが、消費は楽しいのである。資本主義システムが続く限り、人間は、「生産は苦しく、消費は楽しい」というサイクルから抜け出すことができないのである。

このようなグローバリゼーションによる平均化の過程において、アメリカの娯楽文化に対抗し、東洋古来の文化の復興につとめるべきであるとする論者に対しても、高畠は、「やってみてもいいが、人々の心をとらえることはできない」という冷ややかな態度を取る。

〈青年男女の軽佻浮薄を目の敵にする論者は、その責任が米国映画や飜訳文学にあるかに論じてゐる。そしてかかる風潮を緩和防圧するため、東洋古来の文学や美術やの研究を奨励すべきを説いてゐる。必ずしも無駄な努力ではないであらう。唯注意すべき点は、東洋の文学や美術やが如何に西洋のそれを凌いで優秀だつたにしても、これに依つて彼等のいはゆる欧米心酔を阻止し得ない一事である。

詩歌の枯淡、絵画の奔放、音楽の幽玄、いづれも西洋のそれらには見出し得ない境地であらう。それだけ或は優秀だとも言へるであらう。しかし当代の人心は、如何に優秀であつても東洋的な静寂味などをその琴線に訴へしめないのである。寧ろ西洋的な喧騒味が、たとひ劣悪であつても反対に誘引される。即ち、彼等の実生活が、さうした静寂境を味到すべき一切の要素を喪失したからに外ならぬ。茶ノ湯も、生花も、盆石も、或は歌舞伎も、浄瑠璃も、更には三味線も琴も、尺八も、それぞれに卓抜な『美』を持つことは疑ひを容れぬ。しかし揃ひも揃つて、余りに静的であることを憾《うら》みとする。時代の活動的な傾向は、それらの静的な美を味はうべく余りにも人心が性急であり過ぎる。如何に優秀でも卓抜でも、それの有《も》つ微温性は強烈な刺激を要求する人心に対して無縁の存在たらざるを得ない。〉(前掲書二四三頁)

資本主義システムと一体となった近代的西洋文化の流入に、日本的なるもの、東洋的なるものを対抗させることについて、高畠はここで、「必ずしも無駄な努力ではないであらう」としているが、これはレトリック上の挿入に過ぎない。論旨からすると、明らかに無駄な努力と考えている。グローバリゼーションに、伝統的美意識の観点から全面的に対抗することができるという発想自体が幻想であると高畠は考える。そして、資本主義と共に日本に流入してきた生活文化に、将来の日本人は新しい美を見出すことになるであろうと高畠は予測する。

〈これに反して、断髪や洋装は如何にも活動的である。高級なる観賞に対して、それが果して美を喚起するか否かは別問題だが、必要が万物の母胎だといふ解釈からすれば、社会的必要に応じて生れた如上《じよじよう》の活動的姿態にも、おのづからなる美が発見さるべき筈である。その結果、必要を超過して時に肉体的露出に傾いたり、原色的刺激の誇張に傾いたりもするが、さうした怪奇性が却つて眩惑的効果を助長し、時代の刺激的要求に適応することを得たのである。卑俗低劣なりに、その方が時代色を濃厚ならしめたと見ることが出来よう。〉（前掲書二四四頁）

「必要が万物の母胎だ」。美意識も時代に応じて変化するのである。そして、このような資本主義システムが日本人の人情をも変化させるという。

〈金銭的価値に於いて一切が取引される社会にあつて、人情ばかり濁りに染まぬ蓮の葉では有り得ない。親子愛も、夫婦愛も、恋人愛も、多かれ少なかれ取引的な性質を加へて来た。これは社会大衆がプロレタリア列群に陥没した結果、老若男女を挙げて賃銀労働に従事しなければならなくなり、従来の家長寄食が失はれて寄合世帯となつたからである。即ち、家族内部に取引関係が移入され、結合の基礎が道義から利害に転化し、好む好まぬに拘らざる個人主義原則が確立されたからにほかならぬ。〉（前掲書二四五〜二四六頁）

ここまで見てきたところの高畠は、完全な近代化論者のように見えるが、テキストを注意深く読むとそうでないことがわかる。資本主義システムが人間の風俗、文化、人情、思想などを変化させることは、歴史的必然なので、それにあらがっても意味がない。そのような変化を前提として、新たな共同性を確保していくのである。

高畠は、個人主義的原則を否定的に評価していない。その上に立って、自立した個人を基本とする社会主義システムを構築していく必要があると考える。このような社会主義を担保するのが国家の役割である。

〈社会主義的思想は硬軟左右を問はず、いづれも資本主義の害悪を認め、これに代行すべき社会制度をヨリ合理的なる基礎に設計せんとする努力と言ひ得る。その限りに於いて、資本主義の齎《もた》らした副産物とも見られる。外国の機械や工場の輸入が、同じく外国の社会主義を輸入するの已むなかつた事情は、直ちに外国の風俗や人情を輸入するの止むなかつた事情に共通する。十把一束的に模倣呼ばはりをされては、凡百の社会主義者と共に当今の青年男女が斉《ひと》しく迷惑と感ずるところであらう。〉（前掲書二四〇～二四一頁）

ここで高畠の社会主義の特徴がだいぶ明白になってきた。以下の四点に整理してみる。

一、社会主義は、資本主義の害悪を認める。資本主義の害悪について、常識的立場から事態を観察していても問題の所在は明らかにならない。極端な格差、貧困問題、文化の均質化、享楽主義などは、労働力が商品化されることによって、人間が疎外されているから起きるのである。この構造をつかむためには『資本論』の論理を体得することが不可欠である。

二、社会主義は、資本主義への対抗システムをより合理的基盤の上に建築しようとする。従って、社会主義思想は、情緒に基づくのではなく、合理性を尊重する構築主義、設計主義に基づく。

三、社会主義は、資本主義システムの流行に随伴する普遍的現象である。従って、資本主義の発展と共に外国の社会主義思想が流入してくるのも当然のことだ。この考え方を敷衍するならば、モダン・ボーイ、モダン・ガールの流行と、当時、知識人に対し、マルクス主義が影響力を拡大したのは、資本主義の深化による現象の表と裏の関係ということになる。

四、社会主義には、左右両派がある。ここには高畠の、社会主義思想が左翼の専売特許であるという常識を打ち破っていこうとする「認識を導く関心」がある。

高畠が唱える国家社会主義は、福祉国家とは異なる。資本主義システムの根源、すなわち労働力の商品化に手をつけない修正資本主義ではなく、労働力商品化を止揚した、新しいアソシエーションを国家の暴力を利用して構築することを高畠は考えているのである。

第六章　ニヒリズム

高畠素之は、反語法を多用する。従って、高畠の文章を読んでいると、どこまでが本気で、どこからが冗談であるかがわかりにくい。高畠は国家主義者、愛国者を標榜しているが、著作を読むだけでは、それもどこまでが本気かわからない。そもそも高畠が称揚する国家は、右翼・国家主義陣営の論客が考える国家とは大きく異なる。

〈社会主義の実現に依つて階級支配が消滅すると信ぜしめる論拠は成立しない。随《したが》つて国家も亦、相対的の永続性を保持するであらうと推論される。

マルクス主義は搾取を起点として立論し、搾取から支配が生れると見る。随つて搾取が無くなれば、支配も無くなり国家も無くなると主張するのであるが、この主張は搾取の無くなつた後にも尚ほ『プロレタリア国家』なる階級的強制支配の存続を許すマルクス主義の一面の主張と両立し得ないことは、曩《さき》に述べた通りである。

階級支配は支配機能それ自身の分化に起因するものであつて、必然的に階級搾取と相共に生ずるものではないから、この形式的見地からしても階級搾取の廃された後に階級支配随つて国家の存続することは認容し得る。否、寧ろ、プロレタリアの政権把握に依つて搾取関係が廃除されたとき、国家は搾取との結合を分離され、本来の支配国家に復帰するとも言ひ得るのであつて、レニンの謂ゆる『半国家』こそ、却つて純国家であり全国家であるといふことが出来る。ブルヂョアを倒したとき、マルクス主義の謂ゆる『ブルヂョア国家』なるものは倒れてしまふであらう。然しそれは『国家としての国家』が廃除されるのではなく、寧ろ『国家としての国家』の再確立を意味するといふ風にも考へ得るのである。〉（高畠素之『マルクス十二講』新潮社、一九二六年、一六九〜一七〇頁）

高畠がマルクスの『資本論』から学んだのは、資本主義が社会全体を蔽《おお》うという状況が、きわめて特殊な時代の産物だということである。共同体と共同体の間における交換が、商品経済によってなされる。商品が発生すると、必然的に貨幣が出現する。貨幣を媒介にすることなく、商品と商品の交換を円滑に進めることができないからである。

商品と貨幣は非対称的な関係にある。貨幣は、任意の商品と交換することが可能である。これに対して、商品が貨幣に交換できるという保証はない。商品から貨幣への交換においては、「命がけの飛躍」が必要とされる。商品社会（資本主義社会）においては、日々、いたるところで「命がけの飛躍」が行われているのであるが、われわれはその事実について、鈍感になってしまっているので、「飛躍」を感じなくなっているのだ。

商品には使用価値がある。この使用価値によって、人間は欲望を満たす。貨幣が、いつでも、どこでも商品と交換可能であるということは、貨幣があれば人間の欲望は基本的に満たせるということになる。貨幣は人間と人間の関係から生まれたものであるにもかかわらず、貨幣を所有することで、任意の欲望を満たすことができるという特殊な力をもつ。そして、このような貨幣を少しでも多く所有したいと考えるようになる。

8

しかし、人間は、なぜ自分の当座の生活に必要とする貨幣をもつことのみで満足することができないのであろうか。マルクスはこのような問題設定をしなかった。高畠は、マルクスが踏み込まなかった、この問題に踏み込んだ。これは、社会を分析した結果抽出された結論というよりも、社会をどう見るかという立場設定の問題だ。人間は性悪な存在である。富がふんだんにあっても、それを他者に分け与えようとはしない。すべてを自分のものにしようとする性悪な刷り込みが人間になされているのである。それだから人間は力の源泉となる貨幣を集めたがるのである。そして、貨幣を蓄積しようと人間が考えると、そこに資本が生まれる。

商人資本、金貸し資本ならば、商品経済システムがもつ邪悪な本質が社会全体を覆うことはない。しかし、産業社会が成立することによって、労働力を商品化するということを資本が覚えた。このため、社会全体が人間が作り出した商品、貨幣、資本といったモノによって支配されるようになってしまった。奴隷制社会ならば、主人が暴力で奴隷を支配する姿が見える。封建社会ならば、暴力の裏付けをもった領主が農民の生産物の一部を収奪する姿が見える。しかし、労働力商品と貨幣（賃金）の交換という、市場における自由で平等な形態で行われる交換の中に階級関係が埋め込まれていることは、経済学批判の視座をもたなくてはわからないのである。高畠は、『資本論』を三回日本語に訳す過程の中で、資本主義システムを打倒し、社会主義システムを樹立することは、すべての人々の利益に適うという確信をもつようになった。

しかし、高畠は、無政府主義者やマルクス主義者のように国家を廃絶するというシナリオはとらない。人間は、資本主義システムが生まれたが故に性悪になったのではない。論がさかさまである。人間が性悪な存在であるから、資本主義のようなシステムができたのだ。国家も社会も人間によって作られたものだ。それならば、性悪な人間によって作られた国家や社会が、本質的に悪であるというのは、当然の前提なのである。

本来性悪な人間が、労働力までも商品化することによって、どれだけグロテスクな社会をつくりあげたかを明らかにしたのが『資本論』なのである。高畠は、『資本論』を資本主義の構造を解明する「論理の書」として読むのと同時に、反語法の積み重ねによって構築された「倫理の書」としても読んだのである。

マルクス主義者も『資本論』を「倫理の書」として読んだ。そして、プロレタリア革命に向けて邁進した。一九一七年十一月のロシア革命で、社会主義を自称する史上初の国家が生まれた。ソ連に対して、高畠は、労農帝国主義であるという冷ややかな目で見ている。しかし、レーニンが、社会から搾取を除去したことを高畠は積極的に評価する。そして、ソ連国家のような「半国家」に対する共感を隠さない。ここで、ロシア国家は、資本主義的な自由とか平等という擬装を必要としない、本来の暴力装置で、収奪する国家にもどったからである。国家悪が国民の眼に見える国家は、高畠の見解では、それがオブラートで包まれて見えなくなっているブルジョア国家よりは、ましな国家なのである。そして、このような統制国家をマルクスの盟友であったエンゲルスも「国家としての国家」という言葉によって認めていると考えた。

ただし、ここで注意しておかなくてはならないことがある。高畠が〈国家も亦、相対的の永続性を保持するであらうと推論される〉と述べていることだ。国家の永続性は、文字通り永遠ではなく、あくまでも相対的なものである。われわれが予見できる将来に、恐らく国家が消滅するようなことは、ないであろう。しかし、未来永劫に国家が続くということは、誰にも言えない。ここで高畠は、結論を出さず、問題を放置したままにしている。筆者はその背後に、高畠のアナーキズムに対するあこがれを見るのである。

しかし、既存の資本主義（ブルジョア）国家、市民社会に対してもつ高畠の根源的な破壊衝動がマルクス主義者には見えないのである。

宇野学派のマルクス経済学者である大島清[35]は、イデオロギー過剰なマルクス主義者とは異なり、高畠の業績をできるだけ客観的に評価しようとしている。しかし、高畠の知的、政治的営為を突き動かす、根本的動因が見えていない。具体的に検討してみよう。

〈高畠の実践活動は、彼の在世中、国家社会主義運動としてはそれほど大きな社会的影響をもちえなかったが、彼の思想的影響下に育った多数の国家社会主義者は日本の政治状勢の反動化、ファシズムの拡大・強化に大きな役割を果たした。彼の死後、1930年代にはいって急速に勢力を伸張した国家社会主義運動の理論的根底は、多く高畠の見解に基づくものであった。〉（大島清「高畠素之」『現代マルクス＝レーニン主義事典　下』社会思想社、一九八一年、一二四三頁）

一九三〇年代の〈国家社会主義運動の理論的根底は、多く高畠の見解に基づく〉という指摘は重要だ。もっともここでいう国家社会主義運動とは、高畠の流れを継承する石川準十郎[36]、津久井龍雄[37]などの狭義の国家社会主義運動ではなく、丸山眞男が超国家主義であるとか日本ファシズムと呼んだ広義の国家社会主義運動を指している。

高畠が、一九二八年に死去したため、マルクス主義的社会主義と国家主義をつなぐ運動の流れは、一九三〇年代の日本において、大きな影響を与えなかった。北一輝や大川周明にしても『資本論』に本格的に取り組むことをしなかった。しかし、日本の超国家主義運動が、反資本主義、反共産主義、反ファシズムの「三反主義」という自己認識を確立する過程で、『資本論』を咀嚼して、右翼、国家主義陣営に、「ほんものの右翼、国家主義者は、資本主義打倒を掲げなくてはならない」ということを啓蒙した高畠の役割は大きいと筆者は見ている。

さて、大島は、高畠の『資本論』翻訳については、どのような評価をしているのであろうか。

〈1920年6月、彼の翻訳した《資本論》の第1冊を刊行し（資本論第1巻第1冊、マルクス全集1、大鐙閣）、1924年7月までに全3巻を完訳刊行した。《資本論》邦訳は、これ以前に部分的には行なわれていたが完訳は高畠訳をもって最初とする。その後、新潮社版・改造社版を刊行して改訳を重ねた。国家社会主義者としての高畠の反マルクス主義的役割とは対照的に、《資本論》完訳者として、また彼の用いた術語の多くがその後の日本マルクス経済学者によって踏襲された点でも、日本マルクス主義の発展に寄与したことは否定できない。〉（前掲書）

特に重要なのは、高畠が用いた術語が、その後、日本のマルクス主義者や経済学者に踏襲されたことである。高畠は、『資本論』を三回も訳すという苦行を通じて、マルクスの中に二つの魂があるということに気づいた。一つめは、資本主義システムの内在的論理をつかむことである。高畠は、右翼で国家主義者である。しかし、『資本論』の論理は、プロレタリア階級のみが理解可能であるというような性格のものではない。資本家であっても、キリスト教の牧師であっても、右翼や保守主義者であっても、理解可能なものである。そうでなければ、マルクス経済学を体系知（科学）としての経済学と呼ぶことはできない。大島は、高畠の思想を次のように要約する。

〈思想――日本で国家社会主義思想を首唱したのは、明治末に山路愛山[38]がいるが、社会運動としての国家社会主義に理論的基礎を与えたのは高畠であった。彼の理論的根拠はその国家論であるが、国家の本質はいかなる社会にも必要な統制・支配にあるとし、日本の天皇制国家は国家の本質的機能たる統制・支配にとって理想的形態であるとして天皇中心的国体を礼讃し擁護した（国家社会主義大義、日本社会主義研究所、１９３２）。彼は現存の国家権力がブルジョアジーのプロレタリアートにたいする搾取体制を維持していることを認め、国家社会主義運動によってこの体制の打倒を説くが、搾取関係が廃絶されたのち、国家ははじめてその本来の統制国家に復帰する、というのである。彼によれば〈真の国家主義者たるものは必ず社会主義者でなければならず、真の社会主義者は必ず国家主義者でなければならない〉（同前）。また〈ブルジョアを倒せば、マルクス主義の所謂《ブルジョア国家》なる国家形態は倒れる。然しながら、それは《国家としての国家》が廃絶されるのではなく、寧ろ《国家としての国家》の再確立を意味するのである。此過程の間に《プロレタリア国家》なる概念を容るべき余地は寸毫もない〉（批判マルクス主義、日本評論社、１９２９）。彼はマルクスの経済理論の概要については一応の理解をもっていたが、国家論、ことにプロレタリア独裁の理論についてはまったく無理解であった。〉（前掲書）

ここで高畠の国家論の内容を分析しても、その思想の独自性は見えてこない。『資本論』ではほとんど理論的な展開がなされていない国家に関して、なぜ高畠がこれほど強い関心をもったのかということを追跡しなくてはならない。

大島は、高畠が〈マルクスの経済理論の概要については一応の理解をもっていた〉と評価する。労働力商品化が『資本論』の鍵であること、『資本論』冒頭の流通過程ではなく、生産過程において労働価値説は論証されるべきであること、唯物史観と『資本論』の論理の間には断絶があることなど、宇野弘蔵と親和性が高い問題意識を高畠はもっていたのである。このことは、『資本論』のテキストを虚心坦懐に読めば、誰でも気づくことである。しかし、大多数のマルクス主義者はこのことに気づかなかった。なぜなのだろうか。筆者が見るところ、それは、「マルクス主義の全一性」という観念にマルクス主義者がとらわれていたからである。「マルクス主義の全一性」とは、マルクス主義は世界観であるので、そこから『資本論』の経済学だけを切り離すことはできないという信仰である。この信仰は、レーニンによって提唱され、スターリンによって確立された。

日本で、この全一性の信仰を破壊する形で、高畠によって『資本論』が紹介されたことに大きな意味があると筆者は考える。宇野にしても、学生時代に高畠の『資本論』解説を読んで、そこからマルクスに接近していった。高畠の論考は、論理的に明晰な構成になっている。『資本論』の論理と唯物史観を切り離すことができるという「『資本論』読みの可能性」を提示したことが、高畠の大きな功績と筆者は考える。

大島は、高畠がマルクスの〈国家論、ことにプロレタリア独裁の理論についてはまったく無理解であった〉と結論づける。果たして、ほんとうにそうだったのだろうか。プロレタリア独裁について、これは人間の支配欲を基本とする国家と結びついたエリートの独裁体制であるという高畠の分析は、むしろソ連の本質を衝いていたのではないだろうか。また、ソ連の対外政策は、プロレタリア国際主義という看板とは縁遠い労農帝国主義であるという分析も、正しかったのではないだろうか。

大島は、高畠がマルクスの国家論を理解できていなかったとするが、高畠は、マルクスの国家観は、基本的にプルードンをはじめとする無政府主義者と同じものであるが、過渡期において、資本主義時代よりも暴力性が薄れた「半国家」あるいは「国家としての国家」が残るという留保をつけているのだと理解した。この理解は、マルクスの内在的論理に即しているのではないだろうか。

プロレタリア独裁の名の下に、国家機能を強化し、ソ連に生じた国家社会主義をマルクス主義であると強弁した正統派のマルクス主義者よりも、高畠の方がマルクスの国家論を正確に理解していたのではないだろうか。

一九九一年十二月のソ連解体後から見た場合、正統的マルクス主義者のマルクス主義観と比較して、高畠のマルクス主義理解の方が、マルクスの内在的論理をとらえることに成功していたと筆者は考える。

8

それでは、なぜ国家社会主義者の高畠の方が、マルクス主義者よりも深くマルクスの魂を理解することができたのかという問題がでてくる。これを解く鍵が、高畠のニヒリズム理解にあると筆者は考える。

根底にニヒリズムがない思想には、「終りまで聴かせる魅力がつかない」と高畠は考えている。

〈晦《くら》ますといふと、作意一方になつてしまふが、どんな理論にしろ、性根の何処かに何程かのニヒリズムがないと本当に終りまで聴かせる魅力がつかない。社会主義にしろ、無政府主義にしろ、愛国主義にしろ、何主義でも善いが、性根の一角にニヒリズムを潜めない人間の議論ぐらゐ、その人間それ自身の如く噛んで索然たるものはない。ニヒリズムのないニヒリストと称する人の議

論と来たら、これはまた一段と困り物である。〉（高畠素之「ニヒリズム」『論・想・談』人文会出版部、一九二七年、三〇三頁）

社会主義、無政府主義、愛国主義、その他、何でもいいというのだから、そこにはマルクス主義や国家主義も含まれるのであろう。それらの思想の根底には、自らの思想を打ち崩すニヒルすなわち無が存在しなくてはならないと考えるのである。すべての思想は虚構であると高畠は考えているのだ。虚構であることを大前提とする複数の物語が存在して、競争しているというのが、思想の現実なのである。

高畠は、ここからニヒルすなわち無について、思想的な掘り下げを怠っている。西田幾多郎のように思想を成立させる場としてのニヒル（無）というアプローチは、当然、可能なはずである。しかし、それを高畠はしなかった。むしろニーチェ流のニヒリズムを称揚するが、本人はまったくニヒリズムをもたず、この世界での地位、名声や社会的影響力の拡大を欲しているニヒリストの醜悪な実態を嗤っているのである。

高畠にとってのニヒル（無）は、「ありてあるもの」としての無である。この無から、すべてが生じるのである。ヘーゲルは、この世に現実に存在するものは定有（Dasein）で、有限であり、変化する性格をもつと考えた。その定有を生み出すのが有である。高畠の場合、定有を生み出すのは無なのであろう。この無が、人間の性悪さの起源なのである。悪の原理は、恐らく虚数のようなものである。虚数が二回掛け合わさると、マイナス符号がついた実数となり、われわれも悪の存在を実感できるようになる。虚数が四回掛け合わさることになれば、マイナス符号のついた実数が二つ掛け合わさることになるのだから、プラスの実数になる。このようにして、徹底的な性悪説によって、悪によって悪を牽制することによって、比較的ましな社会ができると高畠は考えたのである。高畠にとって重要なのは、より自由で平等な社会主義社会を実現することだ。悪の権化である国家という存在に逆説的な形で社会主義の契機を高畠は認めたのである。しかし、それは国家統制であるとか福祉国家という形態の、価値的に中立な国家による社会への介入というモデルではなく、悪の原理に立つ国家が、自らの欲望を満たすために社会に介入するが、そのことが結果として社会主義をもたらすという論理構成になっている。

ニヒリズムを根底に据えたことによって、高畠は自由な視座を獲得する。右翼であれ、左翼であれ、因襲すなわち業界の「ゲームのルール」にとらわれずに現実を見ることができるようになったのである。

戦前の政治に与えた右翼の影響は、各政党が院外団をもっていた関係から、現在とは比較にならないほど大きかった。右翼とつながるヤクザ組織が「弱きを助け、強きをくじく」との任侠道という表象で政治に関与することを高畠は、まやかしと考え、厳しく批判する。高畠は「俠客」という評論でこのことを端的に論じている。それほど長い文章ではなく、高畠の思考、レトリックの特徴がよくあらわれているので、全文を引用しておく。

〈村松梢風[40]氏の『騒人』といふ雑誌で『私がもし俠客だつたら』といふ質問を各方面の知名の士に出した。その回答が同誌十一月号に載つてゐる。なかで一番私の注意を引いたのは、『昔の真の俠客のやうに、権力階級を向ふへ廻し一戦をやります。』といふ中西伊之助[41]君の回答であつた。これに類似のものが、ほかにも二三あつた。

これでふと思ひ浮べたことだが、昔の俠客といふものは、果して中西君等のいふ如く権力階級を向ふへ廻して戦つたものか、どうかといふことである。同じ雑誌に載つてゐる白柳秀湖[42]君の有益な文章によると、江戸の町奴は旗本の横暴に対して、町人や大名の用心棒になつた。地方の俠客には、日本左衛門などのやうに百姓一揆の首領となつたものがあり、天明の大饑饉に続いて江戸にも鼠小僧や因幡小僧のやうないはゆる義賊といふものも出たが、文化文政以後の博徒の大親分と称せられる俠客は、たいてい皆一方に官憲の御用ききを承つてゐた。

一体に博徒系の俠客は、警察権との間に黙契があり、元締系の俠客は大名や町人との間に密接な関係があつた。今日の言葉でいへば、前者は官憲、後者はブルジヨアと結びついてゐたやうなわけであるが、これも商売柄やむを得ぬことであつた。博徒は官憲から大目にみて貰ふ代りに、その御用をつとめる。人入業の得意先は、大名屋敷や下町のブルジヨア大家であつた。そこへ周旋される人間材料も、単に下郎下男といふやうな実用向きの人間ばかりでなく、腕力のある浪人者などを絶えず用心棒として供給してゐた。

かういふ風であつたから、自然、旗本と大名との軋轢が両種の俠客の関係にも反映した。人入業の元締たる幡随院長兵衛と博徒の大親分たる法華長兵衛との争ひなどにも、幾分かういふ反映が加味されてゐたであらうと考へられる。

この関係は、現代にも尚残つてゐる。例へば、関東国粋会と大和民労会との対立の如きは、その一例である。関東国粋会は博徒系だから、自然、官憲（警察権）に対して頭が上らぬ傾きがある。官憲は歴代政友会の掌中にあつたから、原敬、古賀廉造[43]氏等の肝煎で出来たといはれる国粋会が、政友系の用心棒たる傾向を示して来たことは不思議でない。

これに反して、大和民労会は主として請負師系の大親分から成つてゐた。請負師は正業だから、格別警察権との間に深い縁故を結ぶ必要もない。権力階級との関係からいへば、職業の性質上むしろ農商務方面や、代議士や、富豪や、その他各種の権門勢家と結び易い位置にあつた。それだから、民労会の方は、或る一定の政党と特殊の関係をつくることがなかつた。国粋会の政友系に対立させて、民労会の憲政系を喋々《ちようちよう》する者もあつたが、実際それ程のことは無かつたであらうと思はれる。

以上の事実から推して考へても、俠客といふ者が、必ずしも権力階級を向ふへ廻して戦つたものでないことは、今も昔も大して違ふところはないやうだ。俠客といふからには、俠気男気の体化であり、強きをくぢき弱きを助けるといふことが、その最も特徴的な気風となつてゐるが、かういふ気象気肌と、職業上の必要から来る官憲や権力階級への叩頭とは、格別矛盾するところなく両立して来た。といふよりも寧ろ、この両者の間には一脈の因果関係があつたとさへ考へられる位だ。『権力階級を向ふへ廻して一戦』するやうな行き方の人では、社会主義者にはなれても、俠客には到底なれなかつたであらう。

私慾の固りのやうな人間でも、熱烈火のごとき共産主義者であり得るのと同様に、官憲やブルジョアの手先を勤める大親分が強きをくぢく仁俠の標本であつたとて、何もそんなに不思議がる

に及ばない。人生は複雑である。〉（高畠素之「俠客」前掲書二四八〜二五〇頁）

民間暴力装置であるヤクザ組織を、高畠は体制を維持するためのサブシステムとしての役割を果たしているだけであると突き放して見ている。国家社会主義運動を展開していた高畠のところには多くの俠客がやってきた。また、国定忠治を生んだ上州の出身である高畠自身が義俠心のある男と見られていた。しかし、任俠道に関して、高畠は覚めているのである。

博徒は、賭博という違法行為を官憲によって特別に見逃してもらうことと交換に、政友会の用心棒をする。請負師は、仕事をもらう交換に、資本家やその利益を体現した政治家に暴力というサービスを提供する。すべてはシノギなのである。それ以上でもそれ以下でもない。従って、俠客にロマン主義的な過剰な意味を読み込むことを戒めるのである。

ニヒリストの高畠は、流行思想についても、出版資本主義、具体的には新聞や雑誌などの活字媒体によって作られる商品であると突き放した見方をする。

〈衣裳の流行が百貨店で決定されるやうに、思想の流行はその大部分を新聞や雑誌の活字によつて決定されてゐる。唯物史観流の解釈からすれば、飛んでもない異端だといふか知れないが、それが本当だから何とも致しかたがない。

新聞にしろ雑誌にしろ、これを経営する仕事の目的は、ヨリ多く発行してヨリ多くの利潤を上げることである。ところがヨリ多く発行せんがためには、たえず目新しい読物を提供し、顧客たる読者の購買慾をそそるやうに腐心せねばならぬ。しかし目先きを変へるといふことも、おのづから限度があるので、勢ひ有りもしないことを書いたり、有りもしないタネを拵へたりせねばならぬことになる。それは恰《あたか》も、百貨店が後から後からと目先きの変つたものを濫造し、流行の名において無理が矢理でも購買慾を刺戟するのと同じ手である。

マルクスがクロポトキンになり、レーニンがマクドナルド[44]になり、ムツソリーニがスペングラー[45]になり、最近数年のあひだに送迎した呉越の客は恐らく十指に余るであらう。その間、左傾だ右傾だ、進化だ反動だ、アナだボルだと、親の敵みたいなことを言つてゐたが、どうやら喧嘩のタネも品切れとなり、去年の下半期あたりから中入りの状態であつた。〉（高畠素之「議会」前掲書二五九〜二六〇頁）

資本主義社会の営利企業である新聞社や雑誌社が、より多くの部数を発行して、利潤を獲得するために、新しい思想を市場で読者に提供して、購買欲を煽るのである。裏返して言うならば、このような市場で流通するような思想しか、資本主義社会では、現実に影響を与えないのである。いくら著者がよい内容と思っている論考であっても、売れなければ「紙についたインクのシミ」に過ぎないのである。ここから逆説が出てくる。資本主義システムを破壊する思想であっても、市場で売れるならば、その流通を資本主義が阻止することはできないのである。高畠は自らを売文業者であると規定して、思想、哲学、経済学から歌舞伎、芝居の評論、風俗批評などありとあらゆる文書を書き散らした。市場において自らが消費されるという選択をしたのである。そのような形でしか、自らが正しいと信じる国家社会主義を日本の現実に受肉させることができないと考えたからだ。

〈人間には自分の行動に関する心理的動機を、ことさら瞞化せんとする本能がある。例へば金銭目的の国士稼業者が強いて純粋動機に於いて自分を是正せんとする如き、或はユスリ専門の実業雑誌社長が道徳的乃至宗教的訓話に於いて罪障消滅を心がける如き、いづれも無意識裡に自己瞞着をやつてゐる証拠である。新聞雑誌記者の木鐸がりも同じだ。彼等自身は何も、故意に読者をペテンにかけるつもりで居るわけでないが、持つたが因果の宮仕へから、顧客吸収に腐心する余り、心にもなき商品を製作せねばならぬ。しかも彼等は、何よりもそれを『心なき業』と意識することを恐れる。そこで最初のほどは、或は猫をかぶるつもりが次第に猫そのものとなり、やがては営利機関の一部たることを忘れて、天下を指導する木鐸だと不自然でなく自認し得るやうにもなる。勿体をつければ自己催眠に陥るのである。

流行思想は新聞雑誌が決定するといふこと、並びに新聞雑誌記者は自己催眠に陥るといふこと、この二つの命題はヘタな三題噺ほども脈絡はないが、実は『嘘から真が生れ得る』といふサゲを附けるため、長々しく廻りくどいマクラを振つたのである。〉（前掲書二六〇～二六一頁）

新聞や雑誌の編集者は、基本的に営利を追求しているのに過ぎないのに、「社会の木鐸」であることを強調するのは自己欺瞞であると高畠は手厳しく批判する。もっともこの批判はブーメランとして、「お前も、金儲けのために思想を扱っているのではないか」と高畠に還ってくる。高畠は、「そうだ。それで何が悪い。資本主義社会ではカネがないと生きていくことができない」と開き直っているのである。この開き直りを可能にするのがニヒル（無）の原理なのだと筆者は考える。すべての思想は不安定な無の上に立っているので、所詮、たいしたものではないのだ。更に、「高畠さんよ、それならばそういう新聞や雑誌との付き合いをやめればいいじゃないか」という批判が当然聞こえてくる。しかし、高畠は、マスメディアから撤退することをしなかった。なぜならば、資本主義社会の現実では、マスメディアだけが思想に命を吹き込み、それによって国家と社会を変化させることが可能であると高畠が考えたからだ。

第七章　支配（上）

一九二〇年代から三〇年代にかけて、マルクス主義者から、国家主義者、保守主義者に転向した事例はいくらでもある。しかし、高畠素之は、マルクス主義者から国家社会主義者に転向したのではない。転向の場合、特高（特別高等）警察に逮捕され、拷問が加えられるとか、あるいは長期勾留というような、外部からの圧力が加えられる中で、思想が変容する。高畠のマルクス主義から国家社会主義への思想の変容は、外部からの圧力によってなされたものではない。高畠自身がマルクスの『資本論』を三回全訳し、さらにロシアの経済学者トゥガン＝バラノフスキー、オーストリアの経済学者ベーム・バベルク[46]らの言説に触れることで、内側から変容していったのである。しかし、高畠はバベルクのようにマルクス経済学を全否定するという態度はとらなかった。

従って、高畠のマルクス主義から国家社会主義への道は、転向ではなく、思想的発展なのである。高畠は、国家論と進化論を学ぶ過程で、世界観としてのマルクス主義という考え方から離れ、資本主義社会の内在的論理の解明としては、『資本論』の論理に依拠するが、社会建設に関しては、性悪説に基づく国家による社会の規制を考えるようになった。高畠は、人間の本性を悪と考える。従って、人間によって構築された国家も当然、悪から免れていないことになる。それにもかかわらず、国家を人間社会の悪を規制する要素として活用することを主張する。このような思考回路を理解するためには、高畠の支配に対する認識を読み解く必要がある。高畠は、支配を社会思想の問題として受け止めている。そこで、高畠が社会思想をどのように理解しているかを見てみたい。

高畠は、マルクス主義（Marxism）を、社会思想ととらえる。

〈元来、マルキシズムは一個の社会思想であつて、社会思想なるものが、純粋な社会科学其他の学問から区別される所以は、それが人類の社会的生活行動を直接に指導し規制するといふ点に存する。科学には理想がない。在るが儘の事物を正直正確に観察し説明して、その合則性を見出すことが科学の任務である。反対に、社会思想は規範を持つものである。それは単に存在する事物の合則性の発見を以つて満足することなく、存在する事物に対する正不正を批判し評価して、若しそれが不正なる存在であるならば、これを撲滅し、正しい状態を造り出さうとする願望を抱くものである。この願望が人の行動を導くとき、茲《ここ》に初めて社会思想なるものの任務が果される。〉

（高畠素之『マルキシズムと国家主義』改造社、一九二七年、三～四頁）

ここで高畠が言う科学とは、〈在るが儘の事物を正直正確に観察し説明して、その合則性を見出す〉性格を帯びた法則定立的科学のことだ。これに対し、社会思想は、当該社会の特徴を記述するにとどまらず、社会の変革も含む。社会思想は、同時に社会倫理なのである。高畠は、マルクス主義を社会倫理としてとらえているのである。

更に高畠は、マルクス主義を狭義と広義に区分する。

〈マルキシズムといふ言葉は、広狭二様の意味に解することができる。一はマルクスの純学説体系のみを含み、他は更らに近世社会主義運動の直接の基礎となつてゐる運動理論及び実際戦術上のマルクスの思想をも包容する。そこで、同じマルキシズムといふ原語も、前の狭義の場合にはマルクス説（又はマルクス学説）と訳し、後ちの広義の場合にはマルクス主義とするが至当であらうと思ふ。尤も普通には、後ちの意味に解する場合が多いやうであるが、それは理由のあることである。〉（前掲書三頁）

高畠の理解では、マルクス主義は一つのシステム（体系）を形成している。その体系が二重底になっているのだ。根底にマルクス主義の純粋学説がある。これを高畠はマルクス説もしくはマルクス学説と日本語で表記する。宇野弘蔵が言うところの経済学原理論と親和的な概念だ。これに対して、革命運動の理論や革命に向けた実践的戦術を含んだマルキシズムを高畠は、日本語で「マルクス主義」と表記する（筆者註　本稿では、Marxism の訳語としてマルクス主義もしくはマルクシズム、マルキシズムという言葉を用いる。高畠が言うところの狭義の概念を意味するときには「マルクス主義」と表記する）。「マルクス主義」は、宇野が言うところの唯物史観と親和的な概念だ。

しかし、高畠は、マルクシズムを、マルクス説と「マルクス主義」に分離しているのではない。マルクシズムは、全一的体系なので、それを切断することはできない。しかし、マルクシズムをどこから眺めるかによって、見える姿が異なる。狭義の理論、すなわち、理性と論理をたどっていけば、何人にも理解できるという光に照らしてみたときに浮かび上がるマルクシズムがマルクス説なのである。

これに対して、「革命を起こす」という実践的立場から観たときに映るマルクシズムが「マルクス主義」だ。もっとも、「マルクス主義」に基づく革命に関しても、ドイツ社会民主党のカウツキーとロシア共産党のレーニンの間では、大きな差異がある。これは実践的立場から生まれる差異なので、「マルクス主義」も、当然、複数存在するのである。

高畠は、マルクシズムの実践的側面を考慮の外に置いて、マルクスの言説を、マルクス説として語るという方法をとらない。マルクシズムが全一的な世界観である以上、それは不可能であるからだ。従って、高畠なりに理解する革命を希求するという「マルクス主義」という立場からの認識を導く関心を基礎に、マルクスの基礎理論について、理性と論理を導きの糸として述べていくのである。

3

高畠の「マルクス主義」理解は、外部からの視座である。要するに、「マルクス主義」者ならば、革命についてこう考えるであろうという認識に基づいて、語っているのである。当然、高畠は自らが「マルクス主義」者でないことを自覚している。

この方法は、比較宗教学の方法と同じだ。自分は、考察する対象の宗教とは、別の宗教的基盤に立っているのであるが、考察する宗教の内在的論理を追体験しながら語るという方法だ。キリスト教神学者が、イスラーム、ユダヤ教、仏教などを研究、考察するときの視座である。高畠は、同志社神学校を中途退学し、キリスト教からも離れているが、キリスト教神学者が異教を見るときの目でマルクス主義を観察しているのである。

高畠が理解するマルクスの基礎理論は、もっぱら『資本論』の論理に基づく、資本主義の内在的論理の分析であった。それでは、高畠は、『資本論』をどう解釈しているのであろうか。遺稿になった『マルクス経済学』（日本評論社、一九二九年）の序説に、高畠は『資本論』の内容を簡潔に要約している。

〈マルクスの経済学説は、これを一言でいふならば、余剰価値に依る資本制経済の——資本制経済の成立、構成、成行の——説明であるといふことが出来る。マルクスの一心同体と見做さるべきエンゲルスはその著『反デューリング論』[47]——詳しくは『オイゲン・デューリング君の科学の変革』(Herrn Eugen Dührings Umwälzung der Wissenschaft) ——の序説の中に次の如く述べてゐるが、これはマルクス経済学説の面目を最も適切に語つたものである。曰く、『従来の社会主義は、現存資本制生産方法及びその結果を批評するにはしたが、それを説明することが出来ず、随《したが》つてまたそれを結論することが出来ないで、たゞ単にそれを悪いものとして攻撃し得たに過ぎなかつた。しかしながら、問題とするところは、一方資本制生産をばその歴史的関連及び一定の歴史的時期に対する必然性に於いて、随つてまたその滅亡の必然なることを説明するにあつたと共に、他方更らに当時尚ほ秘せられてゐたところの——といふのは、従来の批評は事実そのものの指摘よりもその悪結果を指摘するを事としてゐたが故に――資本制生産の内部的性質を開示するにあつたのである。而して、それはたまたま余剰価値の発見に依つてなされたのであつた。』『この二大発見則ち唯物史観及び余剰価値に依る資本制生産の秘密の暴露――我々はこれをマルクスに負ふものである。これに依つて社会主義は一の科学となつたのであつた。』と。実にこの余剰価値に依る資本制生産乃至資本制経済の説明こそは、マルクス経済学説の本質とするところであり、根本内容とするところなのである。〉（高畠素之『マルクス経済学』日本評論社、一九二九年、一一～三頁）

当時、明らかにされていたマルクス、エンゲルスの著作からは、両人の世界観は一体と見られていた。ここで、高畠は、剰余（余剰）価値による資本主義的生産を解明したところに『資本論』の画期的意義を認める。剰余価値は労働力商品化によって生まれる。従って、労働力商品化による剰余価値を追求するシステムとして資本主義が成立しているという解釈を高畠はとる。

〈資本家は労働者の労働力をばまさしくその価値通りに買ふが、これを生産行程に於いてその価値以上に費消し以つて余剰価値を生産することを具体的数字的に論証し、『資本制生産の窮極の秘密を暴露する。』而して次に、尚ほ進んで、この余剰価値生産の形態、即ち絶対的余剰価値の生産及び相対的余剰価値の生産を考察し、これ等の生産に作用しそれを決定するところの諸事情乃至諸要素を、殊に資本制生産に於いて必然的にますます重要な役割を占めつつある相対的余剰価値の生産に対するそれ（協業・分業・機械）を論究する〉（前掲書五～六頁）

ここに労働力商品という言葉は用いられていないが、〈労働者の労働力をばまさしくその価値通りに買ふ〉ことは、労働力が商品になっているから可能なのである。

高畠は、資本主義が危機に陥り、必然的に崩壊すると考える。しかし、そこから革命が起きるという解釈を高畠が『資本論』から導いていないことが重要だ。高畠の『資本論』解釈については、いずれ稿を改めて論じることにしたい。ここでは、高畠がきわめて水準が高く精緻な『資本論』解釈をしていることを示すために、マルクス経済学を批判する人々が最重要論点として取り上げた『資本論』第一巻における労働価値説と第三巻の生産価格の矛盾に関する高畠の理解を見てみよう。

〈彼れ（引用者註　マルクス）の資本制経済の研究は、商品の観察・分析から始まる。『資本制生産方法が専ら行はれる社会の富は尨大なる商品集積として現はれ、個々の商品はその成素形態として現はれる。故に我々の研究は、商品の分析を以つて始まる』とは、『資本論』本文の冒頭を成してゐるところの有名な句である（拙訳『資本論』改造社版第一巻第一冊第五頁参照）。彼れは、この商品の分析的考察の結果、商品の価値は、その商品の生産上社会的に必要なる労働量に依つて決定されることを見出す。斯《か》くして先づ、商品の価値は社会的に必要なる労働量に依つて決定されるといふ根本原則を立定する。と共に、商品生産社会に於いては、原則として等価値と等価値とが交換さるべきことを論定する。これが即ち彼れの労働価値説なるものであつて、彼れの余剰価値に依る資本制経済の説明は実に此処から展開して行くのである。〉（前掲書三〜四頁）

ここで高畠は、商品の価値が、単なる労働量ではなく、社会的に必要な労働量によって規定されると理解していることが重要である。ここで出てくる資本は、個別資本ではなく、社会的調整を終えた後の総資本なのである。総資本の目から見た場合に、商品の価値が労働量によって決まることを述べているに過ぎない。個別の市場においては、商品の価値がむしろ労働量と対応していないのが常態である。『資本論』第一巻と第二巻で、マルクスは、総資本の立場から資本主義社会を観察した。第三巻になってようやく、実際に熾烈な競争が行われる市場の分析と、それによって得られた利潤を、資本家がどのように土地所有者に分配するかという問題に取り組んだのである。

〈彼れ（引用者註　マルクス）は此処で、余剰価値が商業利潤・利子・企業利得・地代等の形態を採つて資本の関係者間に配分されることを論じ、これらの配分形態に就いてそれぞれ詳細な説明を与へてゐる。が、それに先だつて先づ、余剰価値が現実の世界に於いては利潤なる形態を採ること、而してこの利潤は資本制社会に於いては需要供給の関係に依つて必然的に平均化すること（平均利潤の法則）を論究する。即ち、商品は現実の世界に於いては必ずしもその価値通りに交換されるものではなく、或る場合にはその価値以上に、或る場合にはまたその価値以下に交換されることを、随つて余剰価値も或る場合にはその価値以上に、或る場合にはその価値以下に実現され、更らに他の或る場合にはまた全然実現されずに終ることを、主張するものである。マルクスに依れば、此処までの研究は謂はば抽象の世界に於ける研究であつて、現実の世界に於いては抽象の世界に於いて立定せられた諸法則がそのまま純粋の姿で行はれるものではなく、他の事情の影響を受けるものであり、余剰価値の商業利潤・利子・企業利得・地代等への配分も斯かる制約の下に行はれるのである。〉（前掲書七～八頁）

平均利潤は個別資本の世界の話である。ここでは利潤率均等化（平均利潤）の法則によって、市場の均衡が生じる。〈商品は現実の世界に於いては必ずしもその価値通りに交換されるものではなく、或る場合にはその価値以上に、或る場合にはまたその価値以下に交換される〉のである。この市場での均衡を前提にして、総資本が想定されることになる。この総資本の運動を解明したのが、『資本論』第一巻の冒頭における商品交換であると高畠は考える。このような高畠の価値法則理解は、宇野の価値論と親和的なのである。論理的観点からは、『資本論』第一巻の価値法則の証明に、第三巻の利潤率均等化の法則に関する証明が先行しているのである。社会的に必要な労働量とは、現実の労働時間からは乖離した概念である。

高畠による『資本論』の読み解きは、素直だ。労働価値説の論証についても、同一労働時間が同一の価値を作り出すなどという無理な読み解きをしない。そして、『資本論』が分析した対象があくまでも資本主義社会であることを高畠は理解している。

しかし、現実の資本主義社会は、国家なくして存在しえない。ここから、高畠は、独自の国家論を構築しようとする。まず、マルクスの国家論について次のように述べる。

〈マルクス学説の社会学的方面といふ中には、唯物史観説のほか、それに関聯した国家論も含まれる。唯物史観説に就いても種々批判と修正を加へる余地のあることは前講に述べた通りであるが、国家論に就いては更らに批判の余地が多いのである。蓋《けだ》しマルクスの国家論は何処に於いても系統的に述べられて居らない上に、従来この方面の研究が極めて等閑に附せられて来たことは拒まれないからである。実際のところ、マルクス派学者の間から国家論について権威ある貢献をなしたものは寥々《りようりよう》暁の星の如き有様であつて、一般マルキシストはみな型の如き信条の墨守を以つて満足してゐた。〉（高畠素之『マルクス十二講』新潮社、一九二六年、一五三頁）

高畠は、「マルクス主義」者一般の国家論に満足できず、独自の思索を営んだ。ここで核になるのが、高畠の性悪説だ。

当時、流行していた社会進化論が高畠の性悪説と相乗効果をもたらした。高畠は、社会的動物である人間は、自らの生存のために団結する本能をもっていると考える。

〈人間は社会的動物の一種である。如何なる人間も社会的結合のもとに生活してゐる。社会的結

合のもとに生活する生物個体は、その結合を強大にすることに依つてのみ、十分に自己を保存し発展せしめることが出来る。

元来、生物の或る種のものに社会的結合が生ずるに至つた最も重要な原因は生存競争上の必要にある。社会的結合の重要なる部分は、生存競争上の武器の一種に過ぎないのだ。生物に依つては、猛獣や毒蛇の如く個体として特殊の武器及び戦闘力を具へたものもある。かういふ生物は生存競争上特に社会的結合をつくる必要がない。勿論、これらの生物にあつても、雌雄結合及び哺乳の上から或る程度の社会的結合を誘致するに至つてゐることは事実であるが、生存競争上からそれを必要とすることがないから、彼等の社会的結合は概して微弱である。

しかるに、個体として有利な武器を与へられて居らない生物になると、自己保存の必要上どうしても特殊な生理的武器の欠乏を補ふに足るところの有利な闘争武器を有《も》たねばならなくなつて来る。その必要上発達したものが、即ち社会的結合である。つまり、強い牙や猛烈な体力に対抗するに社会的団合の力を以つてしようといふわけだ。この関係は恰度《ちようど》、今日の労働者が、資本家の金力やその他の物質的権力に対抗するに団結の力を以つてするのと同じである。ただ、労働者の団結は意識的、計画的であるが、生物の社会的結合の発生は無意識的、原生的であつて、全く自然淘汰の必要上発達して来たに過ぎないといふ一点が違ふだけである。〉（高畠素之『マルキシズムと国家主義』改造社、一九二七年、一六一〜一六三頁）

人間は弱いが故に、無意識的、すなわち原初的に社会的な結合をするのである。裏返して言えば、弱い人間が生き残ったのは、社会的結合という本能が備わっていたからである。労働者の団結も、社会的結合の一種である。しかしそれは、無意識的ではなく、意識的で計画的な団結である。

社会的団結の根源は、自己保存欲だ。これは社会的本能である。本能によって団結するのであるが、団結することによって本能を刺激する。それによって本能はより密度の濃いものになり、団結も強化される。そうするうちに、「生き残りのためには、何をやっても許される」という倫理が生まれる。この回路を高畠は次のように説明する。

〈生物の社会的結合は斯様《かよう》に、主として生存競争の必要上発達して来たものであるが、この結合の発達につれて又社会的本能が発達し、社会的本能が強くなればなるほど、それにつれて社会的結合も亦ますます強くなつて来る。しかるに、生物の本能の中では自己保存慾といふものが最も原始的な普遍的な要素となつてゐて、社会的本能の如きも本来は主としてこの自己保存慾から派生して来たものに過ぎないのである。

そこで生物の本能のうちには、絶えずこの両要素間の闘争が行はれる。ほかに、種属保存上の性慾本能も絡らんで来るが、その事は措いて問はない。この異種本能間の闘争は、人類に至つて更らに複雑になり深刻化されて来る。けだし、自己保存本能が社会的本能といふ対抗力を生ぜしめた如く、社会的本能は又猜疑心や優勝慾その他の如き一見反社会的本能と思はれるやうな対抗力を助長して、これが本来の自己保存本能と結合し一種の複雑なエゴイズムを構成することになるからである。そこでエゴイズムなるものは、人類にも他の凡《あら》ゆる生物にも共通した最も原始的の強力な本能であるが、人類のエゴイズムは他の生物に比して遥かに複雑であり総合的であるといふことになる。随つて、その力の強さ、その影響の及ぶところも亦、他生物のエゴイズムに比して遥かに強力であり深刻である。〉（前掲書一六三〜一六四頁）

社会的団結が強まり、自己保存欲が刺激されると、社会の中の個体である一人の人間の自己保存欲も強化される。個体としての人間は、社会的団結を強めることに、総論として賛成する。しかし、その社会の中で、〝私〟は自らの個体が優位を占めて、快適な生存をしたいと考える。エゴイズムの芽生えだ。一旦、このようなエゴイズムが芽生えると、他者もエゴイズムをもっていることを想像するようになる。そして、他者が〝私〟に対して優位性を獲得するために画策する可能性を想定する。猜疑心の芽生えだ。社会的団結が強化されることは、同時に個体による優位性の追求や猜疑心といった類の反社会的本能も強化するのである。

8

高畠は、このエゴイズムを正面から見据えるべきであると説く。高畠自身がどこまで自覚していたかは別として、高畠の説くエゴイズムは、キリスト教における原罪の変形である。エゴイズムを見据えても、それを人間の努力によって超克することはできない。従って、社会倫理を性悪説を基礎において構築することで、エゴイズムによる悪の発現を極少化することを考えるのである。

〈個々の人類はいづれも、程度の差こそあれ、かういふ複雑なエゴイズムの持主である。これが絶えず社会的本能と衝突する。社会的結合の立場からすれば社会的本能が不断にエゴイズムを圧伏することを要するのであるが、特殊の異常な場合を除くほか、社会的本能の力のみを以つて個々人のエゴイズムを圧伏し統制することは不可能である。人類のエゴイズムは、曩《さき》にも述べた如く、単なる自己保存慾のみから成るものではなく、社会的本能から派生した各種の反対要素をも包含するものであつて、これらの要素は人類の発達が進み、欲望の分化が著しくなるにつれて、ますます複雑化してゆく傾きがあるから、人類のエゴイズムそれ自身も随つて、拡大され深化される傾向を有つことになる。〉（前掲書一六四～一六五頁）

人類発展の歴史は、エゴイズムの拡大と強化の歴史でもある。社会的結合を維持、強化するためには、社会が個体のエゴイズムを抑圧しなくてはならないのであるが、社会にその力はないと考える。その理由を高畠は明示していないが、原初的社会には、個体のエゴイズムを抑止する正統性をもった暴力装置が存在しないからである。個体のエゴイズムを抑止するためには支配機能が必要となる。そして、支配機能が実効性を担保するためには、支配に服さない個体に社会的掟を強要する暴力装置が必要になる。

〈斯様《かよう》なエゴイズムの発動を若し勢ひの赴く儘に放任して置くならば、人類の社会的結合は遂に破壊されることを免れない。さればといつて、原生的の社会的本能のみを以つてこれを統制し調節するといふことは不可能である。そこで第二次の社会的結合素因として、茲《ここ》に支配といふ機能が発動して来る。つまり各人が勝手のことをしてゐては社会がもち切れない、さればといつて、各人の胸に潜む社会的本能の力だけではこれをどうすることも出来ないといふところから、何等かの程度の強制を加味した支配の機能が発動して来るわけだ。これはホッブスやルソーの謂ふ如き、契約の形を以つて現はれるものではなく、最初は社会保存上の必要から自然的、無意識的に発達して来るのである。

これを今日意識的、計画的に行はれてゐる事実に適例を求めるならば、かの通行人は左側を歩むべしといふ規定や、震災直後電車の不足した当時、乗車客に列を組ましめて我れ勝ちに先きを争ふことなからしめた規定の如くである。各人のエゴイズムからいへば、右側を歩行したい者もあるだらうし、後から来ても先きに乗りたいとあせるのは殆んど万人共通の欲望であるといつても過言でない。けれども、さういふ勝手なエゴイズムを発動する儘に放任して置いては、社会は火事場のやうな混乱を呈して、収拾すべからざる状態に陥る。若しこの場合、各人の社会的本能が勝を制して、誰れも彼れも自分の気儘を制して他人に先きを譲るといふ風であるならば、特殊の強制的な統制及び調節を必要としないわけだが、さういふことは決して普遍的には行はれ得ない。そこで特殊の強制的規定を以つて、これを外部的に調節することが必要になつて来る。これは意識的、計画的に行はれる統制の個別的場合について言つたことであるが、人類社会に支配統制の機能が発動し始めたことも、矢張りこれと同様な社会的必要に迫られた結果である。ただ、違ふところは、それが意識的でなく、社会的自然淘汰の必要上原生的に現はれて来たといふ一点に過ぎない。〉（前掲書一六五〜一六七頁）

高畠は、関東大震災後の電車不足という、当時の読者が想像しやすい事情にひきつける。ホームにあとからやって来ても、先に電車に乗りたいというのが、人間のエゴイズムなのである。このようなエゴイズムが、各人の善意によって調整されることはまずない。そこで、究極的に暴力によって担保された「特殊の強制的規定」によって、エゴイズムがもたらす混乱を「外部的に調節」する必要が生じるのである。これが支配の起源であると高畠は考える。

8

支配は、いかなる社会においても存在する。小さな部分社会では、それは掟として機能する。結社の場合は、規約や規則の形をとる。

〈この支配統制の機能は、極く単純な形では如何なる社会にも発動してゐる。それは、幾人かの個々人が団合するとき、必らず其処に何等かの形で規則又は規約といふやうなものが成立するところを見ても解る。秩序の方面から見た社会は、すべてこの支配機能の現はれだといふことが出来る。尤も、この機能は同質結合の単純社会にあつては、他の社会的諸機能から分化独立することなく、すべての機能が混淆して結合的に作用してゐる。それは恰度《ちょうど》、下等生物の身体諸機能が、それぞれ特殊の器官を有することなく、すべてが混合的に作用してゐるのと同じである。しかるに、生物の発達段階が進んで、高等な生物となるに従ひ、各種の身体機能が互ひに分化独立して、それぞれの機能を担任する特殊の器官といふものができて来る。消化栄養のためには特に胃腸が

でき、排泄のためには肛門や汗腺ができ、呼吸のためには肺臓ができるといふ如き有様である。〉（前掲書一六七〜一六八頁）

高畠は、有機体モデルで社会を見ようとする。生物が進化するのと同様に社会も進化するのである。社会的進化にともなって、社会内部に支配する機能に特化する人々が現れる。

〈恰度、それと同じやうに、社会が複雑となり、異質結合が進むにつれて、支配統制の機能が次第に他の社会的諸機能から分化独立する傾きがある。支配機能の分化は、斯様に社会的必要の上から生ずるものであるが、更らに人類にエゴイズムの中にあつて特殊の位置を占むる優勝的の欲望が、一度び現はれた支配機能分化の傾向を助長するところの主観的因子として作用する。人類の欲望には色々あるが、とりわけこの優勝慾は強い決定力を有つてゐる。〉（前掲書一六八〜一六九頁）

人間のエゴイズムの中には、他者に対して優位を占めたいという欲望、すなわち「優勝欲」があると高畠は考える。この他者に対して優位に立ちたいという欲望は、別の側面から見るならば支配欲と言い換えることができる。

〈優勝慾とは、自己の力を社会的に誇示し認識せしめようとする欲望である。この力の表現形態が何であるかといふことは、問ふところでない。それは物質的富の形を採ることもあれば、学問や、体力や、又は武術の形を採ることもある。けれども、その最も直接にして且つ普遍的のものは政治上の支配的位置である。この支配的位置の獲得といふことが、優勝的欲望の最も熾烈なる追求対象となる。而して一度び萌《きざ》し始めた支配機能分化の傾向は、この欲望の発動に依つてますますその勢ひを強め、その勢ひが強くなればなるほど、この欲望の発動も更らにますます強くなつて来る。斯くして支配機能分化の勢ひは、ますます促進せしめられることになるのである。〉
（前掲書一七〇頁）

支配欲は、経済的利益の面だけで現れるのではない。体力や腕力で示される支配欲もあれば、知的な支配欲もある。マルクスの唯物史観は人間の支配欲の危険性から目を背けていると高畠は批判する。

〈マルクスの唯物史観に依れば、経済上の生産力の発達が他の一切の社会的発達を決定するといふのであるが、この説は兎《と》もすれば、物質的の生活慾が他の一切の欲望を決定するといふ意味に解され易い。斯く解されたとき、唯物史観説は甚だしく卑俗化されたものとなる。人類の生活慾といふものは、決して普遍常住的に決定力を有つものではない。それが決定力を有つのは、人類が餓死の瀬戸際に立つた瞬間か、又は少なくとも生活難の境遇に置かれた場合に限られる。一度び何等かの程度に於いて生活上の余裕を有つた瞬間から、他の各種の欲望、殊に性慾とこの優勝慾とが決定的に作用して来る。今日、資本家が巨万の富を支配しようとするのも、これは決して単なる生活上の物質慾から来るものではない。生活上の欲望には限りがある。然るに富の欲求範囲には限りがない。限りある範囲の欲望を以つて、限りなき対象範囲を追求するといふことは理窟が立たない。資本家が限りなき富の拡大を追求しようとするのは、これ即ち富に依つて代表されるところの限りなき社会的権力を追求するのである。力の欲望、優勝的欲望には充足の限界がない。その充足範囲は、無限に拡大されてゆくのである。〉（前掲書一六九〜一七〇頁）

支配欲の特徴は、限界がないことである。

第八章　支配（下）

人間が競争を行うのは、競争に勝利して、他者を支配するためであると高畠素之は考える。高畠の思想を掘り下げているうちに、この思想をどこか他の著者の本で読んだというおぼろげな印象が浮かんできたが、正確に思い出すことができなかった。

二〇〇八年六月十七日午後、知り合いの新聞記者から「今朝、三人の死刑が執行されました。コメントをしてもらえませんか」という電話があり、そのとき陸田《むつだ》真志《しんじ》（三十七歳）という確定死刑囚の名前を聞いたときに、正確な記憶がよみがえってきた。〈陸田死刑囚は1995年12月、勤めていた都内の風俗店事務所で店長（当時33）と経営者（当時32）を刺殺し、財布を奪った。2人の遺体をコンクリート詰めにし、茨城県の鹿島港に捨てた〉（二〇〇八年六月十七日朝日新聞夕刊）。死刑判決が確定する前に東京拘置所独房に収容されていた陸田は、哲学者の池田晶子[48]との往復書簡を『新潮45』に掲載し、その後、単行本として上梓した。その中に、自らが殺人を犯した動機が、競争に勝って、他者を支配する欲望であったことを明確に認めている。

〈池田さんの御手紙を読んでみると、まだ私は考えが足りない。つまり何故当時の私の「金銭欲」が「殺人」になったのかという事です。この自分の短絡さをまだ考えていませんでした。色々と殺人の動機が言われる中で（基本的には全て自己愛ですが）、この「金銭目的」というのは非常に多くの人に納得されやすいものと言えるかも知れません（又、そうだとすると大変危険な事ではありますが）。とはいえ、私が私の「少年期の心の闇」とか「聖なる実験」といった子供《ガキ》っぽい話をする訳でもありません。そういった文芸的な美しいおハナシは他の方にまかせましょう。私が考えるのは人間（存在）の思考としての話なのですから。

当時の私には「金銭を多く欲しい」から「店を乗っ取る」、その為に「人を殺す」というこの考えの流れが最終的には当然のごとくに思えていたのですが、これは今考えてみると、とても不自然な考えです。一般常識で考えれば、「金銭が多く欲しい」なら、まっとうに働いてより多くの金銭を得ればいい訳ですし、当時の私や被害者のような考え方をしていた者にしても、「まっとうでない」仕事をしてでもより多くの金を得ればよかったのです。私は当時「半端な金じゃなくドーンと大金が欲しい」と常々思っていたのですが、それが絶対に「乗っ取り」である必要もなく、他の土地で同じ商売をしても又、極端にはどっかで強盗をやってもクスリやなんかの密輸をやってもよかった訳ですが、「乗っ取り」以外は考えませんでした。目の前で大金が動いていて、手っ取り早くそれに目を付けたという事もありますが、どうもそれだけではないのです。又、その乗っ取りに「殺人」がぜひ必要であったかというと、これもそうではないのです。今考えてみれば、犯罪業界の中での最も大きいリスク（量刑）を伴う殺人という事はせずに、店を乗っ取る方法がいくらでもあったのです。店自体、元々非合法な訳ですし（こんな事未だに考えてる私もなんですが）。

何故、「乗っ取り」をしたかったのか？　何故、それに「殺人」を必要としたのか？　これには当時の私だけでなく、今も多くの人が持っている人生観というか価値観に関係があるように思えます。それはあの「全てを勝ち負けで言う人生」という奴です。勝負事では普通相手が必要ですし、勝つ者が出れば負ける者が出ます。それは子供のケンカにしても経済にしても戦争にしてもそうでしょうし、言論人の方々が論争するのもそうでしょう。そして勝てばうれしく、負ければくやしく思えます。〉（池田晶子／陸田真志『死と生きる　獄中哲学対話』新潮社、一九九九年、二〇〇〜二〇一頁）

資本主義システムにおいて、貨幣と権力は交換が可能である。より多くの貨幣を獲得することによって、より多くの権力を得るのである。貨幣を媒介とした権力によって、他者を支配することも可能になる。そこから、競争に勝利して、すべてを支配するという思想が染みついた人間が生まれる。陸田は、人生そのものが勝負事であったと振り返る。

〈私はギャンブルなどはほとんどやりませんでしたが、かつての私には人生そのもの毎日が勝負事でした。「誰かに負けてはダメだ」、この信念に凝り固まっていました（それはまだ私に残っているとも思えますが）。例えば誰か数人とで食事をし談笑していても、常にその中で一番の立場でありたい。何かの集団や職場にいても、その中で一番にならないと気が済まない。勿論、金も周りの奴より多く欲しい。その相手が家族、兄弟であってもそうでしたし、ヘンな話、女とｓｅｘしても「先にイッたら負け」位に思ってて、意地でも何時間もやって相手がヘトヘトにならないとイヤでした（これは漫画家の内田春菊さんが書いてた、大抵の男にはある「女をヒイヒイいわせたい願望」でしょうし、それは多くの男の幻想である肉体的又は精神的マッチョ願望なのでしょう）。〉（前掲書二〇一〜二〇二頁）

高畠が一九二〇年代に指摘していた、資本主義システムから派生する貨幣を媒介とした人間の支配欲が社会を滅ぼす危険があるという問題は、現在も生きているのである。

8

それでは脇道から再び高畠のテキストに戻ろう。

高畠は、支配の萌芽は、共同体の内部にあるが、それが質的に変化し、明確な支配・被支配の関係になる過程で、共同体と共同体の間の抗争が生じると考える。

〈支配機能分化の傾向は、謂はゆる有史前期的種族社会に於いても、或る段階からは既に可なり著しく進んでゐた。当時すでに武将や裁判官の如きものがあつて、一部的にこの機能を担任するといふ有様であつた。けれども、この機能が総括的に分化独立して、それが特殊の社会群に依り担任されるといふ状態に達するには、或る特殊の社会的出来事を必要とした。

それは種族対種族の衝突である。種族衝突の原因は一様ではない。食物欠乏のために、比較的食物の潤沢な他種族を侵すといふ場合もあるし、又は単なる優勝的戦闘慾に駆られて衝突を惹き起すといふ場合もある。いづれの動機からにもせよ、一度び種族対種族の衝突が生じて、一方の種族が他方の種族に征服せられたとき、征服せられた方の種族は軍卒又は奴隷として優勝種族のために駆使せらる。茲《ここ》に初めて征服的社会群と被征服的社会群との対立を来たす。と同時に従来種族内部に発動し発達してゐた支配統制の機能が、征服的社会群の手に帰し、茲に征服者は支配階級となり、被征服者は被支配階級となつて、階級対立といふ特殊の社会的現象を生ぜしめる。種族社会が一定の地域に占拠して、その支配機能が斯《か》くの如く階級といふ特殊の社会群の担任に帰したとき、その社会を国家と名づける。随《したが》つて、国家の本質的要素は地域と、社会と、階級支配といふ三分子から成る。国家は土地、人民、主権から成るといふ旧来の言ひ現はしも、畢竟《ひつきよう》するところ、同じ実質を異なつた形に、法制的、形式的の形に表現したものに過ぎない。〉（高畠素之『マルキシズムと国家主義』改造社、一九二七年、一七一～一七二頁）

共同体と共同体の間の戦いで、勝利した者が支配階級になるという考え方は、マルクスよりもフランツ・オッペンハイマー[49]の征服国家論に近い。しかし、高畠の場合、征服によって階級支配が始まるとは考えない。なぜなら、支配されることには、慣れが必要だからである。征服される側の共同体に、支配・被支配というシステムの原型がなければ、征服者が支配階級となっても、実質的な支配を行うことができない。〈如何に種族征服が行はれても、征服以前の種族社会内部に予め支配統制の機能が働いて居らなければ、征服種族が支配階級となり得る筈はない。征服と共に支配が生ずると見る如きは、支配その者の本質に対する認識不足から来るところの浅見である。〉（前掲書一七三頁）と高畠は強調する。

ここで、高畠は、マルクスよりもエンゲルスの階級支配の起源を重視する。高畠によれば、共同体内部における階級支配という視座をエンゲルスはもっている。

〈征服以前の種族社会内部にもすでに強制秩序の行はれてゐたことは、征服後に来るべき労働搾取の事実を以つて階級成立の原因なりと説くエンゲルスでさへも、或る程度までは認めてゐたところである。例へば彼れは、氏族社会に於ける厳重な内婚禁止の規定、復讐の規定、裁判及び懲罰の機能等について述べてゐる（『家族、私有及び国家の起原』第六版七七乃至七九頁、一〇二、一二〇及び一三三頁）。勿論彼れは、当時尚いまだ『人民から分離された、而して人民に対抗せしめられ得る、何等の公的強力も存在して居らなかつた』（前掲一〇〇頁）と主張してゐることは事実だ。が、少なくとも氏族内部に於いて、斯かる機能分化への著しい傾向が開始されてゐたこと、強制秩序の維持を担任すべき特殊の器官（裁判の如き）の発達は、階級の成立とは何等直接の関聯を有《も》たなかつたこと、また公的強力の特殊な諸器官が発達するやうになつてからも、これらの器官はエンゲルスの主張する如く氏族社会の外部又は上方に立つ官職として発達したものでないことは、もはや争はれない事実となつてゐる。（ケルゼン著『社会主義と国家』一九二三年版九六頁）

斯様《かよう》に、征服以前の社会内部にもすでに支配統制の機能が発達してゐたからこそ、征服の事実が階級支配成立（随つてまた国家成立）の条件となり得たのである。それ故、征服の事実は階級又は国家成立の原因ではなく、単なる必要条件又は機縁と見るべきであつて、原因は寧ろ支配機能の分化特殊化といふ先行事実にあつたとせねばならない。が、いづれにしても、階級支配といふことが国家成立上の本質的要素となるのである。〉（前掲書一七三〜一七四頁）

共同体の内部に支配の原理があるというならば、人間の本来の性格が悪であるから、人が人を支配して、収奪や搾取を行うという結論を導き出すことができる。仮に、支配・被支配がまったく存在しない各人が真に平等である共同体が過去にあったとするならば、そのような理想的状態が存在するということは、人間の本性が善であるという想定なくしてありえない。人間は性悪であるから支配をするという欲望に取り憑かれる。この性悪な欲望に取り憑かれた人間を押さえ込むには、力が必要である。性悪な人間によって作られた存在である国家が性悪であることは、当然なのであるが、国家の悪を人間の悪を押さえるために利用できるし、利用すべきであると高畠は考える。

高畠は、〈国家主義とは、斯様な国家を以つて、一切社会生活の最高規準たらしむべしと説く主義主張である〉（前掲書一七五頁）と定義する。国家は社会生活の最高規準であるのだから、国家が社会を支配するという結論が導かれる。国家の機能は、警察、軍事、外交にとどまらず、すべての政治面にわたる。それのみならず、社会の道徳規準についても国家が責任をもつ。経済的に国民の生活を保障することも、当然、国家の機能である。

8

高畠は、ここで述べた国家主義を一種の理念型ととらえる。そして、現在流通している国家主義は、哲学面、政治面、経済理論などの部分に偏っている。しかし、思想史を顧み、古代ギリシア以降のさまざまな言説を検討し、包括的国家論を構築したいという意欲を高畠は示す。

〈理想的意味の国家主義思想を完全に提供したものは、歴史的には殆んど無いといふことになつてしまふわけであるが、少なくともこの理想的標準から見て国家主義の共通範疇に包擁せしめられ得べき部分的傾向は、ギリシァ以来あまた現はれてゐる。私は本文の歴史的叙述部分に於いて、これらの傾向を一わたり概観して見ようと思ふのであるが、その前に一応、上述の如き国家概念の立場から見て、国家主義と特殊の支配形態（君主制、共和制、又はアリストクラシー、デモクラシーといふ如き）との間に、何等かの必然的な特殊関係が存するか否かを考察して置く必要がある。〉（前掲書一七六頁）

そう言って、高畠はプラトンの国家論から紹介を始める。

支配は人類の政治思想が生まれるのとほぼ同時に発生したと高畠は考える。もっともプラトンは国家には、優良な政体と劣悪な政体があると考える。

〈優良なる政体とは、法に基づき被治者の同意を得た政体、劣悪なる政体とは法に基づかず被治者の同意を経ることのない政体を謂ふ。而してこれら両部類の政体には又、それぞれ三つの統治組織が包含される。先づ、優良政体は君主制、貴族制、民主制の三つに区別される。君主制とは、或る一人が多数者の同意を以つて統治を行ふ政体、貴族制とは、或る少数の人間が多数者の同意を以つて統治を行ふ政体、而して民主制とは多数者が統治を行ふ政体である。統治の目的からいへば君主制が首位であつて、貴族制これに次ぎ、民主制は最下位に置かれる。民主制は統治の主体を多数者に置くものであるから、統治者間に意志の分割と見解の衝突を惹き起し易く、政治組織としては、最も劣等なるものであるが、それでも法に基づき被治者の同意を経るといふ条件に立つ限りは、これを悪政体といふことは出来ない。〉（前掲書一七七〜一七八頁）

ここで高畠は、プラトンの国家論を解説するという見解をとっているが、政治体制として、君主制、貴族制、民主制の三政体の中では、民主制を最低の政体と考えている。民主制は、最低であるが、被統治者の同意を得ているので、悪政体ではない。

プラトンによれば、君主制の堕落態が暴君制、貴族制の堕落態が寡頭制、民主制の堕落態が衆愚制（引用文中では「民主制」）である。ここまでならば、プラトンの国家論に関するどのような概説書にも書いてあることだ。高畠の着眼点がよいのは、この堕落態を、比較的ましなものから並べると衆愚制、寡頭制、暴君制になるとプラトンが認識していることに気づいたことである。

〈悪政体は最初から被治者の同意を無視してかかるものであつて、これにも民主制、寡頭制、暴君制の三種類がある。民主制は優良政体中の民主制に連接するものであり、寡頭制は貴族制、暴君制は君主制に照応する。優良政体のうちでは、君主制が首位を占め、民主制が最下位に立つてゐるが、劣悪政体に於いては反対に民主制が比較的害悪少なく、暴君制が最も悪い。つまり、プラトンの見るところに依れば、支配が法に基づき被治者の同意を得たものである限りは、君主制が最良であるが、一度びこの条件を覆へすと、それは暴君制となつて凡《あら》ゆる政治組織中の最悪最

劣なるものに堕落してしまふといふと謂ふのである。〉（前掲書一七八～一七九頁）

従って、政治体制を最良のものから、最悪のものまでを順番に並べると、君主制、貴族制、民主制、衆愚制、寡頭制、暴君制になる。最良の君主制が、ちょっとしたきっかけで堕落すると、最悪の暴君制になるのである。逆に、民主制は、それほどよい政治体制でないのだが、堕落して衆愚制となった場合の害悪が比較的小さい。性悪説に立つならば、どのような優良な政治体制でも、常に堕落する危険をはらんでいる。従って、人間が性悪な存在であることを直視するならば、消極的選択として民主制が残るのである。

プラトンの政治体制の類型化は、本質を衝いたものだ。しかし、これは現実の政治過程のある一部分を切り取って、静止画像にした分析である。しかし、現実の政治は、さまざまな人々の思惑と行動が複雑に絡み合った動的過程である。この点が、プラトンにおいては考慮されていない。そこで、高畠は古代ギリシアのポリビオス[50]の言説に関心を示す。

〈降《くだ》つてローマ時代のポリビオスになると、支配形態の考察に於いて更らに一歩を進めてゐる。プラトン、アリストテレースの考察は、単なる静的分類の領域に止まつてゐたが、ポリビオスの見解は著しく動的歴史的であつて、一種の弁証法的政体論とも見られる。〉（前掲書一八〇頁）

高畠は、ポリビオスが、一種の循環史観をもっていたと考える。最初、社会の中でもっとも力が強い者が権力を握って統治をする。君主は社会の代表であることを認識しているので、乱暴なことはしない。統治される人々も、君主に対して畏敬の念をもつ。君主と人民が助け合う国家ができる。これが君主制だ。しかし、君主は次第に不良化し、国家権力を利用して、私利私欲を追求するようになる。そうすると暴君制が現れる。

暴君に統治されるのは勘弁してほしいということで、少数の優秀な人びとが現れて国家を統治するようになる。これが貴族制だ。しかし、これらの少数者も堕落して、個人もしくはグループの利益を追求するようになる。そうなるとこれは、寡頭制である。圧倒的大多数の人びとにとって、寡頭制は暴君制同様の圧政である。そこで、圧倒的大多数の人びとが寡頭制を打倒して、民主制が成立する。しかし、民主制も堕落の運命を免れない。一人ひとりが、国家のことではなく、自分のことしか考えなくなり、他者に対する思いやりを失うと、民主制は衆愚制に転化する。そうなると一人の優れた人が現れて国家を統治するようになる。

〈斯様にして、政治の発達はつねに君主制、貴族制、民主制の三つの階段を通過して循環する。これ畢竟するに、如上《じよじよう》三種の支配形態がおのおの自己を否定するところの要素を固有してゐる結果である。即ち君主制は、同時に暴君制たる要素を包含し、貴族制は寡頭制たる、また民主制は愚民制たる要素を固有してゐる。而して君主制が暴君制たる要素を展開するに至つたとき、そこにはすでに貴族制の成立が兆表され、貴族制が寡頭制たる傾向を示したとき、そこには既に民主

制の出現が予想せられる。〉（前掲書一八一頁）

良き政治と悪しき政治は、それぞれ循環するのである。循環なのであるから、そこに進歩はない。そうなると政治の要諦は、政治的循環のながれを注意深く観察し、近未来にどのような構造転換が起きるかを読むことに収斂する。

〈支配形態の発展は斯様に、循環軌道を画いて進行するものであるから、真の価値ある政治は、各支配形態がそれ自身のうちに自己否定の要素を包含することを予め見越して、否定の否定を先鞭するところに樹立される。それには、君主、貴族、民主の各原理を同時に展開せしめるところの機関を並立せしめることを要する。ローマの執政官、元老院、国民議会は即ちそれであつて、執政官は君主権の原理を、元老院は貴族権の原理を、国民議会は民主権の原理を表現したものであると説く。ポリビオスのこの見解は、近世に於けるモンテスキュー[51]の有名な三権分立論の先駆をなしたものと謂はれてゐる。〉（前掲書一八一〜一八二頁）

良き政治のなかに悪しき政治の要因が内包されており、悪しき政治の中に良き政治の要因が内包されているというのは、まさに弁証法である。しかし、原理的に考えると、良きものが、良きものとして自立することができないという了解の上に立って循環論は組み立てられているので性悪説と親和的である。なぜなら、性善説が成立するためには、善から悪への回路が原理的に遮断されている必要があるのに対して、性悪説が成立するためには、ときどき悪から善への揺り戻しがあっても、悪にいきつく内在的な力があることを証明できれば十分だからである。高畠は、権力分立の発想には、暴君制、寡頭制、衆愚制という悪がそれぞれ牽制しあうという性悪説があると見る。その観点からモンテスキューを解釈するのである。

ポリビオスの弁証法的国家論は、現代にも十分通じると高畠は考えているようである。ここで、高畠は、別の切り口から、支配について分析する。国家体制を統治権者が誰か、支配形態がどのようになっているかという点から考察するのである。

統治権者から分類すれば、君主制、共和制に区分されることになる。

支配形態から分類すれば、民主政治（多数支配）と貴族政治（少数支配）に区分されることになる。

ただし、高畠は、君主制、共和制、民主政治、貴族政治という概念を一種の理念型と考える。

〈尤も、この二つの見地は相対的のものであつて、互ひに交錯し表裏するものであるから、これを以つて絶対的本質の区別を示すものとはいひ得ない。統治権者を離れて、支配形態を考へることは出来ず、支配形態といふときには、必ずそこに統治権者の問題を前提又は結論として予想することになる。ただ分類の目的上、この二つの見地を前提としてかかることが、比較的便利だといふに止まる。〉（前掲書一八三頁）

ここで、高畠が念頭に置いているのは、統治権者と主権が必ずしも一致しないということである。統治権者が国王であっても、人民主権という事例が存在するからである。

〈統治権者の方面からすれば、一切の政治組織は君主制及び共和制の二種に分類されることは上述の通りであるが、しからば君主制とは如何、共和制とは如何といふ問題になると、その区別は単純なるが如くにして実はなかなか厄介である。君主制とは、世襲的の単一なる主権者に依つて統治せられる政体、共和制とは有期的の単一又は多数の主権者に依つて統治せられる政体と定義することが、最も包括的であるやうに私は考へるけれども、これとて、ほんの形式的定義に過ぎない。〉（前掲書一八三～一八四頁）

もっとも、ルソーは、君主制と共和制が矛盾しないと考えていた。このことは、ルソーの思想が日本に輸入されたときに、中江兆民[52]によって正確に紹介されている。関連部分を見てみよう。

〈共和政治の字づらは、ラテン語の「レスピュブリカー」を訳したものだ。「レス」は物である。「ピュブリカ」は公衆だ。だから、「レスピュブリカー」は、つまり公衆の物であり、公有物の意味だ。この公有の意味を政体の名前に及ぼして、共和共治の名をつけたのである。ほんとうの意味はこういうことである。だから、いやしくも政権を全国人民の公有物とし、ただ有司がほしいままにしないときは、みな「レスピュブリカー」である。みな共和政治だ。

君主があろうとなかろうと問題ではない。〉（中江兆民「君民共治の説」『日本の名著36　中江兆民』中央公論社、一九七〇年、七〇頁）

そして、その具体例としてイギリスをあげる。

〈いま共和政治を立てようと思うとき、名前を求めるのか、さもなければ実をとろうとするのであるか。名前を求めるときは、昔のベニスなども共和といっていた。しかし、実際には、けっして人民を政治に関与させたものではなく、貴族たちが集まって行なっていたのにすぎない。これがほんとうの共和政治であろうか。それだけではない。最近のフランスの共和政治のごときも（引用者註　ナポレオン三世失脚後の第三共和政。王党派、軍の影響力が強く、中江は当時のフランス共和制は、事実上の寡頭制と考えていた）、イギリスの立君政体にくらべるとき、共和の実質は、はたしてどちらにあるというのだろう。そうしてみると、共和政治は本来、その名前に眩惑されるべきではない。もちろんのことだが、外面の形態にこだわるべきではない。

ためしに、イギリスの政治をみるがよい。名称も形態も、ともに厳然たる立君政治ではないか。しかし、その実態を考えるときは、少しも独裁専制があったためしがない。宰相は国王が指名するものだけれども、議会や世論の希望したもの以外からとることはできない。要するに、全国人民が公選するのであって、アメリカ合衆国人民が大統領を選挙するのとかわらない。〉（前掲書七〇〜七一頁）

高畠の、君主制、共和制に関する認識も、明らかに中江（あるいはその根源にあるルソー）の言説を意識した上で組み立てられている。高畠はイギリスについて以下の認識を示している。

〈例へば、イギリスのやうな国には、名義上の国王があるけれども、主権の実質は人民の手にある。この場合には、国王を主権者といひ得るか、どうか。また、ベルギー王国の憲法では、主権が人民にあることを明言してゐる。この場合、主権者は人民であるか、国王であるか。若しこれらの国に於いては、主権が事実上又は憲法上人民の手にあるから、人民が真の主権者だといふならば、如上の定義に照らしてこれらの国は厳密な意味の君主国ではなく、寧ろ民意の代表機関たる議会随つて又内閣を主権者とするところの共和国だといふことになつてしまふ。この見地から真の君主国を求めるならば、世界広しと雖《いえど》も我が日本を措いて厳密純正の君主制を誇り得る国はないであらう。日本に於いては万世一系の天皇が純一無二の統治権者たることは、憲法第一条に定むるところである。〉（高畠素之『マルキシズムと国家主義』改造社、一九二七年、一八四頁）

日本の国家体制に関する高畠の認識は、一九三〇年代の国体明徴運動の時期の天皇機関説論争ではなく、一九一〇年代に美濃部達吉[53]と穂積八束[54]や加藤弘之[55]の間で行われた初期の天皇機関説論争を踏まえたものであるが、この点については、高畠の天皇論について検討する箇所で論じたい。

高畠は、共和制の形態はとるが、事実上、君主以上に権力が集中するアメリカの大統領専制に注目する。

〈世間には、統治権保有程度の強弱を以つて君主制共和制の区別標準としてゐる人もあるやうだが、単に統治権保有の強弱といふ標準からいへば、アメリカ合衆国の大統領の如きは、世界の殆んど如何なる君主をも凌駕する最強権力の保有者だといへぬことはない。例へば、議会の決議に対する主権者のヴィトー（禁止権）について見ても、日本の皇帝は議会を通過した決議と雖もこれを禁止し得べき実権を憲法上明かに認められてゐるが、今日まで事実に於いてこれを行使されたことがない。イギリスの国王に至つては、明かに斯かる実権を認められて居らない。しかるにアメリカ合衆国の大統領は、憲法上この実権をその儘には認められて居らぬとはいへ、サスペンション・ヴィトー（却下権）と称して、議会の決議に不服の場合はこれを議会に突き戻して、いま一度審議をやり返させる権能を有つてゐる。而して同じ決議を再び決議として通過するには、議会に於ける三分の二以上の賛成を得なければならないといふ制度になつてゐる。が、斯様な賛成を得ることは、事実に於いて不可能である。殊にアメリカの如き二大政党対立の国に於いては、それは絶対に不可能だといはねばならぬ。それ故、アメリカ大統領のサスペンション・ヴィトーなるものは、事実に於いて禁止権と毫《ごう》も異らぬ訳であつて、この点からいふとアメリカの大統領はイギリスの国王よりも遥かに強大な主権者であるといひ得る。アメリカには議会もあり、内閣もあるが、大統領は此等の機関に超越した絶対的専制的の主権者であつて、イタリアのムッソリーニに皇帝たる形式と職能を兼具せしめた如き位置にある。この事実に見ても、単なる統治権保有程度の強弱を以つて、君主制及び共和制の区別標準たらしめ得るものでないことは明かであらう。〉（前掲書一八九〜一九〇頁）

高畠は、ベニト・ムッソリーニ統帥（ドゥーチェ）のイタリア・ファシズムを肯定的に評価する。ドゥーチェは、ラテン語のdux（導く人）に由来して指導者を意味する。高畠は、アメリカ大統領にはドゥーチェと同様の機能があり、アメリカ国家がファッショ的性格を帯びていることを肯定的に評価するのである。

第九章　階級闘争

高畠素之がマルクスの読み解きをした頃は、初期マルクスの著作は未だ公刊されていなかった。高畠の凄みは、もっぱら『資本論』を読み解くことによって、マルクスが初期の『経済学・哲学手稿』（一八四四年）で展開した疎外論の魂をつかみ取ったことだ。

資本主義というシステムは、人間でなく、資本の自己増殖を目的に動いている。しかし、この資本は人間と人間の関係から生まれる物象化した存在だ。この物象化は、資本主義の常識の枠内では理解できない。資本家は、資本を所有している対価としての利子、地主は土地を所有している対価としての地代、労働者は労働を所有している対価としての給料を受け取るという常識ができあがり、資本家が労働者を搾取している構造が見えてくる。マルクスは、この構造を「三位一体の定式」と揶揄した。資本主義の三位一体の構造を見破るためにマルクスは『資本論』を著したのである。

マルクスは、階級闘争を発明したのではなく、発見したのである。

高畠は、『マルキシズムと国家主義』（一九二七年）のなかで、階級闘争の説明に多くの頁を費やしている。

〈社会に階級対立が存在する事実、並びに階級闘争が政治上、社会上の推転に極めて重要な役割を演ずるといふ事実は、マルクスを俟《ま》たずして既に早くから認められてゐた。マルクスをフランスから追放したギゾー[56]の如きブルヂョア政治家も、またサン・シモン[57]やフリエー[58]の如き『空想的社会主義者』も、階級及び階級闘争については、それぞれ一定の見解を示してゐた。然るに今日では、階級闘争説の本家はマルキシズムに帰せられ、マルクスこそ階級及び階級闘争説の真の創始者であるとせられてゐる。これには相当の理由がある。

マルクス以前の階級概念は、断片的で不十分であつた。且つ階級闘争の真の意味については、殆んど知るところがなかつたとも言ひ得る如き有様であつた。然るにマルクスが出でて、茲《ここ》に初めて階級なるものの概念を確立し、階級闘争の真義を明かにしたのである。

マルクス以前の社会主義者（空想的社会主義者）は、人間の本性に合致した社会の建設を夢みてゐた。彼等に依れば、現社会に於いて、各階級が相対立して利益闘争に耽《ふけ》り、種々なる害悪を生ぜしむる所以は、人々が人間の本性に目覚めず、虚偽の社会制度を設けてゐる事に在る。一度び我々が人間の本性に目覚めて、真実の社会制度を組織するに至れば、一切の軋轢闘争は一掃せられて、茲に抗争のない平和な理想社会が実現される。社会運動は、斯《か》かる理想社会の実現を目的とすべきである。随《したが》つて、社会運動なるものは、闘争心から出づるものであつてはならない。然らずんば、運動そのものが既に理想と背馳《はいち》することになるからである。

斯様《かよう》にして『空想的社会主義者』は階級対立を以つて、人間の醜悪なる欲情から出づるものであるとなし、階級闘争も亦、諸種の社会的害悪と相共に撲滅すべきものであると考へた。

然るに、マルクスの見解はこれと著しく趣を異にしてゐる。マルクスに依れば、従来に於ける一切社会の歴史は、階級闘争の歴史である。然し一定の社会に於いて相闘ふところの諸階級は、この社会の経済的基礎たる生産方法の所産であつて、人間の悪意や過誤の産物ではない。ところで、生産方法なるものは、生産力の発達に依つて変化せしめられ、次第にヨリ高級な形へと進んで行くものであるが、この進展を現実的に可能ならしめる動因となるものは、即ち階級闘争である。換言すれば、階級闘争を通してのみ、生産方法の発展は現実化されるのである。〉（高畠素之『マルキシズムと国家主義』改造社、一九二七年、一一一～一一三頁）

高畠の議論を敷衍してみる。

まず、階級は社会に存在する。階級闘争は、国家ではなく、社会の範疇の問題である。そして、階級の存在と、現実として階級闘争が発生していることは、マルクス以前の空想的社会主義者も理解し、階級闘争を廃絶しようと努力した。

階級闘争の廃絶は、理論的に二つの可能性がある。

第一は、ある階級が別の階級（単数もしくは複数）に対して勝利し、単一の階級によって社会が支配される可能性である。

第二は、階級という社会的存在が、消滅し、別のシステムが生まれることである。一見、第一の場合と同じように見えるが、これは階級闘争によって、いずれかの階級が勝利するということではなく、いずれの階級も溶解して、人間社会の構成が変容するということだ。キリスト教の伝統でいうならば、最後の審判の後に「神の国」がくるということである。

8

空想的社会主義者は、人間の本性は善であると考えている。従って、人間の本性を目覚めさせることができるならば、階級闘争のない社会を構築することができると考えた。〈『空想的社会主義者』は階級対立を以つて、人間の醜悪なる欲情から出づるものであるとなし、階級闘争も亦、諸種の社会的害悪と相共に撲滅すべきものであると考へた〉と高畠は述べるが、ここでいう〈人間の醜悪なる欲情〉は、人間の努力によって解消できるものと想定されている。〈人間の醜悪なる欲情〉は、それ自体として存在する根源悪ではなく、善の欠如に過ぎない。このような空想的社会主義者の罪に対する感覚は、西欧のカトリック・プロテスタント文化圏の原罪観なのである。原罪を「善の欠如」ととらえたのはアウグスティヌスである。[59]

〈アウグスティヌスは、古代教会のどの神学者にも見られないほど、罪の深みの次元を理解する。人間は堕罪以前は、「罪を犯さないことができる（posse non peccare）」、堕罪後は、「罪を犯さないことができない（non posse non peccare）」のである。アウグスティヌスにとって罪は、「善の欠如（privatio boni）」・「傲慢（superbia）」・「自己愛（amor sui）」・「欲情（concupiscentia.とりわけ、彼はこのことで性的衝動を考えた）」である。罪はアダムから受け継がれた（他方、ペラギウスやコレスティウスは罪の遺伝を否定する――罪は避けうるものである、と[W. Koehler, Dogmengesch. I 3. Aufl., 1951, S. 119, 120, 121, 123 f. F. Loofs, Dogmengesch. II, 5. Aufl., 1953,

S. 305 ff. A. Adam, Lehrb. d. Dogmengeschichte I, 1965, S. 264 ff.]）。しかし、アウグスティヌスによれば、罪は第一に霊的出来事であって、「魂の死（mors animae）」（からだをもはや支配できなくなった魂の死、したがって欲情である。de civ 13, 2; 14, 16）。人間は神を捨てたゆえに捨てられる（deservit et desertus est de corr. 11, 31）。〉（ホルスト・ゲオルク・ペールマン〔蓮見和男訳〕『現代教義学総説新版』新教出版社、二〇〇八年、二七三〜二七四頁）

高畠の性悪説は、アウグスティヌスよりも徹底している。人間が悪を犯さないことができるというような状態を高畠は想定しない。従って、人間が悪から逃れることもできない。ここで、罪が悪をもたらすのであるという補助線を入れてみると、高畠の性悪説が徹底した原罪観を基礎としていることがわかる。悪は「善の欠如」などという生温いものではなく、それ自体として成立するのである。従って、人間は自らがもつ悪を抑制する戦略を、徹底的な性悪説によって組み立てなくてはならないのだ。

マルクスは、階級の起源を人間の本性ではなく、社会構造に求める。ここで、階級の起源を高畠は『共産党宣言』をほぼ引き写す形で説明している。当時、『共産党宣言』は発禁になっており、論文でも『共産党宣言』を明示的に引用すると発禁になったり公刊が認められても検閲で伏せ字にすることが求められた。戦前のマルクス主義者の文献を読むと『共産党宣言』について、当初は『×××宣言』という伏せ字が多かったが、これでは何を指しているかが明確にわかるので、後には『×××××』となった。

当局は、高畠は共産主義者でないという認識をもっていたので、高畠の著作、翻訳に関する検閲は比較的緩い。高畠が完訳した『資本論』にしても、一つも伏せ字がない。以下の引用文においても、『共産党宣言』の冒頭部分が明示的に引用されている。これは、高畠の当局との交渉能力が高かったことを示すものだ。それでは、高畠が『共産党宣言』の階級闘争史観をどのように読者に提示したかを見てみよう。少し長くなるが、関連部分を正確に引用する。

〈一定の社会組織は、一定の経済関係に照応し、一定の経済関係は、一定の生産力に照応する。然るに、社会の生産力は間断なく発展を遂げつつあるに反し、経済関係の方は或る期間、旧来の形態を保守してゐる。そこで、両者の間の矛盾が次第に増大して、経済関係が生産力に照応しなくなると、茲に旧来の経済関係は崩壊して、新たなる経済関係に取つて代はられる。だが、この交代は、人間の力を藉《かり》ることなくひとりでに行はれるものではない。苟《いやし》くも社会の変化発達にして、人間の関与なく行はれ得るものは一つもない。東京市街は五十年の間に面目を一新したといひ、或は僅々《きんきん》数年の間に飛行機が目醒しく発達したといふ。此等の変化発達はひとりでに行はれたものでなく、人間の手を通して行はれたのである。経済上の発達も之れと異なるところはない。

有史以来一切の生産方法（随つて資本制生産方法も亦）は、搾取経済の範囲に在つた。奴隷経済、農奴経済、資本主義経済といふ如く、形は種々異なるとはいへ、いづれも一の社会群が他の社会群の余剰労働を搾取するといふ一点に於いては、相異なるところがなかつた。例へば、奴隷経済に於いては、奴隷所有者は奴隷自身の生活を維持するに足る以上の労働を奴隷に強制して、その果実、その生産物を占有してゐた。そこに、奴隷社会の階級区別が見られる。余剰労働の搾取者たる奴隷所有者群は、共通の利害に依つて結合せられ、一の階級を作つてゐた。奴隷群も亦、相互に共通した利害に依つて結合せられ、彼等の所有者に相対立せる一階級を作つてゐた。封建社会に於ける領主と百姓及び町人、現代に於ける資本家と賃銀労働者との階級対立も亦、同様な搾取関係に立つものである。

斯様に、一定の階級関係は、一定の搾取的経済関係の基礎上に立つものであるから、後者に変化が生ずれば、旧来の搾取階級は存立し得ないことになる。奴隷労働に立脚する経済関係が他の経済関係に一変したとすれば、奴隷所有者階級の存続すべき地盤がなくなる。そこで奴隷所有者階級は、旧来の経済関係を永久に維持しようと努める。彼等の意志は、旧来の経済関係を代表することになるのである。然るに被搾取者たる奴隷は、自己の生活をヨリ良くせんがため、彼等の所有者階級に反抗し、旧来の経済関係を打破しようと努めるやうになる。経済関係と生産力との間の矛盾が増大して、社会経済の円満な発達が阻止せられ、被搾取階級の生活が益々堪え難きものとなるに従つて、彼等の反抗もまた益々熾烈となり、遂には搾取階級との間に最後的の決戦を企てるやうになる。斯くして搾取階級が敗北し、旧来の経済関係が破壊せられたとき、発達した生産力に照応するところの、新たなる経済関係が樹立せられたることになるのである。

マルクスは斯様な見地より、階級闘争を単純な道義的立場から否定するところの空想主義者に対抗して、階級闘争こそ社会発達上の本質的な意識動力であると断定した。彼れは『共産党宣言』の冒頭に曰く、『従来に於ける一切社会の歴史は、階級闘争の歴史である。……圧伏者と被圧伏者とが不断の対抗関係に立ち、或は隠然、或は公然の間断なき闘争を続けて来た。此等の闘争は全社会の革命的改造を以つて終るか、然らずんば相闘へる両階級の共倒れに終ることを常としてゐた』と。即ち被圧伏者（被搾取階級）の意志が貫徹すれば、社会全体は改造されてヨリ進んだ段階に入るが、然らざる場合には、搾取階級も被搾取階級も共に疲れ切つて、遂には社会の滅亡を招来すると謂ふのである。〉（高畠素之『マルキシズムと国家主義』改造社、一九二七年、一一三〜一一六頁）

治安維持法体制下、国体変革思想や私有財産制度を否定する思想の流布が禁止されている状況で、ここまで直截に『共産党宣言』の階級闘争史観を紹介した高畠の手法は見事である。

ちなみに、このような手法は、イデオロギー的締め付けが厳しかった時期のソ連の知識人が、体制側と相容れない思想を紹介するときの手法に似ている。筆者は、一九八七年九月から一九八八年五月まで、モスクワ国立大学に留学した。哲学部には、現代ブルジョア哲学批判学科や科学的無神論学科などという、日本ではまったく馴染みのない名称の学科があった。看板から判断すると、体制公認イデオロギーの宣伝の場のように見える。しかし、実態はまったく異なっていた。「批判的に研究する」という建前で、反共思想や宗教思想を紹介することにこれらの学科の教授陣は従事していたのである。たとえば、弁証法神学について説明する場合、まず、現代ブルジョア社会の危機について、レーニン全集と最近の党大会の決定から適当な引用をする。そして、本論では、カール・バルトの思想について、実証的に詳しく説明する。そして、結論部で、紋切り型で「弁証法は唯物論的にしか存在しない。神は人間の頭の中で作り出された観念である。従って、神学は観念論だ。弁証法神学は、弁証法と観念論を結合しようとする現代ブルジョア階級のあがきであるが、それは成功しないであろう」というようなことを書く。そうすれば、検閲を通過することができる。読者は、序文と結論部をとばして読むことによって、弁証法神学に関する正確な知識を得ることができるのである。
高畠も、国家社会主義者であると自称することによって、煙幕を張り、実際にはマルクスの思想を、商業媒体（ブルジョア・マスコミ）を通じて、日本国民に拡げる役割を果たした。

資本主義社会の階級構成について、高畠は、『共産党宣言』から距離を置いて、『資本論』の論理をもとに説明する。

〈社会階級なるものは、経済上の搾取関係に依つて成立するものである。現在の社会に於いては、搾取者たるブルヂォア群と、被搾取者たるプロレタリア群とが、基本的の社会階級を成してゐる。此等両階級の利害は、徹頭徹尾相反対するものであつて、一方の利益は他方の損失となり、他方の利益は一方の損失となる。この事実を認識するには、格別立ち入つた考察を必要としない。資本制生産の確立と同時に、資本家に対する労働者の階級対立は発生してゐる。世には、労資の抗争を以つて一部煽動家の製造物であるかの如く主張する人もあるが、事実は決してさうでない。階級闘争を主張する近世社会主義の発達以前にも、労資間の抗争は社会的の事実として存在してゐた。遠き過去は暫く措き、現在について見ても、労資間の抗争が決して一部煽動家の産物でないことは明かである。今の日本で、階級闘争の理窟を知つてゐるやうな労働者は左程多くない。而も労働者の行動に対する資本家の嘆声は到るところに聞かれる。同盟罷工や怠業は絶える暇がない。資本に依る労働搾取の事実が存在する限り、社会主義者などの『煽動』はなくとも、労資間の衝突は絶対に免れ難いところである。〉（前掲書一一七〜一一八頁）

当時の日本で、反社会主義陣営が主張していた、階級闘争なるものは客観的実在ではなく、扇動家によって生み出された幻影であるという説を高畠は厳しく退ける。資本家と労働者の階級闘争は事実であり、しかもそれはゼロサム・ゲームなのである。

マルクス主義者は、労働者の闘争心を煽って、革命を実現しようとする。資本主義の発達にともなって、資本家は少数になり、中間階級の小製造業者、商人、農民は賃金労働者（プロレタリアート）になる。

〈資本家階級の成員が次第に減少するに反し、プロレタリア階級の人口は益々増大して来る。これ即ち、プロレタリア階級の戦闘能力の増進を意味する。而して又、プロレタリア階級の窮乏増大、即ち労資両階級間の貧富懸隔の増大は、資本家に対する労働者の敵抗心の増進を意味する。この敵抗心が階級闘争となつて現はれたとき、曩《さき》の戦闘能力は現実的の力となつて絶大の威力を発揮する。多数の力は常に少数の力を圧倒する。プロレタリア階級がその多数力を団合して奮起するとき、少数者たる資本家階級は一たまりもなく屈服してしまふ。

プロレタリア階級の前途には、斯くの如く必勝の運命が微笑んでゐるのである。けれども、彼等が真にその威力を発揮し得る為には、全成員を挙げて協力結合し、共同の目標に向つて直進せねばならない。それには先づ、彼等がおのおのその経済上の位置を自覚して、蔽《おお》ふべからざる階級意識に到達することを要する。プロレタリアの階級闘争を通して社会的の一大変改を成し遂げんとするマルキシズムが、何よりも先づプロレタリアの階級的自覚と、それに基づく階級的結成とを促さうと努める所以は茲に在る。〉（前掲書一一九〜一二〇頁）

ここまで、高畠は『資本論』の内在的論理に即して、階級闘争がプロレタリア革命に至る経路を説明する。ここで、高畠は、労働者の賃上げ闘争や処遇改善闘争は、階級闘争ではないという基本認識をマルクスがもっていることを強調する。

〈階級及び階級闘争に関するマルクスの弁証法的考察を一瞥する必要がある。マルクスに依れば、資本家と労働者との間には、越ゆべからざる階級的の溝渠が横はつてゐる。この溝渠は、先づ経済上の事情に起因するものである。労働者はその労働力の所有者たる立場から、出来得る限りそれを高く売らうとし、反対に資本家はその購買者たる立場から、出来得る限りそれを安く買はうとする。即ち労働者は成るべく高い賃銀を得ようとし、資本家は成るべく低い賃銀を払はうとするのである。この利害対立は、対等な位置に立つた売手買手間の利害衝突たるに止まるものでない。労働力の売手は、これを売らなければ忽ち餓死してしまふ。労働力の買手たる資本家は、自己の課する条件を若し労働者が容れないとすれば、彼れを餓死せしめることが出来る。資本は労働を支配してゐるのである。この関係からして、労働に従事する多数民衆の間には、共通の境遇、共通の利害関係が生じて来る。彼等は資本に対立した位置に於いては最初から一つの階級を成してゐるが、それ自身としては未だ階級たるに至つて居らない。彼等は時に同盟罷工を決行したり、組合を作つたりするが、それは未だ厳密の意味の階級闘争ではない。彼等がそれ自身として階級となり得るためには、確然たる階級的意識に到達することを要する。然らば階級的意識とは何かといふに、それは彼等労働者相互の間に於ける連帯の感情を第一の要素とする。けれども、それだけでは十分でない。階級意識の成立には、更らに他の条件が必要である。即ち彼等の生活条件は、彼等を被搾取者たる位置に置く資本主義経済に依つて直接決定され支配されるといふこと、而して資本主義経済は資本に依る労働の搾取に依つてのみ立つといふことの認識が必要になつて来る。この認識を得て、初めてプロレタリアの階級意識は完成せられるのである。この階級意識に基いて、資本主義経済そのものを廃絶し、被搾取者たる位置から自階級を解放せしめようと企てるに至つたとき、茲に初めて彼等の闘争は真個厳密の階級闘争となる。〉（前掲書一二〇～一二二頁）

自然発生的な、労働者の要求闘争は、階級が存在しなくても可能である。これは、日々の労働現場で、労働者が資本家とゼロサム・ゲームを展開していることから生まれる階級としての感情である。これだけでは、労働者階級は潜在的可能性にとどまる。労働者階級が形成されるためには、階級意識が必要になる。階級意識が成立するためには、二つの条件が必要であると高畠は考える。

第一は、労働者がお互いに「われわれは仲間だ」という連帯意識、同胞意識をもつことである。

第二は、資本主義システムが、資本家による労働者の搾取によってのみ成り立つという現実を認識することである。このためには、『資本論』の論理を体得する必要がある。

このような階級を形成するためには、政党が必要になる。

〈被搾取者たる被支配階級は、支配階級の国家権力を自己の手に移し、これを利用することに依つてのみ、経済的に自己を解放し得るのである。そこでプロレタリア階級の内部に階級意識が呼び覚まされることは、プロレタリアの経済的闘争が政治的闘争に転化されることを意味する。さればこそ、マルクスは『共産党宣言』の中で、『労働者の局部的闘争をば、一つの階級闘争に集中せしめ』又は純経済上の衝突を政治的の闘争に転化し、斯くしてプロレタリアをば『階級随つて又政党に結成せしめることが、共産党の最重要任務』だと言つたのである。〉（前掲書一二二〜一二三頁）

高畠は、基本的に民衆が歴史において、肯定的役割を果たすことはないと考える。従って、民主主義に対して、高畠は忌避反応を示すのであるが、同時に近代資本主義社会が労働者という膨大な数の、均質的な大衆を生み出しているという現実も正面から認めている。この意味で、高畠の政党観は、前衛党が大衆を指導し、階級意識を植え付けるべしというレーニンの外部注入論と親和的だ。

高畠は、階級が形成されるまでには相当時間がかかるとマルクスは認識していたと考える。そして、階級が成熟したところで、階級闘争が行われるのである。

〈マルクスに依れば、一つの階級がそれ自身としての階級に構成される迄には、永い発達期間を要する。而して斯かる予備期間の持続中には、階級闘争なるものは存在しない。徐々たる階級の発達が絶頂に達したとき、階級間の決死的闘争が行はれ、『全社会の革命的改造、又は闘争諸階級の共倒れ』を以つて終局を告げる。階級闘争は斯くして、人類の歴史に一段落を画する頂点となり、新たなる進歩の出発点となるのである。歴史上斯かる時期は稀れにしか現はれて居らない。随つて階級闘争も亦、稀れにしか現はれて来ない。けれども歴史的諸事件のうちで、決定的な最も重要なものは階級闘争であつて、他の一切の事件は階級闘争を中心にして観察されねばならないのである。〉（前掲書一二三〜一二四頁）

階級形成に時間の要素を入れてきたのは、高畠の「手品の種」である。結論を頭出ししておくと、時間の要素を入れることによって、高畠は共産主義という妖怪を、国家主義という妖怪に置き換えようとするのである。

これまでマルクスを中心に議論を組み立てていた高畠だが、過渡期の認識については、専らエンゲルスに依拠する。

〈プロレタリアはその理想社会に到達する以前に、先づブルヂォアの政権を占取して、自ら支配階級となりプロレタリア国家を造り上げねばならない。然しこのプロレタリア国家なるものは、国家それ自身としての国家、即ち本来の国家とは全く相異つた性質を持つてゐる。マルキシズムに依れば、国家とは階級搾取維持の機関である。エンゲルスはその著『オイゲン・ヂューリングの科学の革命』の中に次の如く述べてゐる。『従来の社会は階級対立の範囲内に動いてゐたものであるから、随つて国家を必要とした。国家とは要するに、夫々《それぞれ》の時代に於ける搾取階級が、その外部的生産条件を維持し、特に又被搾取階級をば当時存在せる生産方法に依つて与へられた圧伏条件（例へば奴隷制、農奴制、隷農制、賃銀労働制）の下に強制的に抑留せんがための一機関である』と。然るにプロレタリアは階級搾取維持のために、国家権力を掌握するのではない。プロレタリア革命の目的は、階級搾取を廃止し、階級そのものを廃絶せしめるに在るからである。そこでプロレタリア国家は、ブルヂョア国家と正反対の任務を与へられることになる。〉（前掲書一二七～一二八頁）

プロレタリア革命の結果生まれた国家は、階級搾取を廃絶するために存在するのである。それならば、いきなり国家を廃絶し、社会だけの状態を作り出すことができないのであろうか。それは、できないのである。資本主義は国家単位で不均等に発展する。そして、資本主義の矛盾も国家単位で現れる。従って、過渡期において、革命も国家単位で起こるからである。プロレタリア革命によって権力を奪取した人々が、国家を廃止し、すなわち常備軍と官僚制が不在の「国家なき社会」を作っても、他の国家からその社会が征服されるだけである。国家は他の国家との関係において存在するので、どこかに国家が残っている限り、プロレタリア社会も国家と手を握らなくてはならないことになる。

プロレタリア国家には独自の任務がある。

〈プロレタリア国家には、尚いま一つ重大な役目がある。政権の移動が行はれても、旧来の経済事情は当分変化なく存続し得る。現にロシアに於いては、共産党が天下を取つて数年になるけれども、現実の経済事情は依然として共産化されることなく、旧ブルヂョア的社会の特徴は根強く残留してゐるのである。そこで斯かるブルヂョア的残留を廃除するため、プロレタリア国家は私有資本の活動範囲を次第に狭めると同時に、生産の国家管理を益々拡張して、経済的搾取の行はれる余地が無いやうにする。斯くして、資本の私有が全く廃除され、生産の国家管理が完全に行はれるに至つたとき、社会には余剰労働搾取の余地がなくなる。プロレタリアの政権掌握後に尚ほ残存するところの搾取的経済は斯様にプロレタリアの政権運用に依つて漸次に制限せられ、遂に全くその存在の根柢を失ふに至つたとき、これに代つて搾取なく階級なき共同社会が建設せられ、一切の強制権力は不要となつて、国家は遂に自滅してしまふのである。〉（前掲書一二九〜一三〇頁）

資本主義社会の階級対立の原因は、労働力商品化によって生じる搾取である。従って、国家によって搾取を廃止することができれば、階級闘争もなくなる。このような国家が世界全体に出現することになれば、国家は自ずからなくなることになる。

しかし、一国において、搾取を廃絶することができ、無階級社会の国家を作ることができるという発想を取るならば、当該国家に住む人々にとって国家の廃絶は必要ないことになる。高畠は、エンゲルスの国家論には矛盾が存在することを指摘する。

〈エンゲルスは上記『オイゲン・デューリングの科学の革命』の中に、左の有名な叙述を与へてゐる。

『プロレタリアは国家権力を奪取して、先づ生産機関を国有にする。然しながら斯くすることに依つて、プロレタリアはプロレタリアとしてのそれ自身を廃絶し、一切の階級差別及び階級対立を廃絶し、随つて又国家としての国家を廃絶する。従来の社会は階級対立の範囲内に動いてゐたものであるから、随つて国家を必要とした。国家とは要するに、夫々の時代に於ける搾取階級が其外部的生産条件を維持し、特に又、被搾取階級をば当時存在せる生産方法によつて与へられた圧伏条件のもとに強制的に抑置せんがための機関である。……圧伏すべき何等の社会階級も最早存在しなくなるや否や、階級支配が廃絶され、従来に於ける生産上の無政府を基礎とした個々の生存競争が廃絶されると同時に、またこれに基ける諸種の衝突や、過剰が除去されるや否や、もはや特殊の圧伏者たる国家を必要とするところの圧伏せらるべき何ものも存在しないことになる。……社会事情に対する国家権力の干渉は一つの部面から他の部面へと次第に不用となり、遂には自然に寝入つてしまふ。人に対する支配に代つて、物の管理と生産行程の指導とが現はれて来る。

国家は廃止されるのではなく、自滅するのである。』

右のエンゲルスの叙述は、マルクス国家観の要領として再々引合ひに出されるものであるが、この一文には前後矛盾した命題が含まれてゐる如く見える。即ちエンゲルスは、最初にプロレタリアは社会革命に依つて『国家としての国家を廃絶する』と言つて置きながら、終末の個所では『国家は廃止されるのではなく、自滅するのである』と説いてゐる。『廃絶』（止揚）とは外部からの強制手段に依つて消滅せしめられることを意味し、自滅とは外部の力を俟たず、自然に消えてなくなることを意味するものであるから、両者は概念として相容れない。レニンはこの矛盾を次の如く解決した。国家が自滅するといふのは、右の一文に依つても知られる如く、最後の段階であつて、その前に先づプロレタリア革命に依るブルヂョア国家の廃絶が行はれねばならないとするのが、マルキシズムの主張である。国家自滅の結論は国家廃止の序説と相俟つて、茲に初めてマルクス国家論は全きを得る。即ちプロレタリアの政権掌握に依つてブルヂョア国家が廃止され、然る後に、尚ほ残存しつつあるプロレタリア国家（レニンはこれを半国家とも謂つてゐる）が自滅する段取りとなるのである。レニンのこの説明は、今や一般マルキシストの承認するところとなつてゐる。〉（前掲書一三〇～一三二頁）

外部からの強制による廃絶と、内発的な自滅が概念として相容れないという高畠の指摘は正しい。ここで、高畠は、レーニンを援用して、時間概念を組み入れる。そして、国家の運命を二段階に分けて考える。

第一段階は、国家の廃絶である。資本主義的な搾取を担保する機関としての国家を廃止することだ。それによって生まれた国家は、階級抑圧を行わない半国家である。

第二段階は、はるか先の、歴史の終焉に起きるであろう国家が自滅した状態である。そこでは共産主義社会（アソシエーション＝共同体）だけが存在する。このアソシエーションは実現することをひたすら信じる統制的理念として機能する。

マルクス主義が説く共産主義という妖怪は、国家のないアソシエーションを志向しているが、高畠はそこに時間という種を植え込んだ。その結果、国家単位で、搾取のない、従って、階級闘争がない社会の建設が可能であるという共産主義は国家社会主義という名称の国家主義亜種の妖怪に変容してしまったのである。

第十章　プロレタリア独裁

高畠素之は、自らがマルクス主義者ではなく、国家社会主義者であることを積極的に打ち出すことによって、検閲の目を巧みに逃れ、当時、禁書とされていたマルクス主義文献の内容を広範な読者に紹介している。しかし、これは偽装転向ではない。高畠は心底、マルクス主義が、国家を正面から考察の対象としていないことについて、限界を感じているのだ。

マルクスが説く共産主義は、国家のないアソシエーションを志向している。高畠はそのことを理解している。究極的にアソシエーションが成立することについても、高畠は否定していない。ただし、人間が性悪な存在であることを前提とすると、何らかの暴力を行使しない限り、アソシエーションは実現できないし、維持できないと考える。

高畠は、資本主義から社会主義に移行する過程で、プロレタリア独裁国家が出現することは不可避であると考える。しかし、このようなプロレタリア独裁国家は、レーニンたちのボリシェビキ（共産党）的手法によってのみでなく、カウツキーたちの社会民主主義的手法によっても可能であると考える。高畠は、ボリシェビズム（共産主義）と社会民主主義は、権利的に同格なマルクス主義の発展形態とみなすのである。

それでは、高畠の共産主義観を見てみよう。

〈ボリシェヰズムの創唱者レニンの解釈に依れば、プロレタリアの政権獲得は所謂××××［暴力革命］に依らねば不可能であり、而して一度び獲得された政権はプロレタリア独裁の形で行使されねばならぬ、とはマルクス及びエンゲルスの主張するところである。エンゲルスは国家を以つて『一種特別の抑圧権力』なりとした。随《したが》つて、プロレタリアの自己解放は先づ、プロレタリアを抑圧するブルヂョアの特殊権力に代ふるに、プロレタリアの特殊抑圧権力を以つてすることから、始められねばならない。エンゲルスはこの過程を『国家としての国家の廃絶』と呼んでゐることは、曩《さき》の引抄に示した通りである。ところで、この抑圧権力の交代は決して平和×××［的手段］を以つて行はれるものでない。この点に於いては、エンゲルスもマルクスも、常に×××［暴力革命］の避くべからざる所以を強調したことは事実である。レニンはこれに就いて『オイゲン・デューリングの科学の革命』の中に与へられたエンゲルスの所説を指摘してゐる。『××［暴力］が歴史上更らに異つた役目、即ち革命的役目を演ずること、マルクスの言葉を以つて言へば、一の新たなる社会を孕んでゐる各旧社会の助産婦となること、社会的運動が解決せられて、麻痺死亡した政治形態を破壊するための要具となること、これに就いてはデューリング君は口を緘《かん》して一言も語らない。氏はただ呻吟嘆息の下に、搾取経済を顚覆するためには××［暴力］は恐らく必要であらう（不幸にして！　なぜならば、××［暴力］の行使は必らずその行使者を堕落せしめるから）との可能を承認するに過ぎないのである』と。〉（高畠素之『マルキシズムと国家主義』改造社、一九二七年、一三三〜一三四頁。伏せ字は引用者の判断で埋めた）

当時の状況において、〈暴力の行使は必らずその行使者を堕落せしめる〉ということは、高畠も強く感じていたことである。性悪な人間が暴力を行使することに対する高畠の警戒感は強い。
さらに、高畠はここで、当時、禁書とされていた『共産党宣言』の核心部分を紹介することを試みている。

〈マルクス及びエンゲルスの合作たる『共産党宣言』の中にも、同一の見解が所々に現はれてゐる。例へばプロレタリアの発達が或る点に達すると、従来或は多く或は少なく隠蔽された形で行はれてゐた××［内乱］が『公然たる××［革命］に破裂しブルヂォアの×××××［暴力的顛覆］に依つてプロレタリアはその支配権を確立するに至る』と謂ひ、また『共産党はその主義政見を隠蔽することを恥とする。彼等は公然宣言する。彼等の目的は従来の社会組織を××××［暴力的に顛覆］することに依つてのみ達せられる。支配階級をして共産主義革命の前に戦慄せしめよ』と謂へる如きは、その最も著しいものである。〉（前掲書一三四〜一三五頁）

このような形で高畠は、『共産党宣言』を読者に紹介しているのである。マルクス主義者の著作ならば、決して認められないマルクスの引用が、国家社会主義者であるという看板をつければ認められるというのは、戦前の検閲のまさに間隙である。

一九一七年のロシア革命後、日本のマルクス主義者は、共産党系のみならず非共産党系の人々も、マルクス主義の正統派はレーニンのボリシェビズムであると考えた。社会主義革命が成功したのだから、レーニンの理論は正しかったのだというあべこべの発想である。これに対して、高畠はカウツキーが唱える社会民主主義も、先進国におけるマルクス主義の形態であると認識している。しかも、その根拠は、マルクスとエンゲルスに求めることができるのだ。

〈マルクス及びエンゲルスの主張は、斯《か》かる革命是認論のみを以つて終止するものではない。彼等は他の一面に於いて、平和手段によるプロレタリア革命の可能をも承認した。而してドイツ社会民主党の理論的指導者たるカール・カウツキーの如きは、この平和的マルクスの言説を強調することに依つて、レニン等のボリシェヰズムに対抗した論陣を張つてゐる。

　然らば、平和手段に依るプロレタリアの政権獲得は、如何なる場合に可能であるかといへば、労働者が選挙権を得、言論出版の自由を得、結社の自由を得てゐる場合が、即ちそれである。結社の自由の存するところに在つては、労働者は公然政治的目的に向つて団体行動を採ることが出来る。公然の団結が許されるといふことは、団体を大にし鞏固《きようこ》にするための欠くべからざる必要条件となつてゐる。言論出版の自由は労働者の意志を疎通し、階級意識を普及するに欠くべからざる条件である。而して労働者が選挙権を得るといふことは、結社の自由と言論出版の自由とに依り広大なる組織と正確なる階級意識とに達した労働者をして、その政治的要求を合法的に追求せしめる直接の手段となるものである。アメリカやイギリスの如きデモクラシーの発達した国に於いては、多数労働者の階級意識が発達し、選挙権が普及してゐるから、彼等はその参政権に依つて、プロレタリア解放の目的に直進することが出来る。彼等は立法部に多数を制して、ブルヂォア代表を圧倒し、以つてこの方面から平和的にプロレタリア独裁を実現することも決して不可能でない。

要するに、マルクスは、デモクラシーの発達した国と、発達しない国とでは、プロレタリアの政権掌握、旧政治の顚覆の方法が、おのづから相異なるべきことを認めた。エンゲルスも『エルフルト綱領[60]』を批評した書簡の中で、マルクスと同様の意見を述べてゐる。彼れは曰く『議会に一切の権力が集中されて、人民の多数が議会の背後に置かれるやうになるや否や、立憲的に如何なることをも意の如く行ひ得る諸国では、旧社会が発達して平和的に新社会に化成されて行くことは、考へ得るところである。フランスやアメリカの如き民主的共和国、また……王党が民意に対して無力となつてゐるイギリスの如き君主国は、正にそれである』と。

即ち多数国民の後援を有する政党が、議会を通して自由に国政を左右し得る国に於いては、平和手段が可能だといふのである。〉（前掲書一三五～一三七頁）

高畠がここで記述している議会を通じた革命のシナリオは、太平洋戦争後、日本社会党の左派、特に社会主義協会の人々が長期間追求していた「日本における社会主義への道」とほぼ同じである。ここで重要なことは、平和的手段によって、選挙によってプロレタリアートが権力を獲得しても、それは単なる政権交代にはおわらない。これは政治改革や社会改良ではない、平和革命なのである。そして、プロレタリア独裁を実現する。

8

ところで、『マルキシズムと国家主義』は一九二七年四月に刊行されている。この時点で高畠自身が国会議員になる意思をもっていたかどうかはよくわからない。しかし、翌一九二八年に入ると、高畠は無産政党の右派と提携して、新党の立ち上げに関与する。しかもそこに改革派の軍人を巻き込もうとする。同年四月に宇垣一成[61]陸軍大将と面会している。田中真人は、〈高畠の宇垣訪問は、麻生[62]らの計画（引用者註　麻生久、日本大衆党の結党）とは独自に宇垣を押したての新党〈急進愛国党〉結成の構想であったが、これも挫折し、計画も表面化されることなく終った。／一九二八年における国家社会主義的新党樹立の計画は、こうしていずれも陽の目をみないままに終った。〉（田中真人『高畠素之　日本の国家社会主義』現代評論社、一九七八年、二七六～二七七頁）と記す。新党構想は挫折したが、一九二八年春時点で、高畠が国会議員になろうとする意思をもっていたことはまず間違いないと筆者は見ている。高畠は、一九二八年十二月二十三日、胃ガンのため四十二歳で急逝した。従って、国家社会主義が高畠を通じて日本の政界に受肉することにはならなかった。

しかし、一九二七年以降、議会を通じたプロレタリア独裁を実現するという高畠の政治戦略に変更があったとは思えない。高畠の書物を注意深く読めばわかるのだが、高畠は革命論についてはあくまでもマルクス、エンゲルスに忠実なのである。田中真人はこの点について次のように記す。

〈たしかに高畠の論理体系のなかから、議会主義一辺倒の戦術はでて来ない。支配被支配の力関係のなかに議会も位置づけられるにとどまるべきものだ。高畠は「それもよし、これもよし」という軽いタッチの文章で論じる。ストライキ、サボタージュ、「ゲンコで撫でること」など、階級闘争は多様で、議会もその一つである、要は革命運動に効果あるかないかで判断すればよいことで、何かを絶対的な手段とする必要はない、一部には「普選を以て階級闘争の安全弁」という議論もあるが、それならそれでいい、それを無産者の解放のために逆用する方策を考えた方が積極的ではないか、官憲の出方により合法・非合法を使い分ける技倆が革命家には必要なのだ、場合によっては暴力も必要であろうが「知識は暴力に優る」ということも忘れてはならない……云々。〉（前掲書二五八～二五九頁）

高畠は、革命家なのである。資本主義から社会主義への革命は必要と考えている。人間の所有に対する欲望は強い。従って、資本家を押さえ込むためにはプロレタリア独裁が必要と考える。暴力による強要なくして、人間は自らの特権や財産を手放すことはないと性悪論者である高畠は考える。

高畠は、当時の大ベストセラー作家であった。特に、改造社版の『資本論』の発行部数は十五万部に及んだ。論壇でも引っ張りだこだったので、印税や原稿料が十分はいるので経済的には豊かだった。自己の能力を、資本主義メカニズムを最大限に活用してカネに替えたのである。しかし、高畠は、終生、資本主義は悪しきシステムであり、止揚する必要があると考えていた。それと同時に、高畠は、宇垣一成のような軍人に対する視線が温かいのと比較して、財閥に対しては冷ややかなのである。

安田財閥の総帥、安田善次郎[63]は、一九二一年九月二十八日、社会活動家を自称し、カネの無心にやってきたテロリストの朝日平吾[64]によって刺殺された。世間はこの事件を右翼テロと受け止めた。同時に財閥に対して天誅を下したと朝日平吾を礼賛する動きも出た。後継者となる安田善次郎の息子は、テロリズムの影に怯えた。この姿を高畠は「財産と運命」と題するエッセイで揶揄している。短いものなので全文を引用しておく。

〈朝日平吾の手にかゝつて非業の死を遂げた安田善次郎の倅は、今度家督を相続し、且つ善次郎の名を継ぐことになつたので、本所の本邸で園遊会を開いたさうである。ところが、その園遊会に於いて来客が歓を尽してゐる間も、彼れは奥の方で縮んでゐたと云ふことが報じられてゐる。

如何に先代善次郎が刺し殺されたからと言つて、二代目善次郎も同様の最後を遂げねばならぬと定《きま》つてゐる訳ではない。まして襲名早々から、さうさう覗《うかが》ふものもなからうではないか。人と接触する度びに一々心配してゐたのでは、気苦労の方で長生きが出来ないであらう。

襲名必ずしも運命を襲ふことではない。然しそんなに自分の運命が怪しまれる位なら、先代が人の恨みを買ひ乍《なが》ら造つた財産など継がぬ方が安全だつたのである。先代の遺業を継承するだけの度胸があるなら、自分の運命に対しても今少し大胆であつて欲しいものである。〉（高畠素之『幻滅者の社会観』大鐙閣、一九二二年、二八四〜二八五頁）

財閥の富は、労働者を搾取することによって得られる。従って、労働者階級から打倒の対象とされるに決まっている。また、財産があれば、人の妬みを買う。人から恨まれ、テロリズムの対象となるのは、財閥の総帥ならば当然だ。その覚悟なくして、大資本家になるなと、高畠は言うのである。財閥に対する高畠の目は冷たい。

高畠は、政治は現実に影響を与えなくては意味がないと考える。一九二五年に日本でも普通選挙法が制定された。ここから議会を通じた社会主義の道を高畠は模索していた。そして、そのような手法が、マルクス、エンゲルスの革命戦略から逸脱していないと説明する。

〈マルクス及びエンゲルスは、以上の如く、プロレタリア独裁の目的を達成する手段として、平和的と××［暴力］的との二途を認めた。然らば一度び獲得されたプロレタリアの政権は、如何なる形で行使されるか。この問題に就いても、両様の解釈が行はれてゐる。

レニンは普通の意味のデモクラシーを否認する。レニン等のボリシェヰストに依つて成就されたロシアの共産制度は、旧来のブルヂョアから参政権を剝奪し労働者及び共産党員でなければ政権に参加する資格を持ち得ないやうにしてしまつた。レニンはこれをプロレタリア・デモクラシーと称し、茲《ここ》にプロレタリア独裁の本体が置かれてゐると主張する。

これに対して、社会民主主義のカウツキーは、プロレタリア独裁は普通の意味のデモクラシーの下に於いても可能であると主張する。従来プロレタリア階級の政治的勢力は微弱であつて、議会にはブルヂョアの諸政党が圧倒的大多数を占めてゐた。そこで、彼等は意の儘に国政を左右してゐたのであるが、然しプロレタリアが軈《やが》て彼等の位置に代り、絶対多数党となつた暁には、現在ブルヂョアが議会を通してプロレタリアを支配してゐるのと同様にして、プロレタリアがブルヂョアを支配するやうになることは、決して不可能でない。〉（高畠素之『マルキシズムと国家主義』改造社、一九二七年、一三八～一三九頁）

そして、パリ・コミューンとカウツキーが考える議会を通じてプロレタリアが権力を奪取するという方式が、基本的に同一内容を示していると考える。当然、高畠はパリ・コミューンを肯定的に評価する。論点を少し先取りするならば、パリ・コミューンで現れた統治形態が、高畠が考える国家社会主義の「国家」なのである。これは、社会の要素がきわめて濃厚な国家だ。

〈カウツキーのこの主張（引用者註　議会で多数派を形成することによってプロレタリアの支配を確立するという言説）は、根拠なきものではない。マルクス及びエンゲルスは巴里《パリ》コムミユンを以つて最上の政治形態なりとした。マルクスはその著『フランスの内乱』の中で『コムミユンは、本質上労働者階級の政府であつた。収得階級に対する生産労働者階級の闘争の結果であつた。労働者階級の経済的解放を行ひ得べき政府形態が漸くにして発見せらるるに至つたものである』と言つてゐる。然るに、このコムミユンなるものは、巴里の諸地区に於いて普通選挙制の下に選挙せられた市会議員から成り立つたものであつて、それはデモクラシーと相反するものではなかつた。要するに、マルクス及びエンゲルスは、プロレタリア独裁なるものが、全国民に参政権を附与するデモクラシーと両立し得ることを認めた。但し、このデモクラシーに立脚したプロレタリア独裁は、プロレタリアの実勢力が、政治上の自由競争に於いてブルヂョアを圧倒し得る場合でなければ、維持し得るものでないとするのである。〉（前掲書一三九〜一四〇頁）

治安維持法下の日本で、パリ・コミューン型の革命が理想であると高畠は堂々と主張しているのである。もっとも高畠の場合、〈プロレタリアの実勢力が、政治上の自由競争に於いてブルヂョアを圧倒〉するなどという自由競争を信頼していない。プロレタリア階級の前衛が、暴力装置をもった軍人と手を握ることによって、社会主義社会を実現することを考えるのである。

8

それでは、高畠が考える社会主義社会とはいったいどのようなものなのだろうか。高畠の社会主義的生産についての理解に即して考えてみたい。高畠は社会主義的生産には二つの形態があると整理する。

〈然らば社会主義的生産とは如何なるものであるか。一言にして尽せば、社会の自己消費を目的とするところの生産である。尤も、この自己消費を目的とする生産には、二つの形態があり得る。

即ち自己の欲望の満足のために行ふ個人的の生産と、社会又は組合がその成員全体の欲望を満足せしめるために行ふ社会的の生産と、この二つである。〉（前掲書一四五〜一四六頁）

第一の生産は、家族的な自家消費の延長線上である。ここを基軸に社会主義を考えてはいけないと高畠は言う。産業社会以前に人類が回帰するというのは、アナクロニズム以外のなにものでもない。分業と協業によって、資本主義は大量生産、大量消費を可能にした。このような資本主義を廃絶するのではなく、超克していくのである。社会主義社会においても、資本主義社会同様の消費が保証されなくてはならないのである。この意味で、高畠の社会主義像は近代主義の延長線上にある。

〈原始的の社会には、斯様《かよう》な生産方法が一般に行はれてゐた。勿論、団体の形態や大さは種々多様であつたけれども、生産物が団体員の間に売買せられないで、直接分配せられてゐた一点は異なる所がない。斯様な自己団体の消費のための団体的生産こそ、即ち社会主義的生産と謂ふべきものである。

然し今日主張されてゐる社会主義的生産は、斯くの如き原始的生産形態の復活に依つて実現されるものではない。資本主義の後に来たるべき社会主義的生産方法は、資本制生産方法の下に発達した物質的基礎上にのみ形成せらるべきものである。

第一に、社会主義的生産の行はれる範囲、即ち、社会主義的社会の範囲については、マルクス主義者は、略《ほ》ぼ今日の国家を標準としてゐる如くである。今日経済的に自給自足し得る社会団体としては、国家よりも大にして完全のものが見出されないのであるから、マルキシズムが国家の領域に生産範囲を置かんとすることは当然であらう。カウツキーはその著『エルフルト綱領』の中に記して曰く、『分業はますます広く行はれ、個々経営の生産物は、種類に於いてますます専門的となり、供給範囲に於いて世界的となつて行く。而も個々の経営はますます拡張せられ、何千人となく労働者を使用するものが続々現はれて来る。斯うなれば、自己の欲望を自ら充足し、その充足に必要な一切の経営を包括する組合は、前世紀の初めに於ける共産団体や社会主義的植民地などとは、全く桁の違つた範囲のものでなければならぬ。斯様な社会主義的組合の範囲となり得るものは、現存の社会的機関の中では唯一つあるのみ。それは即ち現代国家である』と。

然しカウツキーは又、次のやうにも言つてゐる。『社会主義的社会状態の下に於ける経済上の発達は、決して静止するものではない。その発達の結果、社会主義的組合が繁栄するためには、組合の範囲は益々拡張せられねばなるまい。個々の社会主義的国民は遂に、唯一の共同団体に融合し、全人類は唯一の社会を形づくるであらうことは、私の固く信ずるところである。』即ちカウツキーは国家を範囲とするのは社会主義社会の初期段階に限られた状態であつて、経済上の発達につれて、この範囲は更らにますます拡大されて行くと見るのである。〉（前掲書一四七～一五〇頁）

高畠の上述の論点を三つに再整理してみたい。

第一に、近代以前の、商品経済を媒介としない交換が社会主義社会において実現するというようなユートピア思想をもつべきではない。もっとも社会主義社会において、労働力商品化がどのように止揚されて、新たな交換形態が生まれるかについて、高畠に明確な構想はないようである。

第二に、社会主義のモデルを比較的小規模な生産協同組合として考えている。ここにはサンジカリズム[65]の影がある。ただし、このような生産協同組合は、生産力の拡大によって、徐々に融合し、国家と一体化していく。裏返して言うならば、国家が社会化してくる。

第三に、経済の規模について、従来のマルクス主義者とカウツキーの間に差異があると高畠は見ている。マルクス主義者は国家単位で経済を考えているが、カウツキーが国際的な分業と経済の発展によって国家は、地球規模の社会主義的共同体に溶解していくと考えているところに高畠は注目する。言い換えるならば、既存の国家は社会主義に融合し、超階級的性格を帯びるようになる。この過程の中で、社会主義革命は、恐らく、国民国家単位で生じるであろうが、社会主義社会の経済発展は著しいので、国家の枠組みを超えて、超国家的でグローバルな唯一の共同体を人間が形成するようになる。

8

高畠が言う国家社会主義の「国家」の概念は錯綜している。暴力装置ではない、人倫としての社会の要素が、高畠が考える未来の国家像には含まれている。

高畠は、社会主義は地球規模でしか実現しないと考える。それは、分業と協業の拡大という経済的要因によって規定される。この社会主義社会は、搾取がない人間の自由なアソシエーション（自由連合）である。これは、エンゲルスが言う共産主義の初期段階としての社会主義とも異なる。ここでいう社会主義は、マルクスの共産主義社会やアソシエーションと同義である。国家の存在が想定されていない。高畠が国家社会主義というときの「社会主義」とは、意味内容を異にする社会主義である。

〈社会主義社会の範囲は、上述の如く、今日の国家よりも小ではない。然らばこの大社会の内部に於いて、人々は如何なる生活をするのであるか。そこにも古き共産制の復活が見られる。人々は社会全体のために働き、社会から必要な物品の分配を受ける。斯様な制度の下に於いては、もはや何人も他人の余剰労働を搾取することは出来ない。資本制社会に於いては、機械及び生産技術の発達や、労働者の知識及び熟練の発達や、科学工芸その他の発達やに基く生産力の増進は、小数資本家の富を増加し、一般民衆の生活を窮迫せしめる原因となるのであるが、社会主義社会に於いては、それは社会全体を富ましめ、随って社会の全員を幸福ならしめる所以となる。この社会には、もはや階級も階級対立もなく、各人は自由にその才分を発揮し、社会的富の享楽に与かることが出来る。

この自由聯合の社会には、勿論、国家なるものは存在し得ない。マルキシズムの主張に依れば、国家とは搾取階級が被搾取階級を圧伏するための機関、又はこの圧伏の法的秩序に外ならない。それ故、搾取される者も搾取する者も存在しない理想社会には、国家権力の必要が存する筈はない。そこで『共産党宣言』の中には次の如く述べられてゐる。

『発達の進行中に階級別が消滅して、一切の生産が聯合した個々人の手に集中せられた時、公的権力はその政治的性質を喪失する。厳密の意味の政治的権力なるものは、一階級が他階級を抑圧する為の組織せられたる権力である。プロレタリアがブルヂォアに対する闘争に於いて必然的に階級として結合し、××〔革命〕に依つて己れを支配階級となし、支配階級として旧来の生産事情を廃止するに至れば、この生産事情と共に階級対抗の存立条件も、階級一般、随つて又階級としてのプロレタリア支配も廃止されることになる、階級と階級対立とを有するブルヂォア社会がなくなつて、各人の自由なる発展が万人の自由なる発展の条件となる一つの聯合が、これに代つて現はれるのである。』

社会主義社会に国家が存在せぬといふマルキシズムの主張は、以上に依つて明かである。然しマルキシズムに謂ふ如き国家（即ち階級搾取の機関としての国家）が存在しなくなるとしても、社会主義社会の下に強制権力そのものを本質とした国家が果して除去されるか否かは疑問である。〉

（前掲書一五〇～一五二頁）

ここでわれわれは、高畠の錯綜した議論を整理しなくてはならない。

高畠が社会主義について語る場合、社会主義Aと社会主義Bがある。

社会主義Aは、暴力装置が一切排除された、自由なアソシエーションである。マルクスが考えた共産主義もしくは共産主義社会といってもいい。

社会主義Bは、生産手段の国有化によって実現される社会主義である。それは、高畠が理解したソ連の姿と二重写しになっている。

そして、高畠において、社会主義Aと社会主義Bが、あるときは混淆し、あるときは分離しているのである。それだから、議論が錯綜してしまうのだ。

その原因は、高畠の国家理解にあるというのが、筆者の作業仮説だ。高畠の理解する国家も国家aと国家bに区分される。

国家aとは、人間は性悪な本性をもっているために、それをおさえるために必要とされる社会的な力によって裏付けられた国家である。

これに対して、国家bとは、マルクスが『資本論』の総資本について言及するときに想定される国家である。すなわち、資本主義メカニズムが存続するようにするために暴力的に経済（そこには人間の生活世界も含まれる）に介入してくる国家である。収奪機能としての国家といってもいい。

この二つの国家についての高畠の区分は不十分である。

田中真人は高畠の国家論を批判して、こう述べる。

〈高畠は、統制機能の永遠性と、そこから導かれる国家権力の永続性という、国家論から原理的に導かれたひとつの完結した理論体系をさげて「実行運動」に乗り出していった。しかし、高畠はあるべき社会主義権力における国家権力と、現存の日本の国家権力とを、意識的にか無意識的にか、明確な区別をしなかった。それは実践的には権力への迎合的態度となって現われてこざるを得ない。〉（田中真人『高畠素之　日本の国家社会主義』現代評論社、一九七八年、三〇二頁）

鋭い指摘であるが、田中には、高畠の立ち位置が見えていない。高畠は、後発帝国主義国である日本が、帝国主義的競争に生き残るとともに、資本主義が急速に日本に浸透する中で資本主義システムを止揚するという二重の課題と取り組んだのである。そのためには、あるべき国家権力を、現存の日本の国家権力に擬制することが不可欠だったのだ。

第十一章　窮乏化論

資本主義は、ありとあらゆる機会をとらえて労働者に対する搾取を強める。貧困問題について、高畠素之は『資本論』の論理を用いて、さまざまな時事評論を行っている。ここでは「労働者と貯金」という評論を紹介したい。

〈芝新網の貧民窟に橋本熊蔵と言ふ六十になる独り者の爺さんがゐた。汐留駅の人夫で喰ふや喰はずの生活をして居る男だが、この二三ケ月来身体が悪くて引籠つてゐる中に、身動きも出来ない重態に陥つてしまつた。そこで長屋の者や家主などが種々奔走した結果市の養育院へ引き取つて貰つたが、後で爺さんの家を始末して見た所、垢染みた枕の中から八百五十円、煤だらけな天井から七十円と言ふ現金が現はれた。かう言ふ貯金が出て来たので病人は養育院からは断はられ、慈恵病院へ行つても断はられ、結局東京病院の三等室へ入れて貰つたが、貯金九百二十円は取り敢えず町内自衛組合が保管して、目下相続者の有無を原籍地へ照会中だと言ふ。

人夫と言へば労働者の中でも最下層部類である。従つて其収入なども、辛うじて其日を過すに足りる程のものだらうから、千円余の貯金をすると言ふ事は却々《なかなか》容易な話でない。金に苛まれながら生ひ立つて来る貧乏人の中には、時々斯《こ》うした驚く可《べ》き倹約家が現はれて来る。然しそれ等の人も、大抵はやつと商売の資本にでもなりさうな位貯めた所で、病気になつたり老衰したりして死んで了《しま》ふやうである。折角貯めた金を病気で費ひ果し、矢張り元の杢阿弥で死んで了つたと言ふやうな話も、時折り世間の茶呑み話に上るやうだ。

今の生産制度のもとで、労働者の得る普通の賃銀と言ふものは、彼等が自己の生命を続け子を生み育てゝ行ける最低限度の生活費であることが原則となつてゐる。即ち、資本主義生産の唯一の目的である資本の増殖を続けて行くに要する所の、労働階級の不断の存続、即ち労働者が不断に其労働力を提供し得る生活費だけが、労銀となるのである。労働市場に於ける需要供給の関係に支配されるとは言へ、労銀は常に此の原則を中心として上下してゐる。

斯の如く現在の労働者にとつては、その僅かに生活を支へ得る金の中から食物を削り衣服を割き、即ち自己の肉体を虐待するより外には、貯蓄をする余裕のあらう筈がない。この爺さんも六十歳と言へば、早世したとは言へないであらうけれども、無理な貯蓄などで其身体を苦しめる事がなかつたならば、まだ十年、廿年の寿命を保つ事が出来たかも知れない。恐らく彼れの天命は此不自然な倹約の為めに、縮められた事であらう。

労働者が終生貧窮の底に沈淪してゐるのは、老後の計を立てる心もなく貯蓄をすると言ふ克己もないからだと言ふので、彼等に勤倹貯蓄を説く事に努めてゐる人もある。然し今日の労働者に与へられた運命は、其日暮しの生活を続けるの外に何等の逃げ道も存せしめないのである。生命を削るより外には貯蓄さへも出来ない生活なのである。

労働者と貯金とは絶対に相容れないものである。この両者を結び付けんとした事によつて生じた老人夫の死を思ふと、斯くの如き運命に置かれた労働階級の為に涙なきを得ない。〉（高畠素之『幻滅者の社会観』大鐙閣、一九二二年、一六九〜一七二頁）

現在も、都営住宅でつつましやかな一人暮らしをしている老婦人が亡くなったら、遺品に一千万円以上の残高がある郵便貯金通帳がでてきたという話がときどきある。

労働力商品の価格が賃金である。『資本論』は賃金について、〈労働者の得る普通の賃銀と言ふものは、彼等が自己の生命を続け子を生み育て、行ける最低限度の生活費であること〉を明らかにした。労働者に貯金をする余裕などないのである。橋本熊蔵の事例について考えてみよう。橋本熊蔵はなぜ健康を害する危険まで冒して貯金をしたのであろうか。それは、橋本熊蔵が貨幣の物神性にとらわれてしまったからである。『資本論』によれば、貨幣は商品交換の便宜から生まれた、人間と人間の関係を反映したモノに過ぎない。しかし、現実において、貨幣は商品への交換を無条件に可能にする。商品から貨幣への交換が必ずしも保証されていないことと比較すると、貨幣には特別の力があるように見える。これが貨幣のもつ物神的性質（Fetischcharakter）だ。ちなみに高畠はFetischcharakterを「魔術性」と訳した。よい訳語と思う。橋本熊蔵は、貨幣の魔術性にとらわれてしまったからこそ、身体を壊すような無理な貯金をしたのである。貨幣を蓄積しておけば、いつかそれによって欲望を実現できると考えたのであろう。

欲望という表現は正確でないかもしれない。将来に対する不安から橋本熊蔵は貯金をしたのであろう。資本主義は、格差を拡大し、貧困（窮乏）をもたらす傾向がある。将来の貧困に対する不安が、労働力を蓄えるために最低限必要とされる消費まで抑制させて、労働者に貯金を強いるのである。

さて、マルクス経済学者の中で資本主義は労働者の窮乏化をもたらすと主張する者が意外と多いのである。高畠はそのような見方には与しない。結論を先取りすると、高畠は『資本論』の論理連関を素直に読んでいるので、マルクスが『資本論』で窮乏化を示唆する記述については、筆の走りすぎであると考え、軌道を修正するのである。その意味で、高畠の『資本論』解釈は、『資本論』から絶対的窮乏化は導けないと強調した宇野弘蔵の言説と親和的なのである。

それでは、日本のマルクス経済学者の中で、窮乏化論を『資本論』の核心と考える向坂逸郎の見解を見てみよう。

〈資本主義の発展による窮乏化の作用は、『資本論』によって、資本そのものの内在的機構としてはじめて理論的に証明された。マルクスは、しかし、窮乏化作用の中に、ただ、労働者階級の消極的な貧乏を見ただけではない。その窮乏が、新しい社会をつくる槓杆《こうかん》としてもつ意味を認識したのである。このことがなかったとしたら、『資本論』の人類史的意義は失われる。『資本論』を『資本論』たらしめている意義は、窮乏化作用の革命的な意義にあるのである。資本主義は、それ自身の法則によって、労働賃銀のその社会の限度を超える高騰を排除するとともに、不断にこれを押し下げる作用をなしている。このようにして作りだされる労働者の窮乏化は、今度は、資本主義そのものに反逆する力となる。ここに「窮乏化論」の本質的な点がある。ところが、窮乏化論に対する批判も反批判もともに、このことを忘れている。要するに窮乏化作用の弁証法を見ないのである。〉（向坂逸郎『マルクス経済学の基本問題』岩波書店、一九六二年、三五四〜三五五頁）

向坂は、窮乏化に対するある種の斥力を重視する。人間は環境に反発する動物である。窮乏化は資本主義に伴う必然的現象で、誰もそれを押しとどめることはできない。しかし、窮乏化が進行するにつれて、それに対する労働者の不満も高まる。そして、組織された労働者の反発も強まる。

向坂は、労農派マルクス主義の代表的理論家だった。戦前は人民戦線事件[66]で逮捕され、投獄された。戦後は、九州大学教授に復職して教鞭をとるとともに社会主義協会を結成し、社会党の「左バネ」として大きな役割を果たした。向坂は、日本のマルクス経済学者としては類い稀な実践的性格の持ち主だった。一九六〇年の三池闘争を積極的に支援する。そして、議会活動と大衆行動を結合した社会主義革命を実現することを本気で考えた。

向坂の意識では、労働者とは三池闘争に結集したような組織された労働者なのである。資本主義によって疎外され、孤立させられ、「頼れるものはカネしかない」と守銭奴のようになった橋本熊蔵のような労働者は、向坂の視界に入らないのである。

向坂は、『資本論』第一巻末尾で展開された、資本主義的蓄積の歴史的傾向から窮乏化を読み取る。

〈マルクスは『資本論』第二十四章第七節に「資本主義的蓄積の歴史的傾向」を論じている。その一節にこのようにのべている。

「……この集中と並んで、すなわち少数の資本家による多数の資本家の収奪とならんで、ますます大規模となる労働過程の協業的形態の意識的技術的応用、土地の計画的利用、労働手段の共同的にのみ使用しうべき労働手段への転化、結合された社会的労働の生産手段として使用されることによるあらゆる生産手段の節約、世界市場網への世界各国民の組み入れ、およびそれとともにまた資本主義体制の国際的性格が、発展する。この転形過程のあらゆる利益を横領し、独占する大資本家の数の不断の減少とともに、窮乏、抑圧、隷従、堕落、搾取の度が増大するのであるが、また、たえず膨脹しつつ、資本主義的生産過程そのものの機構によって訓練され、結集され、組織される労働者階級の反抗も増大する。資本独占は、それとともに、かつその下で、開花した生産様式の桎梏となる。生産手段の集中と労働の社会化とは、それらの資本主義的外被とは調和しえなくなるところの一点に到達する。外被は爆破される。資本主義的私有の最後を告げる鐘が鳴る。収奪者が収奪される」(『資本論』岩波文庫版、第四分冊、三四八―三四九頁)。

これは、『資本論』の有名な一節である。はじめ「修正派」によって批判され、その後つねに非難が集中して今日にいたっている。しかし、このことは、ここに『資本論』を『資本論』たらしめている要点があることを示している。〉(前掲書三五五~三五六頁)

向坂によれば、窮乏化論こそ『資本論』の核心である。なぜなら、窮乏化に対する斥力によってのみ労働者が団結し、資本家に対して反発し、革命が導かれるからだ。向坂にしても賃上げ闘争や労働条件改善闘争を否定することはしない。しかし、社会主義革命に至らない資本主義体制の枠内での改良闘争には意味がないということになる。そうなると斥力ができるだけ強くなることが、「革命を呼び込む」ために適切ということになる。平たくいえば「悪くなれば、なるほどよい」ということだ。しかし、この論点を向坂は巧みに回避している。そして、表面的に窮乏化の進行が頓挫し、労働者の生活条件が改善しているように見える現象を、斥力から説明することに精力を傾注する。

〈いわゆる「窮乏化論」に対して反マルクシスト側からの批判は、極めて強い。これに対するマルクシスト側の見解も、必ずしも一致していないし、また、その殆んどすべてが、正しく的をいていない。

マルクスは、たしかに「窮乏、抑圧、隷従、堕落、搾取の度が増大する」といっている。たしかに増大するであろう。しかし、この言葉を、たとえば、十九世紀の初め以来今日まで労働者の「窮乏、抑圧、隷従、堕落、搾取の度が」つねに増大したことを「実証」しうる、とマルクスが考えているとして、こんなことはないから、マルクスの「窮乏化論」は間違っているというように批判する。

マルクスは、この言葉の後にすぐつづけて、「また、絶えず膨脹しつつ、資本主義的生産過程そのものの機構によって訓練され、結集され、組織される労働者階級の反抗も増大する」とのべている。この言葉の重要さを批判者たちは見逃している。労働者階級が「窮乏、抑圧、隷従、堕落、搾取の度」の増大に、ただ消極的にうち沈んでゆくだけのものであるならば、どうして革命階級であることができるであろうか。窮乏の労働者であるだけの労働者も、時として絶望的なモッブとなることはあるかもしれない。しかし、このような人間には資本主義を変革し、新しい社会を建設することはできない。この歴史的使命をはたすためには、労働者は、社会主義を学ばなければならない。それはたんに生活体験としてだけでなく、「学習」されなければならない。理論として把握されなければならぬ。『資本論』はそのために書かれている。「窮乏、抑圧、隷従、堕落、搾取」の増大に、身をまかせるだけの労働者が、どうして、たとえば『共産党宣言』を理解するか。マルクスもエンゲルスも、そんな馬鹿げたことを考えたことはなかった。エンゲルスが『イギリスにおける労働階級の状態』（一八四五年）にのべているところ、またマルクスが、『独仏年誌』（一八四四年）その他で説いているところは、社会主義の思想とプロレタリアートが結びついて、社会的変革が可能となるということであった。〉（前掲書三五六～三五七頁）

ここで向坂は議論をあえて錯綜させている。向坂の議論では、労働者の斥力には二つの形がある。斥力Aは、窮乏化に対する即時的反発で、資本主義を前提とした改良闘争をもたらす。これに対して、斥力Bは、窮乏化をもたらすような資本主義制度そのものを廃絶し、革命を起こす。斥力Aの結果、改良闘争が成功するということは、資本主義体制内に労働者を取り込むことである。従って、斥力Bによる革命の力を弱めることになる。

結局、資本主義がもたらす運動法則は、労働者を改良に導くか革命に導くのであろうか。あるいは両方の方向に道が分かれているのであろうか。この点について、向坂は、〈資本主義のこの運動法則を、その運動そのものとして理解するならば、それはつねに労働者階級を窮乏化し、抑圧し、隷従を強い、堕落させ、搾取を強化する（たとえば労働の強度を増大することによって、あるいは絶対的相対的剰余価値の増大によって）。しかし、人間はただ法則に受動的であるだけでなく、能動的に反応する。動があれば反動があるということは、社会においても運動法則そのものの本質である。社会における動に対する反作用は、人間の行為である。すなわち、実践である〉（前掲書三五七〜三五八頁）と述べ、斥力としての実践を強調する。しかし、向坂の言う人間の能動性が、労働者を社会主義に導くという保証はどこにもない。それだから、レーニン流の外部注入論によって、正しい階級意識を労働者に注入することが不可欠になるのだ。向坂には「動があっても、反動ができない」ほどに疎外された労働者の状況が理解できないのである。社会主義協会が理論集団でなく、実質的に前衛党としての機能を果たすことになるのは、向坂の世界観からして必然的だ。そして、日本共産党の党物神崇拝を批判する労農派マルクス主義も、（日本社会党ではなく）社会主義協会という組織を対象とする物神崇拝に陥っていったのである。

8

高畠も窮乏化論は『資本論』における重要な論点と考える。しかし、向坂とはまったく異なる解釈をする。高畠は、窮乏を生理的窮乏と社会的窮乏に区別する。

〈窮乏増大説も亦、曩《さき》に述べた中間階級消滅説と同様に、修正派社会主義者やマルクス主義反対論者の側から鋭き駁撃《ばくげき》を受けた。

或る反対論者は次ぎの如く主張する。――マルクスの窮乏増大説は、マルクスがこの主張を作成しつつあつた当時の社会事情には或は一致したかも知れない。蓋《けだ》し当時は、産業革命の悪影響が猖獗《しょうけつ》を極めてゐた頃であつて、マルクスの故国たるドイツの織物労働者の如きは、飢餓一揆を起したほど悲惨な境遇に陥つてゐた。同様の現象は、産業革命の渦中に捲込まれた他の如何なる国にも見られたところである。けれども爾後次第に、工場立法が完成され、諸種の国家的労働保護が開始されて、労働者の自助的組合組織も亦ますます完備して来た。マルクスも現に『資本論』の中で、此等の新らしく発生した傾向が、労働者の地位を改善するに尠《すくな》からず貢献するところあつたことを認めてゐる。マルクスの死後、此等の傾向は急速に発達して、その結果、労働者の地位は著しく改善されるやうになつた。彼等は窮乏の増大に苦しめられるどころか、寧ろますます裕福となつて来たのである。資本主義の発達と共に、労働者の生活状態が不断に悪化し、階級的反感がますます強烈に赴くといふ説は、今や全く根拠を奪はれてしまつた。現に、資本主義の発達した国の労働者ほど高い賃銀を受けてゐる。これは種々なる統計が明かに証明するところであると。

曩に引抄した『共産党宣言』の文言（引用者註　この直後に高畠が再度引用する『近世の労働者は、……』の部分を含む）に依れば、マルクスは、労働者がますます絶対的の窮乏に落ち込んで行くと説いてゐるやうにも受け取れる。『近世の労働者は、産業の進歩と共に向上することなく、却つて彼れ自身の階級の条件よりも以下にますます深く沈んで行く。労働者は窮民となり、窮乏は人口と富の増加に比してヨリ急速に発達する。』マルクスは斯様《かよう》に述べてゐるのであるがマルクス主義者が若し、この文言から皮相的に受取れるだけの意味で窮乏増大説を主張したものとすれば、この点マルクスの主張に無理があるとの誹りは、どうしても免れない。それだけの意味で、反対論者の主張に根拠があると言ひ得る。〉（高畠素之『マルキシズムと国家主義』改造社、一九二七年、一〇二〜一〇四頁）

高畠は、資本主義による生産力の飛躍的向上の結果、労働者の生活水準は上昇傾向にあると考える。なぜなら、資本主義的に生産される商品は、労働者によって購入され、消費されなくては資本主義がシステムとして成り立たないからである。従って、高畠は窮乏化論に固執しない。

❦

高畠は、カウツキーの言説を紹介しつつ、窮乏ではなく、階級闘争に着目することがマルクス主義の特徴であるとする。

〈然しマルクス主義者は、この辺で降参するほど単純ではない。暫くカウツキーの駁論《ばくろん》に耳を傾けよう。カウツキーはその著『エルフルト綱領』第五版の序文中に述べて曰く、プロレタリアの解放は窮乏の増進に依つて実現されるものでなく、寧ろ次第に顕著となりつつある階級対立と、それから発生して来るところの階級闘争とに依つて成就せられるものである。民衆の窮乏といふことは寧ろマルクス前の社会主義者の常套語であつて、マルキシズムが此等の先行社会主義者に対して確実に勝利を占めた所以は、専ら階級闘争を強調した点に存すると。

要するに、カウツキーの謂はんとするところは、窮乏の絶対的増大がプロレタリアの解放を促進するのではなく、寧ろ貧富の懸隔の増大に依り、階級対立の増進に依つて、プロレタリアの解放が助長されるといふ一点に存してゐるのである。〉(前掲書一〇四〜一〇五頁)

階級闘争は、階級意識なしには起きない。労働者に階級意識がほとんどなければ、いかに窮乏が厳しくても闘争は起きない。逆に労働者の階級意識が高ければ、物質的条件が良好で、窮乏とはほど遠い状態でも社会主義革命が起きるのである。カウツキーの言説から窮乏と階級闘争の断絶を読み解いたところに高畠の慧眼がある。

さらに高畠は、生理的窮乏、社会的窮乏が異なるカテゴリーであることを強調する。

〈元来、窮乏には二つの種類がある。一つは生理的の窮乏、他は社会的の窮乏である。生理的窮乏とは、人間の生理的欲望の充足されない状態を謂ふ。人間の生理的欲望は決して、固定不動のものではない。時と所との如何に従つて、絶えず変化する。けれどもその変化は、社会的欲望の変化ほど著しいものでない。而してこの社会的欲望の満たされない状態が、即ち社会的窮乏と称するものである。

ところで、マルクスの主張が若し、資本主義の発達と共に労働者の生理的窮乏がますます増大するといふ論旨にあつたとすれば、それは確かにマルクス主義の虚妄を裏書したことになる。なぜならば、今日進歩した資本主義の下に立つ如何なる国に於いても、労働者の生理的窮乏が増大するといふ傾向は認められないからである。寧ろ斯様な窮乏は、文明の進歩と共に、次第に減退しつつある。

社会的窮乏に在つては、さうでない。労働者の社会的窮乏は資本主義の発達と並行して進む。資本主義の発達は労働生産力の増進を意味し、生産力の増進は富の増大を意味する。富の増大と共に、労働者の実質的収入も亦、幾分かは増大して来る。然しそれは決して、富の増大と同一の比例を以つて増大するものでない。富の増加率は、労働者の生活程度の向上率よりも遥かに大である。

そこで資本主義の発達と共に、労働者の生活程度は徐々に向上するとはいへ、それと共に又、労働者対資本家間の富の懸隔はますます甚だしくなつて来る。資本主義が発達して社会の富が増大すれば、労働者の社会的欲望も亦ますます多様になり強烈を加へる。新しい流行が次から次へと押しよせて来る。壮麗な建物が軒を並べる。様々な交通機関が発達する。交通機関の発達しない時代には、テクで歩くことも左程辛らくない。然し今日のやうに汽車や電車自動車が縦横に走るやうな時代になると、テクで歩くことが如何にも苦痛である。絹物づくめの社会にゐて、自分独りみすぼらしい木綿服を纏《まと》ふてゐることは、誰れにしても苦痛であらう。つまり社会の富が増大し、文明が進めば進むほど、人間の欲望も亦ますます広く深く複雑になる。労働者も亦人間である以上、この例に洩れる訳がない。かくして労働者の社会的欲望はますます増大するが、それを充たす収入は欲望の殖える程には増加しない。マルクスが窮乏の増大を主張した時には、専らこの充されざる社会的欲望の増大を念頭に置いたのである。彼れは必ずしも生理的、絶対的な窮乏の増大を主張したものでない。〉（前掲書一〇五～一〇七頁）

資本主義は労働者の生理的窮乏を次第に減少させる力がある。それは資本主義が人道的だからではない。生産力が増大し、労働者に商品を消費させるという資本主義の仕組みがそうするのである。資本主義は格差を拡大するが、資本家の利潤の源泉になるのは労働力だ。その労働力は、商品を消費することによって形成されるのである。従って、労働者がほとんど消費できないような状態にまで賃金を引き下げることは、結果として資本主義を弱体化するのである。

❦

人間は表象能力をもつ。動物と異なり、欲望も表象能力によって、急速に拡大する。ここから社会的欲望が生まれる。資本主義が発展し、社会的富が増大すると、資本家、労働者ともに社会的欲望が増大する。この欲望が資本主義的生産を刺激する。そのスパイラルの中で、労働者は社会的窮乏感を強める。高畠は、マルクスが『資本論』で説く窮乏化を社会的窮乏と解釈する。

実は、高畠のこの認識は、宇野弘蔵の言説と通底している。宇野は、〈マルクスは、いわゆる産業予備軍を相対的過剰人口の種々なる存在形態として説き、これを資本主義的蓄積の一般的法則としているが、そしてまたいわゆる「窮乏化法則」を説いているが、この点はどう考えたらよいか。なおこの「窮乏化法則」が誤っているから、マルクスの経済学説はドグマだ、というような批評がしばしばみられるが、これにたいしてはどう考えたらよいか。〉（宇野弘蔵編『新訂経済原論』青林書院新社、一九六七年、二〇七頁）という設問に対して、こう答えている。

〈マルクスの場合は、資本主義はその発展とともに、理論的規定を与えるためにかならず想定されなければならない純粋の資本主義社会にますます近づくものと考えられていたのであって、原理論と段階論とが区別せられなかった。したがって資本主義の発展段階もそういう純粋の資本主義への発展過程をなすものにすぎなかったのであって、かかる発展過程の具体的な諸現象もいわば経過的なものとして原理的規定に吸収されるものと考えられていたのではないか、と考えられる。

すなわち産業予備軍の形成と諸形態とをただちに相対的過剰人口の形成と諸形態とし、これによって「資本主義的蓄積の一般的法則」を規定するということになったのである。いわゆる「窮乏化法則」もこの方法によるものといってよいが、しかしこの方法にはなおひとつの重要な問題があった。マルクスは『資本論』第一巻第二三章第三節で「相対的過剰人口または産業予備軍の累進的生産」を説くにあたって、その冒頭でつぎのようにいっている。「最初はただ資本の量的拡大として現われた資本の蓄積は、われわれが見たように、資本の構成の不断の質的変化をともなって、すなわち資本の可変部分を犠牲にしての不変部分の不断の増大をともなって行なわれる。」と。しかし資本の蓄積は、ここでいわれているように、「不断の質的変化をともなって」行なわれるものではない。固定資本の存在がそれをゆるさない。むしろ他の所でマルクスのいっているように（『資本論』第二巻第九章）、新投資は恐慌後の一定の時点に集中され、これに続く好況期の蓄積は資本構成に変化なくして行なわれる傾向を有するものと考えられるのである。したがって「不断の質的変化」による「資本の可変部分を犠牲としての不変部分の不断の増大」をとおしての「相対的過剰人口」の形成というようなことにはならない。むしろ逆に不況期に形成された相対的過剰人口は好況期に動員され、吸収されてますます多くの剰余価値を形成し、資本の蓄積を増進することになるのであって、マルクスがいうように、この相対的過剰人口の形成をただちに産業予備軍の増大として、「この予備軍が現役労働者軍に比べて大きくなればなるほど、固定した過剰人口はますます大量になり、その貧困はその労働苦に反比例する。……労働者階級の極貧層と産業予備軍とが大きくなればなるほど、公認の受救貧民層もますます大きくなる。これが資本主義的蓄積の絶対的な一般的な法則である。それは、すべての他の法則と同様に、その実現にさいしては種々の事情によって変化を加えられるのであるが、このような事情の分析はここではまだなされない。」（『資本論』第一巻（ディ）六七九頁。（岩）四一四七～八頁）［引用者註（ディ）とは東ドイツ・ディーツ出版社版、（岩）は岩波文庫の『資本論』を指す］ということにはならない。少なくともそれは経済学の原理で明らかにされる「法則」とはいえない。むしろ不況期に形成された過剰人口が好況期に吸収されるという「資本主義的蓄積の一般的法則」が、「その実現にさいしては種々の事情によって変化を加えられる」ものとして、原論ではその「分析は……なされない」となすべきであったと思う。産業予備軍の問題もそういう具体的な分析によって解明されるわけである。いわゆる「窮乏化法則」は、われわれのいわゆる段階論、または現状分析でなされるべきものを原理的に規定した点で種々なる問題を起こしたものといってよいであろう。
そういうわけで、いわゆる「窮乏化法則」が誤っているからといって、マルクスの経済学説をドグマとなすのは、マルクスの経済学説を絶対に誤りのないものとするマルクス主義者の主張をそのままにうけいれた批評といってよい。マルクスの経済学も科学的なるものとするかぎり、その誤りを正してよいので、その誤りをもってただちに全学説をドグマとすることは、正しくない。〉（前掲書二〇八〜二一〇頁）

宇野は、窮乏化論を謬説として退けている。これと同じ認識を高畠は述べている。

〈マルクス及びエンゲルスが、カウツキーの謂ふ如き社会的相対的の窮乏増大を絶えず念頭に置いてゐたとすることは、決して偏頗《へんぱ》な弁護論ではない。けれども彼等が、この窮乏増大を余りに強調し過ぎたため、一見絶対的窮乏の増大を主張したかの如く感ぜしむる嫌ひのあつたことは争はれない。これは曩に引抄した『共産党宣言』中の文言についても感ぜられる所であるが、『資本論』の中に述べられた『窮乏、労働苦、奴隷状態、無知、野獣化、道徳的堕落等の蓄積』云々（新潮社版八五九頁）の一句や、『窮乏や、圧迫や、奴隷状態や、壊頽《かいたい》や、搾取などの量は、益々増大する』（新潮社版一〇二四頁）といふ一句の如きも、いま少し何《ど》うにかならなかつたものかと惜まれてならない。せめて、絶対的窮乏の増大を主張してゐるのでないと信ぜしめるだけの用意はして欲しかつた。尤も宣伝上の目的からいへば、文章のアヤとしても、そんな予防線などを張らない方が却つて面白いのであるが、『資本論』は、宣伝のために書いたものでないとは、カウツキー

その他一般マルクス弁護学者の力を罩《こ》めて主張してゐるところである。〉（高畠素之『マルキシズムと国家主義』改造社、一九二七年、一〇九～一一〇頁）

資本主義体制においては、よほど例外的場合を除いては、労働者が絶対的貧困に陥って餓死するような状況は生じない。それは資本主義が労働者に対して優しいからではなく、労働者を生かしながら搾取するという構造を維持しなければ、資本主義が存続しないからである。高畠は、『資本論』のテキストを虚心坦懐に読むことから、この真実をつかんだのである。著者のマルクス以上に『資本論』の論理を正確に読み取ったのだ。

第十二章　テロル

高畠素之は内心はマルクス主義者であるのに国家社会主義者を偽装しているのではない。マルクスの『資本論』を徹底的に研究した結果、マルクス主義の欠陥は国家論の欠如にあるという確信をもつに至った。しかし、高畠はマルクス経済学の正しさを確信し、『資本論』の立場から生涯、離れなかった。また、日本の国家主義者として、皇統を保全し、日本の国体を維持すべきであるという基本線を崩したこともない。ただし、高畠が天皇や国体について言及したことは、ほとんどない。高畠の天皇観について、田中真人はこう指摘する。

〈急進愛国党の指導者津久井龍雄は、『急進』一九三〇年四月号に「天皇は、我等にとってアルフワ《ママ》であり、オメガである、一切は天皇に出でて、天皇に還る」という書き出しで始まる、「我等の運動に於ける若干の基礎概念に就いて」を発表したが、ここに次のような序言めいた一文を附している（津久井著『日本的社会主義の提唱』一九三二年、に収めるにあたってはこの序言は省略されている）。

「国家社会主義の根本理論については我等の輝ける指導者高畠素之氏が夙に之を詳説してゐ

るところであるが、併《しか》しそれはいわゆる理論の範囲を出でぬもので、之を実際運動に開展して行く段になると、幾多の疑義乃至説明の不足が見出されるのである。之はもちろん当然なことであって、広き意味においてかかる欠陥はマルクス〔ママ〕がレニンでも免れ能はざるところであると共に高畠氏は晩年全く実際運動から手を引き資本論邦訳の仕事に没頭しておられたため実際運動に対して関渉が薄く、その方面に関する戦略、戦術等の規定に関しては殆ど全く論ずるところなく、且つ氏の死後において既に早く一年数ヶ月を経て、スピード時代の現代においては客観的事情に大いなる変化あり、之に対して高畠氏の手に成る過去の記録が一々十分であり且つ普遍に妥当することは有り得べからざるところである。それゆえ我等の運動に於ては、高畠氏の所論に極めて忠実に基礎しながらも、その所説の不十分乃至誤謬に対しては、大胆に之を清算して、而して竟局における国家社会主義運動の大成を期することが、我等の先師に対する最も真実なる意味の謝恩に外ならずと考へる。」

津久井はこのようにして高畠理論の「発展」を期した訳である。天皇絶対の見地や、対外「進出」の論理は、たしかに高畠晩年の「急進愛国主義」の提唱の延長上に位置づけられ得る。しかし、高畠が天皇制について「我皇室が国民との間の血族的親縁を保ち、且つその支配的中心たるの地位を数千年に亘って保持せられてゐる為めに、之に対する国民の感情は一種神秘化された崇敬と敬親とを含み、……此のことが支配機能運用の実際にあたって如何に有利な条件であるかは茲《ここ》に絮述《じょじゅつ》するを要せざるところであらう」（『国家社会主義大義』傍点引用者）といった支配機能の有用性からとらえたクールな把握の方法を、津久井は捨象し、熱狂的天皇崇拝にぬりつぶしていってしまった印象を否めない。〉（田中真人『高畠素之　日本の国家

社会主義』現代評論社、一九七八年、二八一〜二八二頁）

田中が指摘するように、確かに高畠の天皇に関する記述はクールである。しかし、これが「支配機能の有用性」という観点に起因するという田中の見方について、筆者は留保する。高畠は、自己の原理原則に関する部分では妥協しない頑固さをもっている知識人だ。国家を機能主義的にとらえているならば、天皇機関説をとることを明言するはずだ。しかし、高畠は天皇機関説をとらない。人脈的にも機関説に反対する急先鋒であった上杉慎吉と懇意だった。国家を成り立たせるためには神話が必要である。座標を描く場合に原点が必要とされるように、国家にも原点がある。この原点は、各国家の基底にある文化によってもたらされる。この文化を人間は工学的手法で任意に創り出すことはできないのである。従って、原点は伝統によって、いわば民族の内在的超越によって定められるのである。

この原点を過剰な形容詞によって擁護しようとするのは、原点が変更される不安をもっている者だ。筆者の理解では、津久井の過剰な言語の裏には、国体に対する疑念がある。津久井が高畠ほど率直に〈我皇室が国民との間の血族的親縁を保ち、且つその支配的中心たるの地位を数千年に亘って保持せられてゐる為めに、之に対する国民の感情は一種神秘化された崇敬と敬親とを含（む）〉ということを信じることができないのだ。だからくどくど説明しようとする。他者に対してではなく、自分に説明しているのだ。

天皇に関する言説を含め、高畠のほとんどのテキストについて複数の読み解きが可能である。それは、高畠が反語、隠喩の手法を多用するからだ。高畠の思想には根源的な破滅性がある。本章の課題は、高畠がテキストに埋め込んだテロリズムを摘出することだ。

まず、高畠は、真理は中庸ではなく、極端な言説の中にあると考えていることを示したい。

〈道は中庸になし

盲信の実用性は学術の方面にも見られる。むかし孔子であつたか孟子様であつたか、道は中庸にありと仰せられた。道が中庸にあるといふことも、意味によつては嘘でない。けれども、人生の真理といふものは、兎《と》かく中庸以外の道から現はれて来る。大抵の真理は、右か左か、北か南かに傾いた道から提供されたものだ。

これも人生に熱意を必要とする所から起る問題であつて、人間が或る研究に没頭して或る一定の学説に関心を集めると、それを特別に誇張して盲信するやうになる。この盲信が、研究を進める上に非常な効験があるのだ。道は中庸にありといふことが、すべての道はローマに通ずるの意味だとすれば、孔子様のいふことは嘘でない。真理は一つでも、道は様々だ。それらの道の、いづれかに依らずしては、真理のローマに達することは出来ない。ただ、どの道も相応に難険で道程が長いことだけは共通してゐる。これを踏みわけ、踏み破つて、同じ真理の高嶺によぢ登るといふことは、なかなか容易なわざでない。非常な熱意と根気が要る。

そこで盲信の心理が発動する。右の道から来たものは、右の道が真理への唯一の道だと盲信し左から来た先生は左の道が唯一の真理道だと迷信して、それぞれ已れ自身の道に深入りする。この深入りといふ過程を経ないでは、真理は探り当てられない。そしてこの深入りに誘ひ込むものは、熱意であり、根気であり、迷信であり、盲信である。〉（高畠素之『自己を語る』人文会出版部、一九二六年、一二二～一二三頁）

真理は学問でも思想でも、極端なところから現れてくるのである。極端な立場から、世界を見ることが真理なのである。そして、それぞれの極端な立場の世界観には、「相互に出入りする窓」が存在しないのである。高畠はモナドロジー（単子論）の構えをしているのだ。極端な立場に固着すること、言い換えるならばモナド（単子）になることによってのみ真理をとらえることができるのである。そして、それぞれの極端な世界観（単子）が普遍的な真理（神）につながるという高畠の認識はライプニッツ[67]と共通している。

高畠はこう続ける。

〈唯物論といひ唯心論といひ、快楽説といひ禁慾説といひ、現実主義といひ理想主義といひ、無政府主義といひ国家主義といひ、労働価値説といひ限界効用説といひ、其他等、等、かつて人類の文化史が提供した殆んど一切の価値ある学説は、多かれ少なかれ左か右か、北極か南極かに偏よつてゐる。偏よつて居ればこそ信仰が湧き、信仰が湧けばこそ偏よつて来るのであつて、偏よれば偏よるほど、真理への進行が深入りされる。真理は一つである。唯物論も唯心論も、労働価値説も限界効用説も、帰するところは同じ真理を目ざし、同じ程度に真理を含んでゐる。ただ、そのいづれかの道に偏よるといふ点が、人間的に面白味のある所だ。

左の説も右の説も半分づつの真理を含むに過ぎず、完全な真理は両者の折衷にありといふだけに止まる中庸論ほど下らぬ議論はない。若し実際、両極の中庸に真理の道があると信じて、その方向に深入りするといふならば、それはそれなりに面白いことであつて、この場合には謂ふ所の中庸道それ自身が、結果に於いて一つの偏局道となつてしまふのだ。真理は偏局の道を通してのみ窺はれる。一切の真理は歪んで現はれる。丸い真理を求めようとして、中庸の道を踏みわけても、それを深入りすればするほど、丸はヨリ大きな楕円となり、楕円はヨリ大きな四角となり、四角はヨリ大きな三角となり、三角はピラミツトとなり、ピラミツトは金平糖となつて来る。その度び毎にかどが殖えて偏頗《へんぱ》の度を加へるが、真理の容積もそれだけ益々大きくなつて来る。一番、無価値なのは、熱意と尅《こく》めいのない、ただそれだけの折衷論だ。世の中には、この種の無価値折衷論が砂糖水の如く氾濫してゐる。〉（前掲書一二三～一二四頁）

唯物論と唯心論、快楽説と禁欲説、現実主義と理想主義、無政府主義と国家主義、労働価値説と限界効用説など、一つの問題を解明するために、二つの作業仮説が争っている問題については、まず、それぞれの言説が自己完結しているかどうかを検討する。当該言説が自己完結していて、その立場から世界を首尾一貫して説明することができるならば、われわれは追体験の方法を用いて、当該言説のモナドになりきって世界を見るのである。そして、その次にその言説と対立するモナドになってみて、今度は別の切り口で世界を見てみるのである。そして歪んだ真理を自己の内部に積み重ねていくにつれて〈真理の容積もそれだけ益々大きくなつて来る〉ので、そこから世界を見る。真理を平面的にではなく、立体的に見る。さらにここで高畠は踏み込んでいないが、この発想を敷衍するならば、静止した状態ではなく、運動として真理をとらえる努力をするのだ。

8

高畠は国家社会主義に「国家」という冠がついているが故に既存の体制に収まる運動であるという見方に異議を唱える。『幻滅者の社会観』に「『破壊』序」という随想が収録されているが、この文章もどこまでが冗談で、どこからが本心なのかわからないように高畠は煙幕を張っている。

〈我々は国家社会主義者だからでもあらう乎《か》。兎かく建設的の意見を吐くと其筋から睨まれる。一昨々々春国家社会党を造らうとした時にも、綱領中の『一切産業の国有』が宜しくないとかで、此種の建設的政策は絶対に許るすこと罷りならんと云ふことであつた。

罷りなつてもならんでも、人の思想は亡ぼすことは出来ないのだから、いつかは其方面にも発展して見るつもりだが、何しろ今は衆寡敵せず、恨みを含んで長いものには巻かれるの外はない。と云つて之からポカポカして来るのに、そうそう唖を気取つて隅つこにばかりクスブツてゐる訳にも行かぬので、茲は暫らく大いに男前を下げて、譲歩また譲歩を忍ぶことにした。即ち□□□のことは一切口を噤むことにして、当分は□□□で行かうと云ふのだ。

我々は功利主義者であるから、当つてくだけるやうな場合には当らないつもりである。初めから我々の力に余ることの分り切つたやうな大物（例へば社会制度と云ふが如き）に当つたら、それこそ此方が破壊だ。当ればキツトくだいて見せると云ふアテをつけて、手頃の小物（例へば犬、猫、ウヂ虫同然の人間の如き）から先きに片づけて行く。キリストの謂ゆる小事に忠なるの筆法を学んだものだ。
我々は町奴に白柄《しらつか》組を兼ねたやうな気込みで進まうと思ふ。意気と学問と論理と腕とで論壇を横行濶歩すると云つたら、チトご大層だが、マアそんな形であばれて見るのサ。〉（高畠素之『幻滅者の社会観』大鐙閣、一九二二年、一五〇～一五二頁）

ここの伏せ字は〈□□□［革命的］のことは一切口を噤むことにして、当分は□□□□［議会主義］で行かう〉であると筆者は推定している。高畠は、プラグマティスト（功利主義者）であると自己規定し、勝算がない闘争に挑んで撃退されるような無意味なことはしない。資本主義的な社会制度を打倒する場合も、体制自体との対決よりも「ウヂ虫同然の人間」すなわち腐敗した資本家を個人的に除去することを主張している。しかもそれを「町奴」や「白柄組」のように、つまりヤクザのような形で行うことを示唆している。意気、学問、論理を身につけた論壇ヤクザとして、言論テロルを展開することを宣言しているのだ。

一見、共産主義者や無政府主義者の当局による取り締まりを支持するように見える「正当且つ有効」という論考の行間からも高畠の破壊性が顔をだす。

〈無政府主義や共産主義は国家の存在を危くするものであると信ずる以上（所謂主義者の言行から推すと、さう信ぜられても仕方がない）、之れを鎮圧すべく如何なる手段を採らうとも、それは政府者としては正当なことである。随《したが》つて今回の取締法案も亦、至極正当な処置と云はねばならぬ。それは単に正当であるのみでなく、又頗《すこぶ》る有効のものであるやうに信ぜられる。其理由は左の通りである。

（一）所謂主義者と称する手合の中には、主義のためには監獄ゆきも敢て辞さないと云ふ程の熱心家もあるやうだが、それも精々一年以内がなの所で勘弁して貰ひたいと云ふ打算つきの浮いた熱心であるから、今度の取締案のやうな思ひ切つた法律が出来てくれると浮いた熱が急に沈まり、ゆくゆくは大抵足を洗ふことになるだらう。

（二）所謂主義者中の急先鋒は、大抵無職で貰ひ食ひしてゐる。然るに今度の取締案は金品を恵む方にも制裁を加へるのであるから、之れからは嘸《さぞ》金を出す奴が無くなるだらう。金を出す奴が無ければ、貰つて食ふ人間のアゴが乾上る事は火を見るよりも明かだ。そこで商売換へと云ふ段取りになる。殊に近藤栄蔵[68]と云つたやうなシベリア出稼専門業者に対しては特別厳重な取締を施すさうであるから、主義宣伝業者は結局内にも外にも主義の売れ口がなくなる訳である。

以上の理由に依つて、今回の取締案は頗る有効なるべしと信ぜられるのであるが然し油断はならぬ。斯様《かよう》な法律は、恐らく百人の主義者中九十九人迄には足を洗はせ得るであらうが、若し過つて一人でも洗はぬ者が残つたとしたら怎《ど》うであらう。法律は有効ではあるが万能ではない。万能ならざる法律の網を潜つて、人間の心理が意外な方面に爆発しないとも限らぬ。為政者の心す

べき所である。〉（前掲書一四八〜一五〇頁）

まず資本主義国家の政府と、共産主義者、無政府主義者は非和解的対立関係にあると考える。その上で、主義者鎮圧を法制化すると、臆病者は運動から逃げ出す。しかし、百人中、一人の国家転覆を命を賭して図る信念をもった共産主義者、無政府主義者がでてくる。これに対して、高畠は、〈法律は有効ではあるが万能ではない。万能ならざる法律の網を潜つて、人間の心理が意外な方面に爆発しないとも限らぬ。為政者の心すべき所である〉と述べている。要は、「どんな法律を作っても、ほんものの革命家がでてくるから覚悟しておけ」と高畠は政府を脅しているのだ。ほんものの共産主義者、無政府主義者が資本主義体制を破壊することに対する期待が行間から透けて見える。

さらに官憲による社会主義者に対する弾圧を「主義者狩り」という論考で、徹底的に揶揄している。正面切った批判よりも揶揄の方が世論に訴える力があると高畠が認識しているから、あえてこのような文章を綴ったのだと思う。

〈座頭（引用者註　視覚障害者）の富士登山と、憲政会の異議呼ばはりと、而して警視庁の社会主義征伐とは、労して効を得ざる大正三幅対である。骨折り損の足労れ儲けといふが、泰山も鳴動するばかり陣鐘太鼓を打ち鳴らし、結局一匹の鼠さへ捕獲出来ずに終る。その筋の主義者狩りを見れば、人事とは思つても痛々しい哀愁に唆《そそ》られざるを得ない。

現にこの間などは、誰がどう幽霊の正体を誤つたか知れぬが、例の『お目出度誌』[69]騒ぎが突発し、第二の幸徳事件とまで触れ出しながら、トドのつまり有耶無耶裡に葬つてしまつた。喉元過ぐれば何とやら、大抵の人間ならそれに手を焼いてい丶筈のもんだが、まだまだ性懲りもなく、電柱に貼紙をしたとか、しようとしたとか騒ぎ出し、これも過激派の廻し者に相違ないと籔に睨んでしまつた。

学生殺しの金ちやんを主義者扱ひにして見たり、原敬殺しの艮一《こんいち》[70]を暁民会[71]と誤診するお役人の頭脳からすれば、手淫代りの貼紙も、過激派の手先きと早合点するに不思議はないかも知れない。然し、これが始めての事件といふのではなし、毎度のところを余り見つともない狼狽振りは、見せて貰ひ度くもなかつた。全国的な一網打尽を敢行して見たり、高等係の非常招集をやつて見たり、牛刀を用ひ過ぎるにも程がある。

大体、社会主義者などといふものを、さも大した代物であるかの如く考へてゐるお役人の被害狂振りは、先づ噴飯に価値する。餓鬼も人数ほどに集まれば、革命歌の一つも唄はうが、国粋会や民労会の前に出たら最後、グウの音さへも出せない主義者づれに、何の『陰謀』がどこにあらう。演説会があれば、『官権横暴！』と遠くから吠え掛るしか能のない彼等が、コソ泥式に貼紙をして歩るいたからとて、陰謀呼ばはりは余りに腰の据はらな過ぎる話ではないか。〉（前掲書六〇〜六二頁）

警察の能力を〈学生殺しの金ちやんを主義者扱ひにして見たり、原敬殺しの艮一を暁民会と誤診する〉程度であると馬鹿にし、そのような役人の頭脳では、〈手淫代りの貼紙も、過激派の手先きと早合点するに不思議はないかも知れない〉とからかう。そうすることによって、「主義者の脅威」なるものが存在しないことを高畠は世論に伝えようとしているのだ。

そして、政府の被害妄想を批判する。

〈それをどう感ずつたものか、要路にある某司法官は、第三インターナショナルと関係させて見たり、上海共産党と連絡させて見たり、勿体振つた顔をしながら臆面もなく疑心暗鬼ぶりを発揮してゐる。平維盛は水鳥の羽音に愕ろいて、臆病者の亀鑑（？）とされたが、この先生に至つては、起すべき疑心の種もないのに、様々と暗鬼に悩まされてゐるから面白い。

そこへ来ると、警視庁の大久保課長は徹底してゐる。社会主義者は『仲間同志で互に争闘し』『主義の宣伝よりも自分の売名のため』に、色々な企てをしてゐるのだといふ。他愛のない事を口走つて危険がつて見たり、児戯に類する貼紙をして見たり、それで一つぱしの主義者ヅラを振り廻すのが彼等の身上だ。お上や、新聞や、世間までが、彼れこれと騒ぎ立てるので有頂点になつてしまひ、愚にもつかぬ貼紙なんどを『革命』がつてゐるのだ。

由来連中の企てとはこんなものだが、幸に相手が慢性被害狂のお上だから、鼠一匹の騒ぎも泰山の鳴動と買ひ冠《かぶ》つて呉れ、その都度社会主義者とやらが、さも何かしてるかのやうに世間も誤解して呉れる。社会主義者に取つては光栄の極みだが、ダニエル[72]以上、大岡[73]以上の大久保課長に合つちやあ一溜りもない。此間の第二大逆事件（？）といひ、今度の貼紙一件といひ、たうとう一匹の鼠さへ獲めなかつた所を見ると、徒らに大久保特別高等課長をして名を成さしめた観がある。

船頭多くして船山に上り、巡査多くして社会主義狩りに忙殺さる。太平の世の暇つぶしとはいひ、飛んだ人騒がせの茶番狂言は御免蒙り度い。そんなに人手が余つて困るなら、愚にもつかぬ主義者狩りなどをするより、頼朝の故智に倣つて富士の巻狩りでもやるか、それとも天城山の猪狩りでもやつて見たらどんなものだらう。〉（前掲書六二一〜六二二頁）

そして治安弾圧の本質が、警視庁の大久保特別高等課長の名誉欲を満たすものだと警察官僚を名指しで批判した後で、特高警察は人手が余っているから余計な仕事をするのだろうと揶揄する。重要なのは揶揄によって高畠が獲得しようとしている目的だ。高畠は、共産主義者、社会主義者への弾圧が少しでも緩む方向に世論を誘導しようとしているのだと筆者には思えてならない。

ここにもでてきたが一九二一年十一月四日、原敬は大塚駅の転轍手（ポイント切り替え係）であった中岡艮一によって刺殺された。このテロルに関する高畠の論考「刺れた原敬」を検討してみよう。

〈白紙に表裏あり、盾に二面ある如く、浮世のこと諸事万端は、中学三年生的頭脳では解釈出来ぬ複雑なものがある。麓の道を分け登り同じ高嶺の月を眺めても叢雲《そううん》がかゝると泣面するもあり、わが権勢の如く欠けたる所なしと誇るもあり、鏡になれかしと恋情を托するもあり、兎の餅搗《もちつき》に憧るゝもあり、さては鼈《すつぽん》と比較する分別者があるかと思へば、釜をぬくなど〻噴き出す剽軽者もあるといふ具合で、全く千差万別である。それと等しく同じ花を見るにつけても、厭世主義者は三日見ぬ間と嘆き、実利主義者は花より団子を採り、唯美主義者は一目千両と見栄を切るといふ塩梅で、立場々々に従つて眺むる者の目も心も変るが常である。

原敬が暗殺されたといふことでも、三木武吉[74]と横田千之助[75]の間には無量の距離があるべく、野田卯太郎[76]と床次竹次（ママ）郎[77]には新しき反目が生ずべく、中央新聞[78]記者と報知新聞[79]記者には気込みの相違があるべく、これまた十把一束的概論は容易に許さるべくもない。然し衆評万口の一致する所は議会の精力家として、猛進果断の戦士として部下を愛好する親分として、現下有数の大政治家であるといふ点には異論がないやうだ。換言すれば揚足取りの名人として、営利党略の化身として太々しき了見の所有者として、大政治家であつたと惜しんでゐる。この日本語的意義に於ける大政治家なら天下到る所に青山と大政治家は転々してゐる筈だが、さすがに彼れはそれらの粗製濫造品と違つてゐたものらしい。

揚足取りの別名が議会雄弁家を意味するなら、金棒曳きの別名は賢婦人と呼ぶのかも知れぬ。それが証拠に、原あさ子は夫の死屍に向つて涙一滴も流さなかつたが故に賢婦人と呼ばれ、中岡のぶは悴の仕打ちに涙を流さなかつたが故に近所の金棒曳きと呼ばれてゐる。所変れば品変る。人が変れば名が変るものなら、浪華の葦が伊勢の浜荻なる如く原あさ子の賢婦人は中岡のぶの金棒曳きと、或はこれも同義異語と解釈すべきものかも知れぬ。月見る人の心と新聞記者の目はこれも立場々々と考ふべきものであらう。〉（前掲書九八～一〇〇頁）

まず、原敬暗殺について、それぞれの立場によって評価が異なってくるということを哲学的訓さない読者にもわかりやすく述べている。また、マスメディアによって、原敬夫人が涙を流さなかったことが賢婦人と賞賛されるのに、犯人の母が涙を流さないと「金棒曳き」(鬼)だと非難されるのは不当ではないかと訴える。これは、原敬に対するテロルを肯定的に評価する論を展開する前に、「私の見解もいくつもある見解の一つです。私の立場からするとこのように見えるのです」という高畠が得意な煙幕を張るためだ。

先を見てみよう。

〈それは兎に角として、原敬は何が故に殺されねばならなかつたか。例に依つて例の如く、世間の識者は我れ勝ちに勿体らしい御托宣を並べてゐる。社会的意義の何のと鹿爪《しかつめ》らしい文句を附けるよりも、結局するところは、身から出た錆といふのが直接論法だ。誰やらの皮肉ではないが、安田が殺され原が殺されたといふので、俄《にわか》にテロリズムの横行濶歩の如く考へるは、大火が二三度あつた為めに、大火流行の社会的意義を述ぶると同様、余りに講壇的で歯が浮いて来る。

一将功成り万骨枯る。原敬一人を今日の幸運に導くためには、幾多の万骨が屍を晒らしもしたし、また踏台にもなつて来てゐる。その最も大なる踏台は、いふ迄もなく現在の政友会だ。政友会が絶対多数党たるの現状を維持するに最も力を致したのは原敬であると共に、最もこれを利用したのも原敬である。然もその政友会なるものは、最も露骨なる利権中心の政治団体であり、其鋏鈎《きようこう》的手段を以て建造し上げたのが、尨大なる現状とそれに君臨する原敬の威望であつた。政友会一流の鋏鈎的手段は国民怨府の中心となり、延《ひ》いて大親分の不人気を齎《もた》らした。その不人気の結果が暗殺の大団円を告げた事を思へば、政友会原敬を殺すといふ春秋の筆法は適用される。

然り、原敬を暗殺したものは外来思想や社会主義ではなく、子分子方によつて絞められたと見るが至当である。〉（前掲書一〇〇〜一〇一頁）

政友会は、〈最も露骨なる利権中心の政治団体であり、其鋏鈎的手段を以て建造し上げたのが、尨大なる現状とそれに君臨する原敬の威望であつた〉ので、原敬のような人物がテロルによって除去されるのは、当然のことと高畠は考えているのだ。高畠はこう続ける。

〈この意味に於て、原敬に取つての身から出た錆は、両面の意義を含んでゐる。自らの積んだ罪劫と、自らの誨《おし》へた教訓と、この二つが即ちそれである。かうなつて来ると、暗殺教唆者なんどを血眼になつて探してゐる当局は、さすがに職掌柄として忠実なものであるが、更に広き社会関係の因果律から達観すれば、一切是空野暮天の野暮用と申すの外はない。ハラをキルとかキレとかいつたばかりにその生半可な駄洒落が禍して、共犯扱ひにも仕兼ねられ間敷き橋本某（引用者註　中岡の上司橋本栄五郎。政友会嫌いで中岡に殺人を教唆した疑いがもたれて起訴されたが無罪判決を言い渡された）の如きは、聊《いささ》か商売勝手が違つて悄消《しよげ》てゐることだらう。

原敬の三羽烏とも称すべき阿部浩[80]、古賀廉造、岡喜七郎[81]は、最近の不人気者の張本人として、此際親分の死に殉じても尚ほ鞭うたるべき罪過を有す。然も尚ほ原敬にして、これらの子分の鋏鈎手段の上前を刎ねて功を成したと思ふなら、死するも尚ほ瞑すべきものがあらう。人心の機微、世事の妙諦は斯《か》くして廻る因果のイタチごつこといふの外はない。自らの築きたる尨大なる組織が内部から腐朽し、われと我身を絞るあたりは、どうやら唯物史観の何頁かに説明されてありさうだ。月を見て千々に心を砕く者は、原敬の死に面して無量の感懐なき能はざるものがあらう。原敬の暗殺に対して悲嘆する者、痛嘆する者、愛惜する者、雀躍する者、それも各自の立場々々に従つて内容が変つてゐやう。然し其何づれにもせよ、多少の興奮は覚えたであらう。たゞその興奮内容に至つては、千態万様、月見る人の心と零犀《れいさい》相通ずるものがあらうといふに止まる。大は小を兼ぬといふが真理なら、大きい大根は辛くないといふも真理だ。原敬の死だつて、悲喜交々の感懐を湧かすに、何の遠慮があらう。〉（前掲書一〇一〜一〇三頁）

このテキストから修辞をすべて除去すると、高畠の次の冷たい論理が明らかになる。資本家の利益を体現した政友会の腐敗は目に余るものがあった。政友会をそのような政党にしたのは党首である原敬首相の責任だ。原首相は国民に憎まれていた。しかし、議会を通じて原首相を首相の座から引き下ろし、政友会から権力を奪うことはできなかった。そのような状況でテロルが起きるのは当然のことだ。

高畠は、〈原敬を暗殺したものは外来思想や社会主義ではなく、子分子方によつて絞められたと見るが至当である〉という認識を示し、テロルを非難しない。テロルは〈広き社会関係の因果律〉であると高畠は見なしている。

高畠のこのようなテロル観は、議会政治を信奉する者の基準から掛け離れている。高畠は、議会が民意を代表するという民主主義が虚構であると考える。高畠にとっての第一義的関心は、国家の保全と強化である。議会や言論によってその目的が達成できない状況では、テロルが世直しの選択肢から排除されなくなるというのが高畠の本心なのだ。

第十三章　社会主義と国家（上）

テロによって社会問題を解決することは不可能である。

高畠は、資本家や資本主義体制を保全することでエリートとしての地位を確保している政治家が国民の憎しみを買って、テロの対象になるのは当然と考える。しかし、「自分の命を捨てて『世直し』をする」というテロリストのロマン主義的心情にまったく共感をもたない。これは、高畠が国家の本質が暴力装置であることを熟知しているからだ。

テロは、民間が暴力を行使して、「世直し」、すなわち国家の政策変更を要求することだ。しかし、最大の暴力装置は国家そのものである。テロという小さな暴力は、国家という大きな暴力によって、瞬時に鎮圧される。そして、「テロに対抗する」という口実で、国家が社会に対して剝き出しの暴力を行使する。高畠は、このような国家の暴力性を強化することでは、「世直し」も国家体制の強化もできないと考えた。

マルクスの『資本論』は資本主義社会の構造を解明した書物だ。『資本論』の全訳を通じて、高畠は三つの確信をもつようになった。

一、マルクスが『資本論』で解明した資本主義の内在的論理は真実である。資本主義体制が継続する限り、マルクス経済学は有効だ。

二、マルクスは社会進化論を知らなかった。そのため、唯物史観という作業仮説に頼った。しかし、この唯物史観は、現実の歴史と合致していない。マルクスが想定した、国家が将来消滅するというのは幻想である。性悪な存在である人間を、暴力装置である国家によって押さえ込まないと人間の社会が自滅する。

三、国家は必要悪である。国家機能を過大評価してはならない。国家は社会からの収奪によって成り立っている。従って、収奪する対象である社会が強化されれば、国家もそこからの収奪を強めることができるようになり、強化される。

高畠は、徹底した性悪論によって、国家と社会の関係を考えた。社会を強化するためには、社会主義を採用する必要があると考える。

〈社会主義思想は元来、現実の社会に対する不平不満から生じたものである。現実に於ける社会秩序の拘束が苦痛に感ぜられ、新らしい社会秩序が理想として空想され憧憬されるところに、社会主義思想の起点がある。現実的に求めて得られないものを、崇高化し神秘化し、これにロマンチックな憧憬を捧げるのは、人情自然の流露だとも言へるであらう。それは中学生の女性讃美に近いものである。

初期の社会主義思想は、萌芽的状態から脱却するに至つて居らなかつた。現実的に得られないものを、漠然と憧憬するといふ状態から脱却し得なかつたのである。現実の社会秩序をば人類の誤謬に起因するものと考へたことも、畢竟《ひつきよう》するところ社会秩序並びに人間性の分析が十分に進んで居らなかつた結果である。

けれども社会主義は、単なる夢想に止まるべきではない。それは労働搾取の廃絶を目標とする実行的思想でなければならぬ。いつ迄も如上《じよじよう》の夢幻的段階に停滞して居れるものではない。現実社会の病弊が著しくなり、これに対する認識及び理解が進むにつれて、更らに現実的の根拠に立つ社会主義思想が現はれて来た。マルクス、エンゲルスに依つて代表される所の科学的社会主義と称するものが、即ちそれである。

この社会主義思想は、現実の社会秩序に対するヨリ科学的な分析から出発する。それは最早、現存の社会秩序を以つて人類の誤謬や過失に起因するものとは見ず、寧ろ社会進化の道程における必然的産物だと見るのである。現存するものはすべて必然的であり、その意味に於いて又合理的である。現存するもの以外に、自然的社会秩序などいふものの存在する筈がない。現存する秩序は最悪なるものでも最善なるものでもなく、避くべからざる歴史的必然の結果なのだ。それは是非善悪を超越したものだ、と説くのである。〉（高畠素之『自己を語る』人文会出版部、一九二六年、七二～七三頁）

高畠は、マルクス、エンゲルスによって代表される科学的社会主義が、それ以前の空想的社会主義と比較して、性悪説的論理をとっていることを肯定的に評価する。「高畠は唯物史観を性善説ととらえ、それを批判していたのではないか」という反問が、ただちに読者から寄せられると思う。この点について、高畠自身は釈明していないが、次のような論理構成をとっているものと筆者は理解している。

唯物史観とは、原始共同体、奴隷制、封建制、資本主義、社会主義、共産主義と人間社会の歴史が発展していくという歴史観だ。そして、始原であった原始共同体において階級が存在しなかったのと同様に歴史の終結点である共産主義社会においても階級支配がなくなると考える。高畠は、このような唯物史観は、性善説に基づくユートピア思想であると退ける。

これに対して、体系知（Wissenschaft）、すなわち科学である『資本論』の論理は、正しいと承認する。高畠の『資本論』解釈において、資本主義から社会主義への移行は、科学の枠内に含まれているのである。この点について、『資本論』で解明できるのは恐慌の必然性までで、資本主義から社会主義への移行（革命）の問題は、経済学と範疇を異にする宇野弘蔵とは異なる立場を高畠はとっている。

人間の利己主義に基づいて資本主義社会は成立している。しかし、利己主義に基づいて、商品経済が生産過程を掌握するようになり、資本の運動が加速すると、生産力が飛躍的に増大する。そうなると個人の利己主義を露骨に追求すると資本主義社会システム自体が崩れる危険性が生じる。高畠はこの点に資本主義から社会主義への移行の必然性があると考える。従って、マルクスが資本主義から社会主義への移行の必然性を説いたことも正しいのだ。これは唯物史観からではなく、経済学から導かれた結論なのだ。

〈人間性に関しても、科学的社会主義は空想的社会主義の如く楽天的ではない。寧ろ人類の行動を支配するものが利己心であると見てゐる。空想的社会主義が人間性の善美を信じ、理性を重要視したに反し、科学的社会主義は著しく性悪観的であり、唯物的である。現実の社会秩序は、決して理性や愛それ自身に依つて動かし得るものでなく、経済的物質的条件の変動によつて変動せしめられると主張する。

社会主義思想は斯《か》くして、著しく現実化されて来た。勿論、現実的科学的傾向が勢力を得るやうになつた後にも、一切の空想的傾向が消滅したといふわけではない。今日でも、無政府主義を初め芸術的人道的な社会主義思想が可なり根強く蔓つてゐる。が、少なくとも無政府主義を除く以外の空想的社会主義は、最早その勢力も微々たるものであつて、今日の社会主義思想界における観念的傾向といへば、主として無政府主義の代表する所となつてゐる有様だ。〉（前掲書七三〜七四頁）

マルクスの『資本論』を読めば、理性に基づいて論理をたどる能力がある者ならば、資本家であろうが、労働者であろうが、キリスト教の牧師であろうが、資本主義の内在的論理を理解することができる。そこから、エリートの良識に頼って、資本主義から社会主義への転換の可能性があると高畠は考えている。ロシア革命のような暴力革命が社会主義を実現するための唯一の道ではない。しかし、人間の財産や特権にしがみつこうとする利己心は強い。従って、それを実現するためには力が必要だ。高畠は国家という暴力装置を用いて、社会主義への転換を実現する可能性を追求した。もちろんこれも革命の一変種だ。高畠は、一九二八年四月二十日に宇垣一成陸軍大将を訪問した。高畠は、国家社会主義政党を結成し、自らも政界に進出することを考えたが、同年十二月二十三日の早すぎる死（享年四十二）によって、高畠の構想が現実政治に受肉することはなかった。

8

高畠は、マルクス主義者ではなく、国家社会主義者であると自認した。そのため、マルクス主義的イデオロギー、つまり唯物史観から自由になっているので、『資本論』のテキストを虚心坦懐に読むことができた。また、マルクス主義陣営内部の本家争いからも、距離を置き、それぞれのマルクス解釈を、解釈者の内在的論理に即して読むことができた。

高畠はエドゥアルト・ベルンシュタイン[82]の修正主義を以下のように評価する。

〈科学的社会主義思想もその発達につれて、二つの傾向に分れて来た。一つは正統派マルクス主義であり、他はベルンシユタイン等に依つて代表されるマルクス修正主義である。正統派は、社会主義を以つて現存社会制度の帰結だとする。けれども、それは単なる帰結ではなく、現存社会制度の否定に依る帰結だと見る。即ち否定のうちに発達の肯定を求める所の、弁証法的方法論に立つのである。然るに修正派は、社会主義を以つて現存資本主義制度の発展そのものから生ずる結果だと説く。修正派によれば、社会主義なるものは資本主義の否定から来る私生児ではなく、資本主義の本質の発展から来る所の正嫡子だ。元来、ヘーゲルの弁証法は思想発展の形式を示すものであつて、ヘーゲルに在つては思想が唯一の実有であるから弁証法的範疇を以つて直ちに実有の発展形式と見ることに無理がなかつた。然るにマルクスに在つては、実有は物質である。而も弁証法的範疇なるものは一つの観念的形態に外ならないのであるから、これを以つて実有発展の形式となすことは、観念主義的傾向への逆転又は膠着を意味することになる。マルクス主義をしてその現実主義的方向に直進せしめるためには、先づこの弁証法の旧き観念主義的範疇から脱却せしめることを要する。而して弁証法から脱却した現実主義的マルクス主義にとつては、修正派の指示する進化主義的軌道以外に進むべき進路は残されて居らないとする。〉（前掲書七四～七五頁）

高畠は、正統派と修正派の争点は、資本主義と社会主義が、基本的に断絶しているか、それとも連続しているかについての認識の差異から生じていると理解する。カウツキー、ベーベル等の正統派は、資本主義と社会主義への転換は非連続であり、従って革命が不可欠であると考える。これに対して、ベルンシュタイン等は、資本主義と社会主義は連続していると考える。革命を起こさなくても、日常的な改良、改革の積み重ねで、社会主義システムを構築することができると考える。高畠の考え方は、カウツキーに近い。ただし、社会革命は国家の枠組みの中で起きると考える。従って、社会体制は変化しても、日本という国家は変化しないと考える。ここから、『資本論』と国体論をつなぐ回路が生まれる。

マルクスの『資本論』は、国家を考察の対象から外して、社会を考察した。そして、労働力が商品化されることによって、資本家と労働者が「自由で対等な立場」で、労働力商品と貨幣（賃金）を交換するという関係の中に、階級的な支配・被支配の関係が潜んでいることを明らかにした。さらに資本家は労働者から搾取して得た利潤の一部を地主に渡さなくてはならない。土地に代表される自然は、資本によっても労働によっても作り出すことができないからだ。高畠もマルクスと同じ了解に達している。

その上で、高畠は国家について考える。そして、国家の存立は必然的であるという結論を導き出した。

〈我々は国家の本質を以つて自由の発展にありとなさず、寧ろ自由の制限又は拘束にあると見る。この点は、無政府主義ともマルクス主義とも相共通する所である。ただ、無政府主義やマルクス主義は、かるが故に国家は廃止すべきものと説くのであるが、我々はかるが故に国家の存立は必然的であると見做して、この実現的必然の上に社会主義を樹立しようとするのである。

元来、国家に限らず、人間が社会を形成し、共同生活を営むといふことが、既にそれだけ自由の制限を意味する。社会とは単に個々人が集合するといふだけのものではなく、この集合が外部的に規制されたものでなくては社会とはいひ得ない。而して斯かる規制の方面から見れば、如何なる社会も秩序であり、法的秩序である。この法的秩序としての社会の中、規模大にして且つ最も完全なる組織を有するものは国家である。

国家は自由の制限であるといふことは、国家の本質は、統制（強制支配）にあるといふことを、消極的に言ひ現はしたものに外ならない。この本質は、マルクス主義の主張する如く、階級搾取に求めらるべきものではない。搾取がなくとも統制は存在する。統制の起点は、社会をして社会

たらしむる如上の規制それ自身の中に置かれてゐる。〉（高畠素之『マルクス十二講』新潮社、一九二六年、一六四～一六五頁）

国家が自由を制限または拘束する本質をもっているということは、国家の本質が暴力装置であるということだ。暴力による人間に対する統制は、搾取がなくなっても存在するのである。一九一七年のロシア革命で、社会主義国家が生まれた。ソ連に搾取は存在しない。しかし、統制は存在している。ソ連国家は、欧米のブルジョア国家よりも剝き出しの暴力を行使している。

ஜ

高畠は、社会主義と国家の関係について、言説を三類型に整理している。第一類型が、無政府主義だ。無政府主義者は、社会主義体制ではただちに国家が廃絶されると説く。高畠は、無政府主義を観念論の一種と見なす。

〈観念的傾向との分岐は更らに、国家に対する見解及び態度の上にも示される。
観念的傾向を代表する所の無政府主義思想は、国家の否定に終始してゐる。無政府主義の父と言はれるバクーニン[83]は、国家と教会を『二つの黒獣』だと罵倒した。彼によれば、国家とは人が人を圧迫し搾取するために発明した道具に外ならない。如何なる国家も、強制支配を本質としてゐる。然るに強制支配なるものは人類の幸福を奪ひ、社会の向上を妨げるものである。人間性の完成は、自由社会の下にのみ現実される。強制支配は人類の自由を束縛するものであり、善を変じて悪と化するものだ。同じ一つの行為も、人がそれを自発的に行ふ場合には善となり得るが、権力によつて強制される場合には悪となつてしまふ。〉（高畠素之『自己を語る』人文会出版部、一九二六年、七五頁）

高畠には、無政府主義に対する共感がある。〈同じ一つの行為も、人がそれを自発的に行ふ場合には善となり得るが、権力によつて強制される場合には悪となつてしまふ〉などという言説は、高畠の心情にきわめて近い。しかし、人間が性悪な存在であることは自明なので、無政府主義は観念の中でしか存在しないと断罪する。高畠の性悪説は、超越的性格を帯びている。考察の大前提として、「人間の本性が悪である」という決めつけがある。ただし、人間が自らの性悪説に気づくのは、善に対する志向があるからだ。高畠の性悪説がニヒリズムに陥らないのは、善に対する予感があるからだ。聯合社会、すなわち、アソシエーションに対しても、高畠は憧れをもっている。事実、高畠は弟子たちに対する面倒見がひじょうによかった。これも自分の手の届く範囲でアソシエーションを創りたいという欲望が高畠に潜んでいたからだと筆者は考えている。それだから、バクーニンについて以下のような好意的解説をするのだ。

〈それ故、来たるべき理想社会には、公的権力を以つて上より下に命ずる何等の組織もあつてはならない。バクーニン自身の言葉を借りていへば、『社会の組織及び集合的又は社会的なる所有の組織は、自由聯合の方法によつて下より上に行はるべき』であり、『何等かの権力によつて、上より下に行はる』べきではない。これ即ち、無政府主義者が理想とする唯一の社会であって、斯かる理想社会実現の途上に横はる一切の障害は破壊されねばならぬ。要するに無政府主義は、国家を階級的抑圧の機関と看做して、自由なる聯合社会建設のために、これを破壊し絶滅しようとするのである。〉（前掲書七六頁）

国家が暴力装置で、階級抑圧機関であるという基本認識において、マルクス主義も無政府主義も共通している。ただし、無政府主義は、国家がさまざまな抑圧の原因であるので、国家を除去すれば、搾取や格差もなくなると考える。これに対してマルクス主義は、労働力商品化による搾取から階級抑圧が生じると考える。従って、搾取がない社会ができれば、自ずから国家は消滅すると考える。逆に搾取が存在するような状態で、人為的に国家を消滅させることはできないというのがマルクス主義のドクトリンだ。高畠はこのことを正確に理解している。

〈国家を階級的抑圧の機関と認める点においては、マルクス主義も無政府主義と異なるところがない。ただ、無政府主義においては、国家そのもの、強制権力そのものが百悪の本源であって、搾取的抑圧の如きはその一つの現はれに過ぎないと見る。随《したが》って搾取的抑圧の廃止、労働搾取の廃止は、国家の廃止そのもの丶中に含まれることになる。無政府主義に於いて国家及び強制権力の廃止が先決問題とされる所以は茲《ここ》にある。

然るにマルクス主義に於いては、階級対立をば労働搾取関係の表現に過ぎないと見て、一切の支配を経済的階級支配に帰せしめる。随つて国家とは、経済上の搾取階級が被搾取階級をその圧伏条件の下に強圧するための機関に外ならぬ。そこでプロレタリアの手に生産機関が収められて搾取関係随つて又経済的階級対立が消滅した暁には、国家も勢ひ自滅することになると説くのである。〉（前掲書七六〜七七頁）

高畠は、搾取がなくなる社会を作ることは可能と考える。しかし、それが国家の消滅をもたらすとは考えない。しかし、マルクス主義は、社会主義革命が達成された後も国家が存続することを認めるトリックがあると高畠は考える。この点に高畠のマルクス解釈の深さがある。

まず、階級社会と国家の関係について高畠はこう整理する。

〈マルクス主義の如上の国家観は、唯物史観に根柢を置くものだ。一定の社会が階級社会を構成するに至るのは、その社会の内部に他人の余剰労働を横取りする人々の群と、その余剰労働を横取りされる人々の群とが生じた時である。搾取者の群も被搾取者の群もそれぞれ利害を共にする人々の結合によつて階級を結成し、相互に対立することとなる。斯くして、全社会は相争ふ所の階級に分裂されるのである。

若しこの階級間の対立及び抗争を勢ひの赴く儘に放任して置いたならば、社会は軋轢の極、遂に崩壊してしまはねばならぬ。社会の崩壊は当然、その内容をなしてゐる各階級の崩壊を意味するものであるから、社会が分解して崩壊に帰した時には、搾取階級も亦その位置を失はねばならぬことになる。そこで搾取階級は自己の搾取的地位を維持するため、一つの強制権力を以つて社会の秩序を維持し、被搾取階級の反抗を抑圧せねばならなくなる。この抑圧的機関として現はれたものが即ち国家だといふのである。
このやうに階級的反抗を抑圧する必要から生じた国家は、権力の最も強大なる経済的支配階級の国家であることを常としてゐる。エンゲルスの言ふ如く、『古代の国家が、先づ第一に奴隷所有者による奴隷抑圧のための国家であつたと同様に、封建国家は貴族の体僕及び農奴を抑圧するための機関であり、また近世の代議国家は資本が賃銀労働を搾取するための道具となつてゐるのである。』〉（前掲書七七～七八頁）

社会が軋轢を繰り返していると弱体化してしまう。社会が弱体化してしまうと、そこから収奪することで生きている国家、具体的には官僚階級が生存していくことができなくなる。官僚階級はそこで、国家という暴力装置を用いて、社会的調整を行うのだ。社会を生かしながら殺していき、殺すために生かす「生権力」として国家は存在するのだ。

唯物史観によれば、資本家（ブルジョア）階級は、歴史上、最後の搾取階級である。その理由は以下の通りだ。

〈然るに、マルクス主義によれば、ブルヂオア階級なるものは人類史上に於ける最後の搾取階級であり、社会発達の進行中必ず滅亡すべき運命を担つてゐる。然らば、最後の搾取階級たるこのブルヂオア階級が滅亡し、階級搾取が存在しなくなつた時、国家は果して如何になり行くであらうか。マルクスはその著『哲学の窮乏』の中に言ふ。――『第三階級の解放、市民的秩序の条件が、一切の特権的身分の撤廃であつたと同様に、労働階級解放の条件となるものは、階級といふ一切の階級を撤廃することにある。労働階級は進化の道程上に於いて、旧来のブルヂオア的社会に代はらしむるに階級及び階級対立を排除する一つの聯合を以つてするであらう。』而してこの時以後、『厳密な意味の政治的権力は最早存在しなくなるであらう。』なぜならば『政治的権力なるものは、ブルヂオア的社会に於ける階級的対抗の表現に外ならないからである。』

即ちマルクス主義によれば、搾取階級が消滅し、個々人を支配する所の強制的権力が消滅に帰した後には、自由なる聯合社会が現はれる。この自由聯合社会の下に於いては、最早何人も他人の意志に服従することなく、己れの意志の命ずる儘に活動することが出来る。それは無政府主義の理想する自由聯合社会と、何等異なる所のないものである。この意味に於いて、マルクス主義も、無政府主義も、共に同一の目標を指すものと言ひ得る。〉（前掲書七八〜七九頁）

無政府主義とマルクス主義の国家観は、タイムラグの相違があるだけで、基本的に同一ということになる。高畠はこのタイムラグに注目する。タイムラグが一年、あるいは十年、あるいは千年ということになると、それがもつ実質的な意味が異なってくる。

〈然らば、無政府主義とマルクス主義との相異点は何処にあるか。それは前者が直接に国家の破壊を要求するに反して、後者が、国家消滅の目的現実のためプロレタリアの手に国家権力の掌握せらるべき中間段階の必然性を強調する点にある。即ち国家なき共産社会に到達すべき必然の道程として、『プロレタリア国家』なるものの介在を認めるところに、マルクス主義の特色があるのだ。

マルクス主義は、プロレタリア革命の勝利によつて直ちに国家なき理想社会が実現されるとはしない。その理想社会に到る中間段階として、一定の期間『プロレタリア国家』なるものが存在すべきことを主張する。政治的に結合したプロレタリアは、先づブルヂオアから政権を奪取して彼等を政治的支配階級たる地位から墜落せしめる。而して彼等に代り、プロレタリアが新たに社会の支配者となるのである。

プロレタリアが政権を奪取したからといつて、直ちに国家が全社会を代表するものとはならない。なぜならば、社会の一方には尚ブルヂオアが残存してゐて、ブルヂオア的社会を復興すべき機会を覗《うかが》つてゐるからだ。そこで彼等を圧伏する為に、国家権力を利用する必要が生じて来る。斯くして、国家はプロレタリアがブルヂオアを圧伏する為の機関となり、プロレタリアの階級支配機関となるのである。更らにプロレタリア国家は、ブルヂオア的搾取制度の残留を廃除して、産業社会化の徹底を促進するといふ重大な使命をも果たさねばならぬ。斯くして搾取なく階級なき共同社会に到達した時、一切の強制権力は不用に帰して国家は自滅するといふのである。〉（前掲書七九〜八〇頁）

マルクスは、一八七一年のパリ・コミューンをプロレタリア独裁であると規定した。確かにパリ・コミューンでは労働者と市民が決起し、権力を掌握した。しかし、この政権は同年三月二十八日から五月二十八日までの二カ月しか存続しなかった。パリ・コミューンが現実の社会主義国家のモデルになりえないことは明白だ。

レーニンは、マルクス主義を継承すると自称した。そして、ソ連国家が存続する根拠をパリ・コミューンで行われたプロレタリア独裁に求めた。この点について高畠は次のように解説する。

〈レーニンによれば、マルクス主義における理想実現の第一歩は先づプロレタリアが政治革命によつて国家権力を掌握し、ブルヂオア国家を廃止することにある。エンゲルスが『国家としての国家を廃絶する』と言つたのは、この事だ。この国家廃止後に尚残存する所のプロレタリア国家なるものは、本質を抜き去られた残骸的国家に外ならない。プロレタリアの政権掌握後、産業社会化が進み社会革命が完成されるにつれて、この残骸的国家は次第に自滅する。それは『寝入つてしまふ』のである。斯くして、社会からは一切の強制権力が廃除されて完全なる自由聯合が実現されることになる。

レーニンのこの解釈は、マルクス主義国家論の中最も純真にして卒直なるものであるが、其処には尚本質的の曖昧が残されてゐる。曩《さき》にも述べた如く、マルクス主義では、国家が階級的搾取維持の機関であることを主張する。この国家は即ち、プロレタリアの政権掌握に依つて廃止さるべき『国家としての国家』でなければならぬ。然るにマルクス主義では、階級対立なるものは労働搾取関係及びそれから派生する所の搾取者内部に於ける経済的利害対立に依つて生ずるものとするのであるから、搾取関係なく随つてそれに伴ふ所の経済的利害対立なき、レーニンの所謂『プロレタリア国家』段階に対して、階級及び階級支配を肯定し得べき論拠がなくなる。随つて一つの階級支配に立脚すべき『プロレタリア国家』なる概念も成立し得ないことになる。若しこの概念を成立せしめるため、搾取関係以外の所に階級対立の論拠を求めるとすれば、それはマルクス主義の唯物史観的根拠を覆へしたことになる。然るにレーニン及エンゲルスは、搾取関係なき『プロレタリア国家』にも尚ほ階級支配の存続すべきことを認めてゐる。して見れば、彼等の階級対立観は労働搾取関係のみを本質的要素とするものではなく、随つて厳密の意味の唯物史観的階級観に終始するものではないといふことになる。〉（前掲書八〇〜八二頁）

高畠は、マルクスとレーニンの国家論に断絶性があることに気づいた。レーニンのプロレタリア国家論を高畠は、〈マルクス主義国家論の中最も純真にして卒直なるものであるが、其処には尚本質的の曖昧が残されてゐる〉と述べるが、この曖昧さは本質的な点における曖昧さだ。マルクスによれば、搾取が根絶されれば国家は消滅するはずである。ロシア革命においても、資本家や地主は数年で淘汰された。それにもかかわらず、ソ連という国家がなぜ存在するのであろうか。国家は、他の国家との関係で存在する。帝国主義諸国にソ連が包囲されている状況で、ソ連も国家をもつのは、生き残るために当然だ。しかし、ここから本質的な問題がでてくる。ソ連において、搾取が根絶されているにもかかわらず、国家が存続している根拠だ。高畠はこう指摘する。

〈労働搾取関係は廃除されても階級対立及び階級支配は廃除されない。これは現実的の事実だ。

レーニンは此拒み難き事実に脅威されて『プロレタリア国家』といふ自家撞着的の観念に隠れ家を求めたのであるが、此事実の存在それ自身が、マルクス主義階級観の破綻を証明するものだ。階級の本質は、単なる労働搾取関係以外の所に求められねばならなくなつて来るからである。

マルクス主義の階級観及びそれに立脚する国家消滅説は、斯くの如く曖昧極まるものであつて社会主義思想上の現実主義的傾向を代表する如く見えるマルクス主義も、この方面の理論に於いては殊に甚だしく、国家に対する鬱憤的反感のため現実的必然の認識を曇らされざるを得なかつた。この意味に於いても、マルクス主義は尚観念的傾向から全然脱却するに至つて居らないといひ得る。〉（前掲書八二頁）

ここから高畠は、国家の根拠を階級対立、階級支配に求める。そして、国家社会主義の正当性を論証しようとする。

第十四章　社会主義と国家（下）

国家社会主義というと、ナチスを連想するが、ドイツにおける国家社会主義の伝統は長い。十九世紀の社会主義運動の中で国家社会主義を説いたのは、フェルディナント・ラッサールである。ラッサールも共産主義者同盟のメンバーであったが、マルクス、エンゲルスとは対立した。ラッサールは国家主導による社会主義の実現を考えた。もっとも一般にラッサールはマルクスの複雑な理論を通俗化した人物ととらえられていた。ラッサールは、情熱家で組織能力に長けていたが、恋愛がらみの決闘に敗れて三十九歳で死去した。

プロシアの宰相オットー・フォン・ビスマルク[84]とラッサールは友人だった。ビスマルクは、社会政策という形態でラッサールの国家社会主義をプロイセン王国の政策に取り入れた。十九世紀後半のドイツの社会主義運動においては、マルクス派よりもラッサール派の影響が強かった。高畠素之は、ラッサールの国家社会主義について次のようにまとめる。

〈国家論の上でマルクス主義と相対立した位置に立つものは、国家社会主義である。歴史的にいふ国家社会主義は、ロドベルトス[85]及びラツサレの思想によつて代表されるものであつて、彼等は国家をば階級対立の結果と見ず、人類の自由と幸福の発展が国家によって実現されると説いた。マルクスと同時代に現はれたドイツ社会主義界の大立物ラツサレは、マルクスの影響を受けて従来一切の歴史は階級支配の交代連鎖であつたことを認め、プロレタリアの解放によつて階級対立が廃除せられ、調和と和合の社会が実現されると信じてゐた。けれども彼れは、マルクスが階級廃滅と共に国家の消滅すべきことを説いたに反し、階級の廃止は寧ろ国家の完成を意味するものだと主張した。

ラツサレに依れば、人類の歴史は窮乏、無智、貧困、無力、自然等と戦つて、これを征服する行程である。斯《か》かる行程は自由の発展を意味するものであるが、人類は個別単独の力を以つてはこの目的を達成することが出来ない。個別単独では到底期待することの出来ぬ教養や、自由や、力量やを結合の力によつて獲得せしめるものが、即ち国家である。これだけの命題に依つても、ラツサレの国家観が著しく倫理的理想主義的であることが解る。この意味に於いて、彼れの国家観は、国家を以つて万悪の根源と見る無政府主義の反対主張と共通の空想的地盤に立つものといひ得る。〉（高畠素之『自己を語る』人文会出版部、一九二六年、八三〜八四頁）

高畠は、ラッサールが主張した国家社会主義をとらない。ラッサールは、国家において階級対立が克服されると考えている。それは、国家に支配・被支配の関係を超克する機能が備わっているという了解があるからだ。しかし、国家について高畠の了解はラッサールと異なる。高畠は、〈我々も多年国家社会主義を主張して来たが、我々の国家社会主義は如上ラツサレの国家社会主義とは本質的に前提を異にしてゐる。我々は国家の第一本質を支配に求め、第二本質を階級支配に求める。〉（前掲書八四頁）と強調するのである。

8

高畠は、人間は性悪な存在であるので、エゴイズムを基準に動くと考える。各人のエゴイズムを調整するのが社会の機能だ。社会によって人間のエゴイズムは統制されるのである。しかし、社会から性悪な性質が消え去るわけではない。

〈国家に限らず、如何なる社会にも支配の機能が働いてゐる。この機能は、人類がエゴイズムを本質とする所に起点を置く。個々人はエゴイズムの体化である。さういふ個々人の集合は、遠心的の単位累積に外ならず、集合それ自身の目的にすら添はないものである。そこで、この遠心的累積を化して求心的の統一ある組織体たらしめる為には、エゴイズム調節の機能を必要とする。この機能は即ち支配統制の機能であつて、社会とはこの機能に依つて調節統合された個人集合体にほかならぬ。

一面に於いて、人類のエゴイズムには支配優勝的の欲望が含まれてゐる。而してこの欲望が又支配機能発動の主観的原因となるのである。

如何なる支配も自由の拘制を意味する。而して社会とは支配機能に依つて調節統合された個人集合体に過ぎぬものであるから、如何なる社会も自由の拘制を意味する。国家も亦一つの社会であるから、自由の拘制を伴ふ所の支配集合体たる点に変りはない。けれども国家は、この点に於いて単なる社会よりも更らに限定された特徴を有《も》つてゐる。一言すれば、国家に於いては、単に支配機能が作用してゐるといふばかりでなく、この機能が他の社会的諸機能から総括的に分化独立して、それを運用すべき強制権力及び支配器官が特殊の社会群に依つて掌握されるといふ状態に達してゐる。この社会群を階級といふ。そこで国家とは、階級支配に依つて統制された一つの地域社会だといふことになる。〉（前掲書八四〜八五頁）

高畠は、国家を社会の延長線上に見ている。ただし、他の社会と異なり国家は強制権力すなわち、暴力を裏付けに運用され、特殊な社会群すなわち官僚階級によって掌握されている。

〈いま、卑近な例解を以つてこれを説明するならば、如何なる生物体にも消化機能が作用してゐる。けれども下等生物に在つては、この機能が他の身体諸機能から分化することなく、全身を以つて同時に消化機能にも其他の諸機能にも役立たせるといふ有様だ。モネラの全身は、胃腸でもあれば、肺臓でもあり、心臓でもあり、肛門其他でもあるといひ得る。然るに高等生物となるに従ひ、それぞれの身体機能が分化独立して、消化栄養のためには胃腸といふ特殊の器官が設けられて来る。

社会の支配機能もこれと同様であつて、同質結合の単純社会に於いてはそれは他の諸機能と混合して作用するのであるが、成員の異質複雑化が進むにつれて次第に分化され特殊化されて来る。この支配機能分化は、原始的の種族社会に於いても既に可なり著しく進んでゐた。武将や裁判官に依つて支配機能が担任されるといふ現象は、原始社会に於いても屢々見られる所である。けれど斯種の社会段階に於いては、支配機能がそれ自身として総括的に分化独立するといふ所には尚いまだ達して居らない。〉（前掲書八五～八六頁）

国家を国家として成り立たしめる暴力の起源はどこにあるのだろうか。高畠の理解では、社会が複雑化し、統治機構ができることによって、そこにいわば人間の性悪なエゴイズムが偏在するようになる。それが暴力の起源なのである。

ここに二つの共同体が存在する。一つの共同体が他の共同体を征服して支配下に置くというモデルが国家の起源なのである。ここで高畠が下敷きにしているのはモルガン[86]『古代社会』の内容だ。モルガンのこの著作は、マルクス、エンゲルスの双方に強い影響を与えた。

〈支配機能分化の事実が極めて明瞭な形を採るやうになつたのは、一つの種族社会が他の種族社会を征服して服従的の位置に置き、斯くして支配階級との区分を確立するに至つた時である。即ち種族社会それ自身の内部に進行してゐた支配機能分化の傾向が、種族対種族の衝突といふ外部的機縁に逢着して、茲《ここ》に単なる支配が階級的支配となり、支配階級が専ら支配上の機能及び器官を掌握することになつた。そこに国家の直接の前提が成立するのである。〉（前掲書八六頁）

そして、支配者が被支配者から収奪する。

〈種族征服と同時に、又はその後に及んで、国家の内部に労働搾取の関係が成立する。それと共に、支配関係は搾取関係と結合して、経済上の搾取者は同時に又支配階級となり、国家を以って搾取維持の機関にも役立たせるやうになる。現在の資本主義的国家は、その最も標本的なるものである。〉（前掲書八六〜八七頁）

ここで高畠は、〈国家の内部に労働搾取の関係が成立する〉と述べているが、この表現は正確でない。搾取は、労働力商品化が実現されてはじめて成り立つ概念だ。労働者は、労働力商品を価値通りに資本家に売る。これは、自由、平等な契約であり、ここでの階級的支配・被支配の関係は、商品交換の中に埋没してしまう。

これに対して、ここで高畠が示す一つの共同体が他の共同体を征服した場合は、暴力を背景に被支配者から富を収奪するからである。

8

高畠は、国家、階級の本質はいずれも支配にあると考える。支配を円滑に行うためにはイデオロギー操作が重要である。しかし、究極的に暴力の裏付けがなくては、支配は不可能である。無政府主義者は、国家を廃絶すれば、人間が人間によって支配される状態も人間が人間を支配する状態もなくなると考える。マルクス主義者の国家観も遠い未来においては無政府主義者と同じだ。これに対して、高畠は性悪な本性をもつ人間は他者を支配したいという欲望を克服することはできないと考える。

〈が、国家にしろ、階級にしろ、その第一義的本質は支配に在つて、搾取に在るのではないからプロレタリアの政権掌握に依つて労働搾取の関係は廃除されても、階級支配及び国家は廃除されるものでない。ただ、搾取関係と支配関係との結合が分離されて、純粋の階級支配関係が確立され恢復されるといふに過ぎないのである。だから、所謂ブルヂオア国家なるものの廃止後にも尚階級支配及国家の存続するは当然の話であつて、この国家はレーニン等の主張する如き残骸的国家でもなければ、『半国家』でもない。それは『国家としての国家』であり、純粋の国家である。それはレーニン等の主張する如く、単に旧ブルヂオアの圧伏のみを主要任務とするものではなくプロレタリア自身に対しても一つの支配主体たるものである。現に残骸的国家たり、『プロレタリア国家』たることを以つて自任してゐる労農ロシヤ国家に於いてさへ、その強制支配は一般プロレタリアの上にも及んでゐるではないか。労農ロシヤに於いては、共産党が新たなる支配階級であつて、その他の国民は旧ブルヂオアたるとプロレタリアたることを問はず、総べて共産党支配下の被圧伏階級である。〉（前掲書八七頁）

高畠の国家論はソ連の現実を観察しながら組み立てられている。ソ連では、労働力商品化は廃止された（そのかわり、強制労働が常態化した）。しかし、支配・被支配の関係は厳然として存在する。レーニンは、ソ連を過渡期国家であると説明する。世界革命が成就した暁には国家は消滅する。それまでの間、国家を廃絶するという目的のために存在する国家がソ連なのである。ソ連においてはプロレタリアート独裁が行われる。これは、資本家が再び息を吹き返して社会主義革命の成果を無にすることを防ぐために期間を制限してとられる措置だ。そして、ブルジョア階級が完全に除去された後には、階級支配が存在しない「半国家」にソ連は変貌する。高畠はレーニンのこの説明をまやかしと考えた。

ソ連国家においても、その本質は支配である。権力を握った共産党が、それ以外の人びとを支配するのである。〈労農ロシヤに於いては、共産党が新たなる支配階級であつて、その他の国民は旧ブルヂオアたるとプロレタリアたることを問はず、総べて共産党支配下の被圧伏階級である〉という高畠の洞察は、ソ連の本質を衝いている。

国家を実態として担うのは官僚だ。資本主義社会においては、官僚階級の支配と、経済を通じた資本家階級の支配が混在している。これに対して、ソ連の場合は、資本家階級が根絶されてしまったので、共産党官僚が露骨に人民を支配する国家になっているのだ。このことを正面から見据え、高畠は国家論を構築する。

&

高畠は、マルクス、エンゲルスとレーニンの間に国家論をめぐる断絶があると考える。

〈レーニン等はマルクス主義の理論を以つてこの冷酷なる現実を是正的に隠蔽しようとしてゐるのであるが、この現実の存在それ自身がマルクス主義国家観の否定を意味する。マルクス主義国家観は、その方法論に於いて弁証法的観念主義の旧き形態を固守すると同時に、人間性並びに人間社会の理解に於いても、尚いまだ無政府主義の楽天的ユートーピズムから全然脱却する迄に至つて居らない。〉（前掲書八七～八八頁）

レーニンが、プロレタリアート独裁が真の自由と民主主義を担保するとか、ソ連は暴力機能をもたない「半国家」になるという言い訳にエネルギーを注ぐのは、無政府主義の国家の廃絶というドクトリンを引きずっているからだ。むしろ、マルクスやエンゲルスがもっていた性悪論に基づく国家観を継承することが重要と高畠は考える。

〈マルクス主義の現実主義的、宿命的、悪魔的、性悪観的傾向を採用して、その到達すべき最終の帰結に徹底せしめるものは、即ち我々の機能的国家社会主義である。社会主義思想上の現実主義的傾向は、我々の国家社会主義に於いて、その予定されたる究極の運命に到著したものといひ得る。（高畠著『マルクス十二講』第四講参照）

附記、我々の国家批評に対するマルクス主義者側からの唯一の反響は、我々が現実の国家から出発しないで、抽象的の国家概念に終始してゐるといふのであるのであるが、これは窮余の悲鳴であらう。現実から出発して普遍の法則を見出すことが科学的分析の任務ではないか。試みに現実的国家の標本として、『プロレタリア国家』、『ブルヂオア国家』、封建国家及び奴隷国家の四つを採れ。直ちに迫り来たる問題は、これら四種の国家形態に共通した普遍的本質は何かといふことだ。若し個別的現象形態からの抽象を以つて、科学への叛逆だとするならば、マルクスが利潤の現象形態を説明するため余剰価値の抽象概念に溯り、現実の価格を説明するため抽象の産物たる価値から出発したことも、同様に科学への叛逆だといはねばならぬ。更らに、彼れが資本主義的商品生産の分析を資本主義ぬきの単純なる商品生産の考察から踏み出したことも、同様に反科学的だと断ずるの外はなくなつて来る。生けるマルクス主義者、死せるマルクスを走らせようとするのであるか。〉（前掲書八八～八九頁）

高畠は、『マルクス十二講』（新潮社、一九二六年）の第四講を「マルクスの国家学説」と題して、マルクスの階級国家観をバクーニンの無政府主義、ラッサールの国家社会主義と比較して、高畠自身の立場についてこう記す。

〈ブルヂョアを倒したとき、マルクス主義の謂ゆる『ブルヂョア国家』なるものは倒れてしまふであらう。然しそれは『国家としての国家』が廃除されるのではなく、寧ろ『国家としての国家』の再確立を意味するといふ風にも考へ得るのである。〉（高畠素之『マルクス十二講』一七〇頁）

「国家としての国家」の再確立とはどういうことか。資本主義社会においては、労働力商品化によって、支配・被支配の関係が交換形態に包摂されてしまい、見えにくくなる。労働力商品化を廃棄した社会主義社会において搾取は存在しない。しかし、そこにも共産党官僚による支配が存在する。この支配は暴力によって行われていることが見えるのである。資本主義社会と異なり、社会主義体制においては暴力が可視化される。従って、その暴力を人間の力によって制御、抑制することができるようになると高畠は考えるのだ。性悪な人間の実態が可視化された社会の方が、暴力が交換形態に包摂され見えなくなっている資本主義社会よりもよい社会であると高畠は考える。この点が、国家を階級対立を超越する機関であると考えるラッサールと本質的に異なるのだ。ラッサールはヘーゲル左派の出身だ。ヘーゲルにとって国家は、家族、市民社会から発展した階級対立を超える存在である。ラッサールの国家社会主義は、ヘーゲルの残滓をそのままひきずっているのだ。そのために国家の暴力性が見えなくなってしまう。暴力に依存する比率の低い国家や社会をつくるためには、まず暴力を可視化しなくてはならないと高畠は考える。

高畠の国家観は、マルクスと同様に国家が存在する限り支配・被支配の関係が存続するというものだ。マルクスは、遠い将来に国家が消滅した社会が到来すると考える。これに対して、高畠は、人間の本性に支配欲が刷り込まれているので、国家は永遠に続くと考える。

8

高畠は、プロレタリア文学者の平林初之輔[87]が、国家社会主義は社会主義に封建制を接ぎ木するものだと批判したのに対し、「国家と性格」と題する小品で平林を揶揄しこう述べている。短い文章なので全文を引用する。

〈社会主義に自由主義では酒に餅だが社会主義に国家主義なら鬼に金棒だといふやうなことを言つたら、封建主義にペンキを塗つても社会主義は成功しまいと平林初之輔君が横槍を入れた。国家主義を封建主義と早合点しろとは、誰れも言はなかつた筈だ。

る。国家の本質は、隷農制、資本主義制、社会主義制といふやうな経済上の史的発展を超越してゐる。此等の如何なる経済制度に対しても国家は必然不可分であり、此等の如何なる経済制度と結合される国家も、階級的強制支配といふ本質に於いては一切無差別である。国家の斯かる本質を認識して肯定することが、即ち私の謂ふ国家主義と称するものの一面だ。

ただ、同じ結合といふ中にも、国家が何《ど》うしても避けられないから仕方がないといふ調子で、不承不承に腐れ縁を保つてゆく経済制度もあれば、進んで国家の本質に融合され得る似た者夫婦の鬼に金棒もある。資本主義経済の自由主義は前者に属し、社会主義経済の集中主義は後者に属する、といふのが私の主張であつた。封建主義云々は私の知る所でない。

だが、問題は恐らく、そんな理窟にばかり在るのではあるまい。大方は性格の差異である。私の謂ふやうな理窟に愛着し得るものは、私のやうな性格にのみ限られると同じく、平林君の謂ふやうな理窟を固執し得るものも亦平林君のやうな性格の人物にのみ限られるのであらう。世の中には、偽善タイプの性格もあれば、偽悪タイプの性格もある。私は必ずしも偽悪者を以つて任ずる訳ではないが、社会主義者の多くがブルヂオアと相等しく偽善タイプの部類に属することは争はれない事実のやうだ。

強制といひ、支配といひ、階級といひ、いづれも余り感じの良い響きでないことは誰れも同感だ。同感だからといつて、これが社会の現実であり必然であるといふ事になつたら、どうする。現実でも必然でも構はない、虫が好かないから否定するといふのは、徹底無政府主義の立場で男らしい。現実であり必然である以上は、厭な感じは伴つても、寧ろ進んでこれを肯定するといふのが、私自身の立場である。最後に、現実や必然を否定するほどに理性の活力は薄弱ではないがさればと言つて、不快な感じを伴ふものを進んで肯定することも出来ない。そこで何とか、かとか、本質そのものを臭はせないやうな毒消し文句に後光をつけて、裏口からコソコソと肯定してかかる。多くの社会主義ブルヂオアのやり口はそれだ。前提に於いて国家を否定しながら、庶民国家（ベーベル）[88]とか、未来国家（カウツキー）とか、プロレタリア国家（レーニン）とか、等等、まやかし文句の簑に隠れて、いつの間にか現実には寧ろ卑俗的に国家を肯定し利用してゐるといふのが、彼等偽善人種の奥の手である。

屁をおならといひ、めしを御飯といひ、大臣を人民委員といつたからとて、別段くさ味が減つたり、うま味が殖ゑたり、大臣の特質が爪の垢ほども引つ込んだりする訳ではない。勿論、籔から棒に屁と呶鳴《どな》るのも野暮な話だが、さればといつて、糞はたれても屁は放らぬといふやうな面をして、やれ自由の、デモクラシーのと、愚にもつかぬお念仏に有難味をつけながら、靴の踵で一銭銅貨を抑へ込まうとするやうな鼻もちならぬ空気に接すると、つひ屁でも嗅げとからかひたくなる衝動を如何ともすることは出来ない。

附記。尤も平林君はプロレ人種の中では、（少なくとも文章の上では）一番おなら臭味の少ない人として、つね日頃割合に敬服してゐる訳なんだが。〉（高畠素之『自己を語る』人文会出版部、一九二六年、一六四～一六七頁）

高畠は、国家の起源を一つの共同体による別の共同体に対する征服と支配であると考える。国家はその本質において支配・被支配の関係を含む。繰り返しになるが、それは、レーニンがプロレタリアート独裁によって、一時的にブルジョアジーによる権力奪還を阻止する必要があると主張した枠組にとどまらない本質的かつ恒久的な支配機関だ。ソ連においては共産党官僚が支配階級なのである。冷静にあるがままのソ連を観察すれば、それはわかるはずだ。それにもかかわらず、左翼は、平林初之輔のような知的水準の高い人でもソ連国家の本質から目をそらしていることに高畠は苛立ちを覚えている。

　ここで興味深いのは、高畠と平林の国家観の違いを高畠は性格に起因すると論評していることだ。平林の場合、ソ連に対する過剰な思いのため、内心では「ソ連はおかしい」と思っていながら、偽善的態度をとり、ソ連を美化していると高畠は考える。このようなソ連かぶれの知識人よりも、国家を「虫が好かないから否定する」という無政府主義者の方がずっと男らしいと高畠は述べる。理屈というのは、所詮、偏見から生まれているというエドマンド・バーク[89]につながる保守主義的姿勢が高畠にはある。

　しかし、高畠は文化的保守主義の立場はとらない。この点について、高畠は「日本社会主義」と題する小品で自らの立場を鮮明にしている。

〈我々が『西洋かぶれ』の社会主義や労働運動を冷嘲した当時、耳を掩ふて脇を向いてゐたらしい人々の間にも、此頃ポツポツ日本的社会主義とか、社会主義の日本化とかいふ言葉が聴こえ出した。かうなると又、ちよツと、チヤリを入れて見たくなる。

日本的社会主義とは何か。日本にも昔から社会はあつた。其意味に於いて、日本も亦社会主義学の対象となり得べきであるは言ふまでもない。けれどもそんな事を殊更ら、日本的社会主義といふには及ぶまい。同じ意味で、日本的経済学や日本的社会学を喋々《ちょうちょう》したら滑稽であらう。日本には、社会主義学の対象となるべき社会もあり、社会制度の変遷もあつたが、学的体系としての社会主義なるものはなかつた。それは全部西洋からの輸入である。それで輸入の社会主義学では物足りないから、進んで日本独特の社会主義学を産み出さうとするのが、所謂日本的社会主義なるものの目ざす所であるか。けれども恋と知識には国境がないといふではないか。西洋の社会学や経済学、日本の社会学や経済学といふものはあるまい。社会主義学でも、西洋のものは可なり完備して深い所まで進んで居り、論拠も科学的にシツカリしてゐるから、それを今のところ世界の社会主義学と見て差支ない。勿論、それは更らに完成せらるべきものであらうが、実をいふと、我々はまだ西洋の学説を十分にコナして理解する所まですら進んで居らないのだ。〉（前掲書二一六〜二一七頁）

マルクスの唱えた社会主義の特徴は、それが体系知（Wissenschaft、科学）によって裏付けられていることだ。この体系知という知の形は西洋に独特のものである。従って、それを無視した日本社会主義なるものは、存在根拠をもたないのである。

〈其証拠には、日本に幾人社会主義者があるか知らぬが、彼等の中本当に西洋の社会主義学説を消化してゐる者は、暁の星よりも多くはあるまい。大抵はマルクスやレーニンの片言隻言に盲酔してゐるだけで、学説その者の神髄に徹してゐるものは余り見当らない。右傾だ左傾だ、余剰価値だ過渡期だ、インターナショナルだ革命だといふ、最低級の断片的概念を、さながら学説その者でもあるかの如く、盲目的に礼讃するといふ程度を一歩も踏み越えないものが、至つて多いことは否定できまい。

飜訳の時代はモウ飽々したといふ者がある。然し我々はまだ、必要な段階としての飜訳の時代を通過して居らないのではないか。そこで西洋の思想学問を十分に飜訳し、十分に咀嚼し消化するといふこと、それが現在における我々の任務でなければならない。少なくとも学問に於ては、我々は今のところ、西洋以上に誇るべき何ものをも持たないからである。社会主義学に於いても其通りだ。〉（前掲書二一七頁）

高畠は、〈少なくとも学問に於ては、我々は今のところ、西洋以上に誇るべき何ものをも持たないからである。社会主義学に於いても其通りだ〉と言い切る。これは、マルクスの『資本論』を三回翻訳し、その他にもモルガン『古代社会』、トゥガン＝バラノフスキー『唯物史観の改造』のような、難解な書物をわかりやすい日本語に訳した実績がある高畠の発言だから重みをもつ。日本のマルクス主義者は、マルクスの著作をよく読んでいない。特に『資本論』の内在的論理を理解しているならば、コミンテルンに従属し、ソ連の国益増進のための運動を社会主義革命に向けた運動と勘違いすることはないと高畠は考える。マルクスの言説を全体として理解することが重要だ。その場合、言説の中心に置かれるのは『資本論』なのである。

高畠の理解では、資本主義は普遍的現象だ。従って、資本主義を超克しようとする社会主義運動も普遍的性格を帯びることになる。高畠のこの思想的構えは、一八四〇年代ロシアのスラブ派との論争における西欧派の立場と同じだ。西欧派は、遅れたロシアは早く西欧文明を吸収すべきと考える。それと同時に、西欧資本主義の限界を後発資本主義国であるロシアは踏まえることができるので、西欧がこれから向かうであろう社会主義を先取りする必要がある。もっとも資本主義も国家毎の差異がある。こういう差異に対して敏感な社会主義という意味で、日本的社会主義を高畠は認めるのだ。

〈尤も日本独特の社会主義学といふ意味でなく、単に西洋から消化した社会主義学説を日本の社会に応用するといふ程の意味なら、さういふ日本的社会主義の成立はさして困難な事でもなからう。それは従来でも多少は行はれてゐたし、勿論極めて有益なことでもある。

翻つて日本独特の社会主義運動といふことになると、話が大ぶん違つて来る。運動は学問と関係あるにしても、学問そのものではなく、多大の人間味が加はるのであるから、日本の社会主義運動が、普遍的に抽出した学説的根拠以外に尚日本人一流の気分や国民性を加味し来たるべきは論を俟《ま》たない。露助かぶれの革命歌やメリケン輸入の労働歌では、民衆から忌み嫌はれるばかりだ。我々は、日本人気分に立脚した運動を要求する。気分は、国境と共に特殊のものである。〉（前掲書二一七～二一八頁）

もっともここにおいても、理論と社会主義運動の実践においては乖離がある。理論においては、差異に敏感な社会主義ということであるので、労働力商品化の解消が求められる。問題は、それをどうやって実現するかだ。〈日本人一流の気分や国民性〉を反映したどのような社会主義が出現するかだ。この点について、高畠は、民衆による大衆蜂起型の運動を信用しない。すくなくともそのような運動は日本の伝統と馴染まないと考える。ここから高畠は「上からの改革」に関心をもつ。この場合の上とは、もっとも強力な暴力装置を握っている陸軍だ。

第十五章　軍隊

高畠素之は、大衆を信用しない。資本家の良識も信用しない。政党も信用しない。労働組合も信用しない。人間は利己的で、性悪な存在である。利己的な人間が集まった政党や労働組合は、集団的エゴイズムを追求するだけで、社会全体の改革に貢献することが、本質においてできない。人間の利己主義を抑えることができるのは力のみである。従って、社会改革を考えた場合、それを可能にするのは、暴力装置をもった組織である。国家は最大の暴力装置である。その中でも、陸軍は最大の暴力装置だ。それ故に高畠は、陸軍による「世直し」に期待して、宇垣一成大将に接近した。

軍隊は戦争を行う機関だ。高畠は軍隊についてどのように考えていたのであろうか。高畠は、戦争の原因は、領土拡張や国家指導者の征服欲ではなく、第一義的に経済的利害に基づくものであると考える。

〈唯物史観の解説を待つまでもなく、古来の戦争といふ戦争は、多かれ少なかれ経済的利害を含まないものはなかつた。中にはナポレオンや太閤秀吉の如く、領土拡大による自己の優勝慾の満足を無上の悦楽とした童話的英雄もあるが、それにしたところで、戦勝に依つて増大する物質的利益の享楽に対しては、彼等とて人並以上に貪婪《どんらん》だつたのである。そこに彼等の『趣味と実益』を兼ねた打算を発見されるが、最近世に於ける植民地の征服乃至争奪の戦争となると、地図上の優勝慾満足を離れ、露骨なる経済的利害を中心として展開されてゐる。即ち機械器具の発見発明によつて夥しく増大せる生産品の販路拡張と、それに伴つて生ずる原料品の補給方法を中心として、武力を単なる手段とする戦争となつたのである。その第一頁は、亜細亜、阿弗利加《アフリカ》、濠洲等の未開国征服に始つた。イギリス、フランス、ロシヤ、オランダ、スペイン、ポルトガル等の諸国は当時の勇者である。かくして未開国の全部が、何れかの国の色彩で塗りつぶされ了るや、新領土に対する各国間の、新なる奪還戦が開始され、新興強国が老朽弱国の所有地を強奪するといふ時代が出現した。これがその第二頁であつて、ドイツやイタリアの勃興はこの時代に属する。両度の戦争により、朝鮮に於ける支那の勢力を駆逐し、満洲に於けるロシヤの勢力を駆逐し、以つて自己の勢力範囲とした日本も当時の産物である。〉（高畠素之『論・想・談』人文会出版部、一九二七年、一一二〜一一三頁）

ここにおいて高畠は、レーニンが主張した帝国主義戦争を想定している。レーニンは、〈もし帝国主義のできるだけ簡単な定義をあたえることが必要だとすれば、帝国主義とは資本主義の独占的段階であるというべきであろう。〉（レーニン［宇高基輔訳］『帝国主義』岩波文庫、一九五六年、一四五頁）と述べる。独占によって市場メカニズムが阻害されるので、純粋な資本主義は想定されなくなる。この独占資本が国家と結びつく。帝国主義の本質を植民地主義と結びつけず、資本が集中・集積の結果生じることになる「資本主義の独占（実態としては寡占）的段階」に着目したところに、レーニンの洞察力の優れた点がある。植民地化は、独占がもたらす現象面の一つに過ぎない。

レーニンは、帝国主義を「資本主義の独占的段階」と特徴づけた上で、さらに詳細な定義を与えている。

〈だが、あまりに簡単すぎる定義は、それが主要な点を総括しているので便利ではあるが、しかし定義すべき現象のきわめて本質的な諸特徴をその定義からとくにみちびきださなければならないとなると、やはり不十分である。だから、およそ定義というものは現象の全面的関連をその完全な発展においてとらえることはけっしてできない、というあらゆる定義につきものの制約的・相対的な意義をわすれることなしに、つぎの五つの基本的標識を包含するような帝国主義の定義をあたえなければならない。すなわち、（一）経済生活のなかで決定的役割を演じている独占を創りだしたほどに高度の発展段階に達した、生産と資本の集積、（二）銀行資本と産業資本との融合と、この「金融資本」を土台とする金融寡頭制の成立、（三）商品輸出と区別される資本輸出がとくに重要な意義を獲得すること、（四）国際的な資本家の独占団体が形成されて世界を分割していること、（五）最大の資本主義的諸強国による地球の領土的分割が完了していること。帝国主義とは、独占と金融資本との支配が成立し資本の輸出が顕著な意義を獲得し、国際トラストによる世界の分割がはじまり、最大の資本主義諸国による地球上の全領土の分割が完了した、というような発展段階における資本主義である。〉（前掲書一四五〜一四六頁）

高畠も、現代の戦争は、列強による地球上の全領土の分割が完了した後、その再編を要求する国家があると戦争になると考える。先に引用した文に続いてこう述べる。

〈この時代を経過すると共に、世界は全く少数の強国によつて支配圏が区劃され、尚、進んで領土上の野心を充たさんとすれば、強国同士の決死的戦争を賭けなければならぬ状態となつた。茲《ここ》において武装的平和なる術語に相応はしき列国の睨み合ひが始まり、蛇と蛙と蛞蝓《なめくじ》の三すくみから、博徒の縄張り同様の勢力範囲を協定して、自分の悪を是認させる代償に他人の悪を許容するといふ時代を現出した。これが第三頁である。〉（高畠素之『論・想・談』人文会出版部、一九二七年、一一三頁）

人間は性悪な存在である。その人間が構成した国家が性悪であるのは当然のことだ。帝国主義的な勢力圏の分割は、〈自分の悪を是認させる代償に他人の悪を許容する〉ことに他ならない。このように国際関係には悪が充満しているのである。汎神論ではなく汎悪魔論的な世界が現存しているのだ。そして、そのような世界において、悪の均衡が成立する。

〈しかし、根が国際勢力の物理学的理由によつて生じた均衡である。或る一個の勢力が著しく増大すれば、そこに破綻が起こるのはやむを得ない。欧洲大戦はその最後の破局であつた。即ち建国のスタートに於いて立ち遅れたばかりに、十分なる領土乃至植民地を持てなかつたドイツは、内部に増大する生活力の捌け口を求むるため『日没なき帝国』（引用者註　英国を指す）を当面の敵として、乾坤一擲の壮図を達成せんとしたのである。幸か不幸か、結果は徒《いたずら》に敗残の醜骸を晒すことになつたが、而もこの大戦の結果は、啻《ただ》にドイツの再起を不可能ならしめたのみでなく、戦勝のフランスやイタリーにも同様な運命を齎《もた》らした。かくて世界の強国としては、老大帝国イギリスと、戦禍を遠ざかつた米国と日本のみが残された訳である。換言すれば、日、英、米三国がその何れかを対手とするのでない限り、太刀打ち栄えのする戦争は見られなくなつたのである。〉（前掲書一一三〜一一四頁）

第一次世界大戦前にあった世界の均衡をドイツは崩したいと考えた。そして、英国の覇権に挑んだ。その結果、ドイツは敗北し、再起不能になってしまった。戦勝国であるフランスとイタリアも、戦争による消耗で国力を減退させた。第一次世界大戦後、旧勢力である英国と、新勢力である米国と日本が、国際関係における強国になった。したがって、これら三国を巻き込むのでない限り、大戦争に起きないような状態になった。日米英の三国は、第一次世界大戦後、戦争を行うよりも、棲み分けによる平和を維持する方が自国の国益を維持、増進する上で適切と考えた。

その結果、勢力均衡による平和が訪れた。このような時代を背景に海軍の軍縮が行われたのである。

〈世界の形勢がかくなると共に、いはゆる武装的平和の看板はいつの間にか無装的平和に塗り代へられ、必要以上の軍備は縮少して、お互ひに肩の凝りを直さうぢやないかといふ相談となつて現れた。一九二一年のワシントン会議は取りも直さずそれである。最初の目論見では、単に主力艦及び航空母艦の制限のみでなく、一切の補助艦と共に、陸軍の制限をも議題に供するつもりらしかつたが、後者に対してはフランスの頑強な反対があつた為お流れとなり、形をかへジエネヴアの軍縮委員会を通しての今度の提議となつたのである。而して該会議の結果、主力艦に於ける比率が英米の五に対し、日本が三を適用されることになつたのは、更めて書く必要もないであらう。〉（前掲書一一四頁）

主力艦の比率が米国五、英国五、日本三となっているのは、それがそれぞれの国家の実力を均衡させる比率だからだ。この比率を固定することが、米国と英国の帝国主義政策なのである。

&

なぜ、米国と英国は軍縮に熱心なのだろうか。両国が主張する「軍備競争が戦争を誘発する」という言説を高畠は信じない。

〈そこで問題となるのは、如何なる理由で米国が（同時に英国が）、かくも軍縮に熱心だかといふ詮索である。クーリッヂ[90]に従へば『米国政府及人民』は、軍備競争が戦争を誘発する最大の原因となることを『信ずる』ためだといふが、果してそれだけの純粋な動機から出発してゐるかどうか、遽《にわ》かに『信ずる』わけには行かない。

軍備の戦争誘発に対する危険性は、前述の如く自殺者に対する猫いらずの誘惑力と五十歩百歩だが、さういふ簡単な理屈は先刻御承知のうへ、白々しくも戦争防止の口実とするに就いては、何らか裏面の打算がなければならぬ。一つの観方としては、自国の軍備を縮少すると同時に他国の軍備を必要以上に削減するカラクリだとも考へられる。けれども、世界平和の御託宣が万更、鬼の念仏とばかりは受取れない限り、『米国政府及び人民』が平和を必要とする理由は尚、別途にあるべきはづである。〉（前掲書一一五頁）

クラウゼヴィッツ[91]が言うように、戦争は政治の延長にある。兵器自体が戦争を引き起こすのではない。〈軍備の戦争誘発に対する危険性は、前述の如く自殺者に対する猫いらずの誘惑力と五十歩百歩だ〉というのは、高畠らしいシニカルな批評である。それと同時に、高畠は、米国が日本に対して過剰な軍縮を強要することで、自らの相対的に有利な軍事的地位を獲得しようとしているという、当時、一般に流布していた見方は一面的であると考える。米国が平和を必要とし、軍縮を進めようとすることの、より根源にある論理を高畠は追求する。

その内在的論理は、経済的合理性だ。

〈然らば、その理由は何であるか？　手ッ取り早くいへば、純粋な利害損得の算盤玉に基く経済的理由である。元来人間は、慾と相談づくなら斬つた張つたの喧嘩沙汰を敢てやりかねない動物だが、国際間の戦争にしたところで、直接最大の原因となるものは常に経済的利害の衝突である。しかし、その経済的利益の維持発展が、血塗らずして達成の可能が見えるなら、何もすき好んで刀を抜く必要はないのである。

米国は独立戦争によつて英国の羈絆《きはん》を脱して以来、天与の沃野と資源を開発して驚くべき国富を増進せる一方、海洋を隔てたる地理的優勝地帯を利して、南北米を縦貫する政治的権力を掌握し、いはゆるモンロー主義を楯に独裁権を執行してゐるのである。その米国に取つては、今更ら戦争による冒険を敢てしてまで、キューバを襲ひ、ハワイを併せ、フイリツピンを奪ふ必要は少しも発見されない。寧ろ新領土を得て統治と開発に無駄な費用を棄てる暇に、現に有する宝庫を切り拓く方がどれだけ引き合ふか知れない。英国とても同様である。本国に百四十倍する領土を有し、資源の需要と製品の供給に些かも不自由を感じない身分で、何を苦しんで新領土を拡張する必要があらう。彼等としては、先祖伝来の身代を後生大事に守り、外敵の侮りを受けぬ工夫をするのが何よりの上分別である。そこに現状維持を得策とする英米共通の利害があると共に、世界の平和を希望する共通の打算が作用してゐる。彼等としては、世界地図の色彩分布が現状であつてくれる事が最大の念願であつて、勝敗の如何に拘らず戦争を避けたいのが本心である。そこに武装的平和状態より一歩進出し、無装的平和状態に入る前提的意味で、軍備縮少を提唱せる心理的理由が存する。〉（前掲書一一五〜一一六頁）

米英が平和を欲するのは、人類の理想であるとか、文明のためではない。平和を維持することで、自国の経済的利益の発展を十分に見込むことができるからである。高畠のマルクス主義解釈は、ドイツ社会民主党の理論家であるカール・カウツキーの影響を強く受けている。第一次世界大戦のような総力戦は、帝国主義国の政府と資本家に多大な犠牲を強いることになるので、帝国主義国には戦争を回避する傾向が生じると主張した。いわゆる超帝国主義論である。高畠の軍縮観には超帝国主義論の影がある。

8

米英が平和愛好国家であるというのは、現行秩序の維持を主張しているに過ぎない。米英は侵略者としての過去を隠蔽している。米英の支配下にある被抑圧民族の立場からすれば、米英の平和は、被抑圧の状況が永続するということに過ぎない。実に理不尽な話だ。

〈かくして彼等は、軍国主義を悪魔の化身の如く吹聴し、嘗て彼等のなした領土併合が恰《あたか》も武力に依らなかつた如き顔をし、宣教師の音頭で四海同胞の宗教とやらを弘めてゐるのである。誠に有りがたい思召しではあるが、現状維持も被征服的状態に置かれたものこそいい面の皮である。それを知るや知らずや、盲目千人の娑婆とあれば、アングロ・サキソンが先天的に平和を愛好する人種であるかに思ひ込み、日本は軍国主義でサタンの弟子位に心得てゐる者も少くないらし

い。〉（前掲書一一六〜一一七頁）

高畠は、日本が軍国主義国であるという言説は、実証的に成り立たないと考えている。

〈日本が軍国主義であるかどうか、それは追つての詮索に譲りたいが、帝国統計に於ける人口密度一方里二千四十三人を算《かぞ》へる日本の身になれば、同じく百九十二人の英国や二百九人の米国に比較して十倍以上の人間を擁し、そのうへ年々八十万からの口数は殖える、おまけに四方八方移民の閉出を喰はされる、それで英米同様に現状で我慢しろと言はれても、どうにも我慢しかねる場合が無いとはいへない。そこで脊に腹を代へる算段でもしようものなら、頭ごなしに第二のドイツ呼ばはりされるのである。英国や米国にさういはれたとて、こつちに正当な理屈がある以上、何も良心を咎めるにも当らない道理だが、そこは凡夫の浅猿《あさま》しさでツイ肩身を狭まがる結果ともなる。嘘気か本気か知らぬが若槻首相までそのインターヴイウに於いて、造らうと思へば現在の何十百倍の軍艦も造り得る金持の米国が、卒先して制限運動を提唱した『純粋なる動機』にお世辞の百万陀羅を並べてゐる。だが、純粋にも不粋にも、米国は余計な軍艦を製造して列国の神経を刺激するより、対手国を安心させて悠悠と資本的侵略を試みる方が遥かに算盤玉に合へばこそ、平和を愛好するのである。我が敬愛する日東君子国の名宰相、惜しいかな『金持ち喧嘩せず』の心理を解してゐないらしい。〉（前掲書一一七頁）

帝国主義の本質は、寡占資本が成立し、それが国家と結合するところにある。市場にすべてを委ねる純粋な資本主義から国家資本主義への転換だ。国家資本主義の要請から、軍拡も軍縮も起きるのである。高畠は、〈余計な軍艦を製造して列国の神経を刺激するより、対手国を安心させて悠悠と資本的侵略を試みる方が遥かに算盤玉に合へばこそ、平和を愛好する〉と米国の平和政策がもたらす日本に対する脅威を強調する。

それでは、軍縮問題に対してどう対処したらよいと高畠は考えているのであろうか。

〈平和も軍縮も彼等の素町人的打算に出発してゐる証拠は、制限標準を『当該国家の海上の利益を擁護するを以つて限度とす』なる原則に於いて明瞭である。而も軍費を節約して得た金を産業発展の費用に充当し、壮丁を生産事業に従事せしめよと主張するに至り、本来の素町人的馬脚は遺憾なく暴露されてゐる。相互に侵し侵されざる程度に軍備を制限するなら、国によつて比率の適用を二三にするのは矛盾である。一方に五の勢力を設定し、他方に三の勢力を設定することは、三の国に対して新なる脅威を賦課する所以にほかならぬ。これは協定に非ずして強制であり、和中協同に非ずして征服支配である。それもこれも長い物には巻かれなければなるまいから、今更、野暮を言つても始まらぬが現状の交通貿易を保護し得る程度に於いて補助艦を制限することになれば、世界の貿易総額に対し本国だけで英国が十八パーセント、米国が十六パーセントを領有してゐるから、これに領土乃至植民地のそれを計上する時は、日本のごとき哀れ果敢なき比率で泣

寝入りするのほかないであらう。〉（前掲書一一八頁）

米英の五に対して、日本は三という比率で軍備を制限することは、日本に対して脅威をもたらすことになる。しかし、このような横暴に対し、日本は譲歩せざるを得ない。国際政治は力によって動く。米英が本気で意図することを覆す力が日本にないという現実を認識するところから出発すべきであると高畠は考える。ここで高畠は、交渉の土俵を狭めることを考える。主力艦については、米英は五・五・三の比率を押しつける。ここで勝負しても日本に勝ち目はない。そこで、土俵を補助艦の比率に移す。ここで、主力艦の場合よりも日本に有利な比率を獲得することに交渉の重点を置くべきと考える。

〈尤もクーリツヂの希望によれば、大体主力艦の五・五・三を適用するつもりらしいが、抑《そもそ》もその標準からして非科学的である。戦闘艦は土佐犬同様に喧嘩専用であるから、十把一束の制限も可能であつたらう。けれども補助艦は、その国特有の事情によつて発達の程度を異にし、例へば英国は巡洋艦、米国は駆逐艦、日本は潜水艦といふやうに、各国それぞれの事情を反映してゐるのである。然るに英国の如き、潜水艦の与へる害悪は非人道的だといふ妙な理屈をつけ、嘗て各国の協定で潜水艦を廃棄せんとする提案をなしたことがある。余り馬鹿々々しくて具体的な問題にはならなかつたが、この提議は明白に日本を対象としたものであつた。戦争による被害の非人道的なことは、何も潜水艦に限つたものではない。水雷を発射する駆逐艦の存在に至つては、更に非人道的であらねばならぬ。而も、この解り切つた子供だましの理屈を、如何にも正義人道と関係あるかに吹聴するところが、彼等一流の狡猾さである。日本はそんなことに驚く必要はない。南は台湾より北は千島、樺太に至る細長き海岸線を防禦するためには、快速力を有する巡洋艦と、耐航力に秀れたる潜水艦の充実が絶対に必要である。同時に工業その他の原料品を海外に仰いでゐる関係上、万一の場合は大陸の外側に連亘《れんこう》する島嶼を優秀なる補助艦を以つて連結し、太洋からの外敵に対して原料供給の通路を保護すべき必要が痛切に訴へられてゐる。これ主力艦同様の比率を承諾し得ざる日本の特殊事情である。而もこの特殊事情を蹂躙し、補助艦に於て割合に優秀な日本の海軍力を削減せんとするのが、第二次軍縮会議に対する英米的打算である。現に排日記者として知られるバイウオター[92]の如き、露骨にこの事を主張してゐるのである。その限りに於いて、今度の会議が日本に取つて有利に展開されやうとは考へられない。〉（前掲書一一八～一一九頁）

日本は千島列島の占守島から台湾までのシーレインを維持しなくてはならない。そのために必要なのは戦艦ではなく、速度の速い巡洋艦、それから長距離を航行できる大型潜水艦を保有することだ。日本の防衛のためには、補助艦がきわめて重要な地位を占めるのである（『論・想・談』が刊行された三年後に行われた一九三〇年のロンドン軍縮交渉において、日本は補助艦について対米英比七割弱を確保することに成功した）。

高畠は、どのような議論を展開することが日本の国益に適うと考えたのであろうか。むしろ、米英の植民地支配を俎上にのせるべきと考える。

〈その場合に際して日本は、如何に処置することが肝要であるか。——寧ろ居直つて彼等の貪慾を指摘し、戦争が決して軍備競争から誘導されず、却つて彼等の土地独占によつて発生することを力説すべきである。その限りに於いて、彼等が真に平和を欲するといふなら、製艦協定といふやうな末節に囚はれず、戦争の根本原因たる彼等の土地独占を廃棄し、彼等の植民地解放を要求すべきである。勿論、さうした要求を彼等が素直に受け容れる筈はないが、それを受け容れざる限り、不自然なる軍備の削減要求を聴取する義務も、同時に消滅する道理である。〉（前掲書一一九〜一二〇頁）

米英の植民地放棄と日本の軍縮を天秤にかけろというのだ。これは交渉術として見事だ。もっともこのような要求を日本が掲げれば、必然的に植民地獲得をあきらめざるを得なくなる。高畠は一九二八年に死去した。その三年後、一九三一年に満州事変が勃発し、翌一九三二年に満州国が建国される。仮に高畠が生きていれば、日本の植民地主義に対してどのような評価をしたであろうか。高畠は、世界観の根本とかかわる問題では振れがない。米英によるアジア、アフリカ、中東の植民地化が不適切であるという認識は、高畠の世界観の基本である。資本主義は、植民地をもたずに、平和的貿易によって生存する能力があるというのが高畠の『資本論』解釈でもある。従って、満州国に対する評価はきわめて否定的性格を帯びることになったと筆者は推定する。

8

上述の軍縮問題をめぐる言説から高畠の軍隊観が浮かび上がってくる。高畠は、軍隊に特別の政治的もしくは思想的意義を付与していない。軍隊は国家の一機関であり、軍事の文法に従って動く。それ以上でもそれ以下でもない。高畠が、「世直し」のために陸軍を重視するのは、陸軍がもつ力を利用すべきであるという観点からである。陸軍が「世直し」のために特別の思想をもつべきであるという発想が高畠には欠如している。この点が他の右翼、国家主義陣営の思想家と高畠を隔てる特徴でもある。

軍縮が実施されると職業軍人が過剰になる。そのリストラ対策として、中学生以上に対し、将校が軍事教練を実施することになった。一九二五年四月十一日付「陸軍現役将校学校配属令」（勅令第一三五号）が公布され、国公立学校に陸軍現役将校が配属され、軍事教練が行われるようになった。高畠は、「軍事教育」という小論（当該勅令が公布される以前に書かれた原稿と思われる）で、この制度を手厳しく批判する。全文を引用する。

〈軍事教育

軍縮に伴ふ過剰将校の救済策として、中等学校以上の兵式教練に振り向けるといふ案が、陸軍省と文部省の間に協議されてゐる。いふまでもなく、例の『学問の自由』からの反対気勢が盛んである。つまり陸軍省から俸給を受ける現役将校に、軍事に関する教育を一任せしめることは、やがて文教の府をして軍閥の巣窟たらしめるものだ、といふのである。一応は尤もらしく聞える。しかし実は、少しも尤もでないのである。

現在の徴兵令及び文部省令等の規定に従ひ、中等学校以上の卒業者は、一年志願をなし得るところの資格を有《も》つてゐる。その資格を与へられる理由は、平たくいへば、学校に於いて規定の時間だけの兵式教練を受けたからといふに外ならない。中等学校なら一週間に二時間以上、大学専門学校なら一時間以上の兵式教練が、一年志願の資格を与へて差支へないかどうかこれは疑問以上の問題である。更にいふならば、ブルヂォアの子弟にかかる理由なき特典を与へることは、全く意味を成さないことである。しかしそれはそれとして、現在この許された特権を持つ学生生徒は、厳重に規定時間だけの兵式教練を強制されてゐる。もしそれを怠るに於いては、直ちに徴兵猶予の特典を剥奪されることとなり、従つて憲兵の手により半国家的の監視を受けてゐるのである。

もし謂ふ如き『学問の自由』が、それ程に厳格に維持されねばならぬものであるなら、現在の状態もまた拒否されなければならぬはずである。然るにそれに対しては、何等反対することなくして、現役将校によつて成されることが害悪であり、予備後備の軍人によつて成されることが正善であるといふやうなことは、理屈として通らぬ話しである。世のいはゆる『憲法の自由』なるものが、国家の自存性に抵触しない範囲だけでの、言論、集会、出版の自由であると同じく、学問の自由もまた、国家の範囲を越すことが出来ない道理である。或は仮りに、学校教育が純然たる学問の教授にあるとしても、その被教授者たる学生の都合を考へて、兵役の義務を卒業後に猶予してゐる事実は、国家の妥協を意味するものである。

法は一視同仁だといふ。しからば徴兵令の適用も、文字通りに同仁でなければならぬ。就学中に徴集されることが不利だといふならば、餅屋の小僧も、桶屋の徒弟も、習業盛りの年で徴収《（ママ）》されるのが不利なはずである。同質同量の不利を小僧徒弟が忍び得て、学生が忍び得ないとはいはせぬ。しかもこの道理をやりくりして、国家が大なる犠牲を払つてゐるならば、素町人の算盤勘定を土台とした人生観に基づいても、多少の制限を甘んずるのが人間の礼儀とやらである。予備後備の古手軍人によつて、旧式な軍事教育を施すくらゐなら、効果を挙げる上にも現役将校を採用する方がいい。殊に現在の不景気時代に、国家の都合で解職された失業将校は、直ちに衣食に窮する状が見えてゐる。その意味において、今度陸軍が案出した軍事予備教育案なるものは、一挙両得の効果を期待し得るものである。もしそれが『学問の自由』を阻害するなら、国家は学問を尊重するが故に、徴兵猶予や一年志願の特権を剝奪すべきである。剝奪されて困るなら、泣き寝入りでも何でも我慢しなければならない。これが憂世の定めである。〉（前掲書二八八〜二九〇頁）

高畠は、大学が「学問の自由」という特権的地位を強調することを嫌う。軍事教練をめぐっても、高畠のこの考えが顕著に出てくる。軍事教練によって、学校が〈軍閥の巣窟〉になるという批判を高畠は根拠がないといって退ける。

まず、現状においても、中学生卒業より高い学歴をもつ者は、一年志願が認められていた。兵役法で、兵役期間は陸軍が二年、海軍が三年である。一般の国民と比較して、学校で軍事教練を受けているという理由で、徴兵期間が短縮されるのだ。この軍事教練にあたっているのは予備役将校である。これが現役将校に替わっても本質的変化はないと高畠は考える。

大学教育や専門学校に進学する者は、経済的に恵まれている。ブルジョアの子弟が、在学中に兵役を免除されるという特権をもっていること自体がおかしいと高畠は考える。兵役は国民としての義務の基本だ。大学生、専門学校生を優遇する必要はない。〈法は一視同仁だといふ。しからば徴兵令の適用も、文字通りに同仁でなければならぬ。就学中に徴集されることが不利だといふならば、餅屋の小僧も、桶屋の徒弟も、習業盛りの年で徴集されるのが不利なはずである。同質同量の不利を小僧徒弟が忍び得て、学生が忍び得ないとはいはせぬ〉と述べる高畠の背景には、同志社を中退し、高等教育を受ける機会に恵まれなかった高畠の屈折した感情もあるのだろう。

中学生以上に対して、国家が兵役期間の短縮、大学生、専門学校生に対して、国家が徴兵猶予という譲歩をしているのであるから、学校側も軍縮による失業対策として現役将校の受け入れに協力せよと高畠は主張する。

高畠に反軍的な思考はない。同時に、中学校以上に現役将校を配属することによって、国防意識を高めるという発想もないのである。軍隊に対して、価値中立的態度を貫いているところに高畠の特徴がある。

第十六章　法律

高畠素之は、国家社会主義者である。高畠は、マルクスの『資本論』の論理を正しく継承しているという自負をもっている。ここでいう「正しく」とは、『資本論』の字句を一つも動かさないということを意味するのではない。『資本論』でも論理整合性が崩れている部分については、論理を重視して再構成すべきであると考える。この点で、高畠の『資本論』に対する視座は、後に宇野弘蔵が『資本論』から『経済原論』を組み立てた経済学方法論と親和的なのである。宇野は、高畠の『資本論』読みを継承しているわけではない。ただし、高畠が訳したカール・カウツキーの『資本論解説』は熟読している。労働力商品化を基軸に『資本論』を解釈するという読み方は、カウツキーに起源をもっている。

大多数のマルクス主義経済学者が、ロシア革命による社会主義国家の誕生に魂を揺さぶられ、レーニンあるいはスターリンを経由してマルクスに遡行していった。これに対して、国家社会主義者の高畠と、イデオロギーを排した原理論体系の構築に情熱を注いだ（マルクス主義経済学者ではない）マルクス経済学者の宇野はカウツキーからマルクスに遡行していったのである。

高畠は、国家主義者を自称する。高畠の理解では、マルクスの国家論は、無政府主義者の国家論と基本的に同じである。ただし、資本主義から社会主義への過渡期において、国家が必要であると考える点が差異だ。究極的には、国家は消滅するというマルクスの国家論に高畠は異議を唱える。

労働力商品化が解消されて、搾取がなくなった社会においても、支配・被支配の関係は存在する。この関係がある限り、国家は存続する。国家は搾取から生まれるものではなく、他者を支配したいと考える優越欲から生まれると高畠は考える。唯物史観は進化論が発見される前の神話である。特にスペンサーの社会進化論を真剣に受けとめるべきと高畠は考えた。人間は性悪な存在で、社会主義革命が達成された後も、人間の他の人間に対する優越欲は残る。支配する側には、どれだけ取り繕っても優越欲が潜むのである。

当然、国家による支配は暴力の裏付けがなければ担保できない。経済の論理は交換を起源とする。これに対して、国家の論理は暴力に起源をもつ。この二つは、そもそもカテゴリーを異にする。従って、経済を無理矢理下部構造に押し込んで、経済の論理で国家を語ってはいけないと高畠は考える。

8

高畠は、本心はマルクス主義者であるにもかかわらず、国家主義者を偽装しているのではない。本心から、国家主義者であり、かつ社会主義者であるというのが高畠の自己意識だ。しかし、それが額面通りに理解されないことに高畠は常に苛立ちを感じていた。そのことが「鬼に金棒」という小論に端的に現れている。

〈高畠は近来、反動派から足を洗つて社会主義に出戻つたといふやうなことを言つて、暗に私を庇護して下さる二三の特志家があるといふ噂をきいた。私ごとき者を何くれと贔屓して下さる御芳志は寔《まこと》に有り難い仕合せだが、贔屓の引き倒しは寔に有り難めいわくである。

反動派とは何だ。私はいま迄、自分を反動派であるともないとも言つた憶えはないが、そんなことよりも先づ反動派とは何だ、と聴きたい。

マルクス主義は政治上には無政府主義（国家消滅説）を採り、経済上には社会主義（集中的計画経済）を主張する。そこで政治上の無政府主義は政治上のアンチ反動主義（革命主義）の最後の目安であり、経済上の社会主義は経済上のアンチ反動主義の最後の目安であるといふ風に、初手から低能的な概念標準を定めて置いて、さて高畠は少くとも政治上には国家主義を信奉するから、その限りに於いて明かに反動派だと言ふなら、それでも可いが、斯《こ》ういふ物の考へ方をする人は唯の一度でも、政治上の無政府主義と経済上の社会主義とが、果してどんな関係に在るかを考へたことがあるか。〉（高畠素之『自己を語る』人文会出版部、一九二六年、二〇四～二〇五頁）

高畠は、国家なくして社会主義的計画経済を運営することはできないと考える。仮にそこに搾取が存在しないとしても、支配・被支配の関係が存在する。指令する者と指令を受ける者、管理する者と管理される者の間には、根源的に暴力に裏づけられた支配・被支配の関係があるというのが高畠の基本認識である。高畠の所論を見てみよう。

〈マルクス主義の社会主義は集中的の計画経済を眼目に置くものであるから、マルクス自身の唯物史観から言つてもそれに照応した政治形態は集権的の国家制度でなければならない。唯物史観は兎《と》もかくとして、政治上の権力が無政府にまで雲散霧消された状態の下に、如何にして集中的の計画経済を運用し得るか。〉（前掲書二〇五頁）

ここで高畠は反語法を用いているが、国家なくして社会主義経済は運営できないということを強調している。そして、現実に存在する社会主義国家であるソ連が高畠の立論の正しさを証明している。

❦

高畠は、無政府主義はむしろ自由主義と親和的であると考える。この指摘も事柄の本質を衝いている。

〈無政府主義を以つて政治上のアンチ反動の大統領であるとする見地からすれば、自由主義はその副統領に据えられなければならない訳である。現に、日本の来るべき無産政党は『経済上には社会主義、政治上には自由主義』といふソシアル・デモクラシーの立場で行かなければならないと主張した社会主義者もある。自由主義は政治上の権力を個人的自由にまで分散稀薄ならしめんとするものであるから、無政府主義がアンチ反動の親玉なら、自由主義は其次《そのつぎ》の親玉となる訳であるが、元来、自由主義といふものは、自由競争と私的営利の原則とに依つて立つところの資本主義的経済に表裏した政治原則であるから、その限りに於いて資本主義もアンチ反動の副統領に据えられなければならなくなつて来る。

高畠が国家主義と社会主義といふ二つの原則を結び合せたとき、あの男は飛んでもない無茶をする、全く水と油の如く相反撥した二つの人形がどうして結ばれ得るかなどと言つた知識階級もあつたものだが、水と油の関係は、社会主義と自由主義（又は無政府主義）との組合せに対してこそ言ひ得れ、国家主義と社会主義なら鬼に金棒、酒に肴ぢやないか。否、政治と経済といふ風に敢て二律的な見方をしないとすれば、社会主義――少なくともマルクス流の社会主義は、経済部面にまで徹底させた国家主義以外の何ものでもないといふ事が出来る。

以上の考へ方は、高畠が国家社会主義といふものを標榜して以来、否寧ろ社会主義といふものに共鳴して以来、今日に至るまで本質を変へずに守つてゐる立場であるから、二年前の高畠が反動派だつたといふなら、今の高畠も依然として反動派であり、十年前の高畠が急進派だつたといふなら、今の高畠も相変らず急進派である。と同時に、高畠の主張が、在来一切の社会主義者、新思想家、謂ゆる急進派、左傾派の人々の主張と、どうしても霊犀《れいさい》相通ずるに至らない所以が主として茲《ここ》に在ることも、この際改めて強調して置く必要があるやうに感じられて来た。〉（前掲書二〇六～二〇七頁）

ここで高畠が述べている思想を、あえて図式化すると「労働力商品化が止揚されたファシズム」である。高畠の思想は、ムッソリーニが展開したファシズムと親和的である。ただし、ムッソリーニが近代経済学のローザンヌ学派[93]（例えばパレート）を理論的支柱にしたのに対して、高畠はあくまでもマルクスの『資本論』の立場にとどまっている。高畠がソ連に対して、好意的なのは、そこにファシズムの要素を認めているからである。陸軍の統制派の将校が、ソ連型の高度国防国家に警戒とあこがれが混在した感情をもった根底にも、ソ連のファッショ性に対する共鳴がある。

8

ファシズムは動的性格を帯びている。これに対して法律は、現状の支配・被支配の関係を固定化する傾向をもっている。したがって、ファシストは、根源的に法律に対してシニカルな態度をとる。この法律に対するシニカルな姿勢は、高畠にも顕著だ。高畠の「現代の法律」という論考を手掛かりに、検討してみたい。

〈地獄の沙汰も金次第といふが、罰金といふ奴は誰れが発明したものか、なかなかうまく出来てゐると思ふ。罪を犯しても、金さへ出せばそれで済むといふのだから、金の功徳を宣伝するには、もつて来いの方法であらう。

罰金を仰せつかつて、それを納める能力のない人間は、みぢめなものである。拘留何日に換算されて、牢獄の苦痛を味はねばならぬ。その罰金の換算方法なるものが、また頗《すこぶ》る奇体に出来てゐる。或罪人は一日四円に相当し、或罪人は一日一円にしか相当せぬといふ風に、いろいろな段階がある。この段階は如何なる標準に従つてつけられたものであるか。法律に定められてゐるのか、それとも内規とか習慣とかいふものであるのか。大体金廻りのよささうな人間には、高い金額を見積り、貧乏人には低い金額を見積つてゐる。当人が娑婆にゐた時の一日分の収入を目安にして、或は一円、或は四円に定めるらしい。

同じ二十円の罰金を課せられても或者は五日の拘留で済ませ、或者は二十日の苦役に服せねばならぬ。不公平とはかういふことをいふためにつくられた言葉であらう。〉（高畠素之『論・想・談』人文会出版部、一九二七年、八五〜八六頁）

高畠は、政治犯として入獄経験がある。筆者も五百十二日間、東京拘置所の独房に未決囚として勾留されたことがあるが、自由を奪われ、監獄に閉じこめられる苦しみは、経験者にしかわからないところがある。それが、貨幣に換算され、罰金という形でカネで解決可能になることが、高畠には馬鹿馬鹿しく見えるのだ。刑罰も、資本主義社会では、貨幣に換算可能なのだ。

このような罰金刑は、中世カトリック教会の贖宥状《しょくゆうじょう》（免罪符）と変わらないと高畠はこき下ろす。

〈警察の留置場にぶち込まれた者でも、一日当り何程かの金を出すと自家へ帰して呉れる。保釈金何程かを納めれば、未決監から出られる。これほど露骨な『地獄の沙汰』はなからう。国家がこれを認めるのであるから、悪制度といはざるを得ない。これが、野蛮人の酋長が財宝と引換へに人質を放還するといふやうな訳だと御愛嬌でもあらうが。

中世欧洲では、贖罪符といふものを販売した。キリスト教の坊主が俗衆に販売したお札で、これを金何程かで買へば犯かした罪が赦されて天国へ行けるといふのである。白銅一つで家運繁昌無病息災を祈る連中が尽きない世の中だから、中世の贖罪符が罰金刑に化けて、いまだに天下を横行してゐることに不思議はないではないかとも言へやうか。

それにしても、五銭だま一つで無病息災を買はうといふ心掛は、今ではひとり愚婦愚夫だけに残されてゐる旧習の遺物かと思つたら、堂々たる一国の法律にも、それが公然と行はれてゐると聞いては唖然たらざるを得ない。〉（前掲書八六〜八七頁）

禁錮、懲役などの自由刑と貨幣が交換されることに疑問を感じない世間の常識がおかしいと高畠は考えている。法律違反の罰金を比較考量し、罰金を受ける方が経済合理性に即しているならば、資本主義的人間は、法律を守らない。高畠は具体例をあげる。

〈問題は思想の新旧といふことだけではない。この制度あるがために、様々な不都合不公平が世間に行はれてゐるのだ。近頃、無届の脱税自転車が殖えたので調べて見たら、無届が万一発見されて罰金をとられても、届を出して税金をとられるよりはマシだといふ不敵な考へから、違反行為を敢てしてゐる者が多いのを知つたさうだ。刑罰が金で済むことなら、犯罪によつてうる利得と刑罰とを比較考量して、儲かる方をとるのは現代心理には相応しい打算であらう。

昔は泥棒に酷刑を課した。いや泥棒ばかりでなく、すべての犯罪を通じて刑罰は峻烈であつた。

他人の財産を窺ふ寄生虫は、生産力の幼稚であつた往年の社会にとつては甚しき脅威であつたに相違ない。当時すでに、私有財産の尊厳を犯すことは可なりな重大犯とされてゐた。資本主義の社会制度となつてからは、それが更に重大な犯罪と見做されるやうになつた。同じ殺人罪でも、それに金銭問題が絡んでゐるか否かによつて刑量の上に大した相違がある。私有財産の尊厳を犯すといふことは、人殺しの次に重大な犯罪とされてゐる。試みに法律書を開いて見よ。私有財産に関聯のない法律は至つて稀であつて、大抵の条項は財産の問題に関聯してゐるではないか。〉（前掲書八七頁）

刑法は私有財産を保護することを目的としている。財産をもたない者にとって、この保護は実質的な意味をもたない。このような高畠の刑法批判は、マルクス主義者や無政府主義者と共通だ。

8

同時に、財産（金銭）と関連の薄い刑罰が、比較的軽いことに高畠は着目する。

〈そこで、財産に関聯のある犯罪には比較的綿密な重い刑罰規則が設けられてゐるに反し、他人の名誉を傷けるとか、公共に迷惑を及ぼすとか、他人を虐待するとかいふ直接金銭に関係のない犯罪行為に対しては、比較的手軽な刑罰規定が与へられてゐるに過ぎぬ。

現代の法律は個人的復讐を禁じ、これを犯せば却つて処罰せられることになつてゐる。しかるにも拘らず、他人を自殺せしめる程の恥辱を与へた者に対する法律上の制裁は、あるか無きかの不完全な状態にある。だから、今の法律では、他人を侮辱し得る者、虐待し得る者、横暴を振舞ひ得る者など、比較的力の強い人間が勝である。

親の仇、子の仇を勝手に討つことは、徳川時代にも制止の法令が出たが、公に届け出でて討つことは許されてゐた。現代では、これが絶対に禁止されてゐる。それにも拘らず、他人の一人娘を女中に預つて之を凌辱した者に対する法律的制裁は甚だ軽微である。冷酷な家主は、家賃が滞つたといふ理由で、瀕死の病人を街路に追ひ出す。それでも家主は、殺人罪にはならぬ。家主の私有財産権の方が、人間の生存権よりも貴重視されてゐる証拠である。〉（前掲書八七〜八八頁）

ひとことで言うならば、法律は強い者の味方である。権力をもつ者が社会を支配しやすくするために法律を活用する。法律は、その程度のものに過ぎない。高畠は法律に対する根源的なシニシズムをもっている。これは、高畠が性悪説から国家を導いていることによる当然の帰結なのだ。


〈生きるために已むを得ずなすコソ泥などに対する刑罰は重く、野望や強慾などに出発した犯罪に課する刑罰が軽いといふことは、どう考へても不合理のやうに思はれてならない。

古風な仇討を復活しなくとも善い。願くば、弱者にとつて泣寝入、強者にとつて斬捨御免といふやうな不都合だけでも、除いて貰ひたいものだ。

一体、法律は有《も》てる者の権利、強い者の利益ばかりを擁護するのが能ではなからう。財産を盗んだり横領したりすることだけが、罪悪なのではない。人生に最も尊貴な物は財産ではないと、我々の為政者も、教育者も、くどいほど教へてくれた筈だ。

また、不正品販売や、脱税などで、たくみに公の利益を害する者、これらの人々に対して、何故法律は寛大でなければならぬか。暴利商人などは、社会の富を横奪する者で、コソ泥などより十倍も罪が深い。白昼横行するこの種の害虫をこそ、国家は最も峻烈に処罰すべきではないか。〉（前掲書八八〜八九頁）

高畠は、〈法律は有てる者の権利、強い者の利益ばかりを擁護するのが能ではなからう〉と述べているが、法律の本質は、強者の権利と利益の擁護であると認識している。従って、法律に期待するという発想自体を改めねばならないのだ。

❦

高畠の法律に対するこのようなシニカルな見方は、暴力を背景に民衆に接する警察官に対する評価において、「治警」という小品に端的に現れている。

〈政治屋に武ト金、小ガ平あり、因業爺に岡半、増貫あり、更に鈴弁、山憲の名物男がゐる以上、流感、普選、文展、女世（女学世界！）の珍語が横行したつて、別段喧嘩を売る訳にも行くまい。併《しか》し、武ト金なる尊称が、不可避的に英国ゼノア[94]の軽蔑感を伴ふと同様、普選の文字が小泉又次郎[95]と小石川労働会を聯想したつて格別筆者がお叱りを受くべき筋合でもあるまい。

この種の端的な嘔吐感を『治警』の二字に見出す。巡警、夜警といふ文字が公認されてゐるなら、治警に不思議はなからうといはれゝばそれ迄だが、舌足らずの子供ぢやあるまいし、治安警察法なら治安警察法と満足にいつて貰ひ度いものだ。然り、この種の言葉はわが大ナポレオンの力を藉《か》り、不可能の文字と共に、永遠に辞書の中から抹殺して欲しい。

友愛会式な労働運動の合言葉に、『治警撤廃』といふのがある。これをパラフレーズすれば治安警察法撤廃の要求運動を意味する。『東京株式取引所仲買人株式会社玉塚栄次郎商店』が、電信略号『タマ』もしくは『タ』を慣用してゐるに比し、治警撤廃なんかお茶の子だといふなら、それも悪いと角目立てる程の野暮も持合はせない。

併し治警撤廃の旗幟が、賃銀値上や時間短縮の金言と共に労働ブローカー及び指導者の口癖になつてゐるのは、何としても噴飯に値すべきものだ。

賃銀値上や時間短縮が、よしんば温情屋の出店であつたにしても、僅の時間働いてうんと金が貰へるなら、これに越した事はないだらう。その理窟は如何に頭の悪い奴でも了解出来るが、さて治警を撤廃して誰が得をするかとなると、物の道理が解る男なら、思ふに顔見合はせるだけだらう。〉（高畠素之『幻滅者の社会観』大鐙閣、一九二二年、一六～一八頁）

労使協調路線をとる友愛会のような労働組合が、なぜ治安警察法の撤廃のような政治的要求を行うのだろうかという問いを投げかけ、むしろ労働運動にとって治安警察法は好都合ではないかという奇妙な立論を高畠は行う。

〈治安警察法の存在は、疑ふまでもなく労働運動者に取つて唯一の避雷針である。考へても御覧じろ、治警と称する安値軽便を旨とする法律があるお蔭で、い丶加減な騒ぎも二箇月か三箇月の禁錮で誤魔化して行けるのだ。もし無慈悲な政府が出現して、このお手軽な法律を没収してしまつたとするなら、そんぢよそこらのストライキ騒ぎも、厳めしい内乱罪、反逆罪、騒擾罪等に引つ掛けられぬこともない。結局二三箇月で済んだ奴が、五年七年の刑に『処』せられないとも限らぬ。

物事の道理といふのはそこにある。種痘の痛さを嫌つて、疱瘡の恐ろしさに敢然と進む暴漢ならばいざ知らず、菊面石が御免蒙り度くば先づ種痘をするに越した事はない。五年七年の刑期が嫌なら、何よりも治警擁護を心掛けねばならぬ。

処が勇敢なるわが労働運動者諸君には、種痘に依る僅の発熱と痛さを恐怖するの余り、種痘無用論を放言せんとする痴漢がある。彼等はジエンナーの偉大なる恩恵に感謝する事を忘れ、焦熱地獄の苦患と而して菊面石を求めんとしてゐる。愚も亦此処に至れば愛嬌といはざるを得ぬ。

治警撤廃論者に依れば、斯くの如き時代遅れの悪法は『欧米先進国』にはないといふ。治安警察法が時代遅れであると否とを問はず、先進国に有ると無いとを問はず、苟《いやし》くも種痘の恩恵を知る限りの者は、治安警察法の恩恵に感謝の涙を注ぐべきだ。斯くの如き軽便安値な良法が存在するは、帝国の誇りとして中外に宣揚すべきではないか。

治安警察法があるばかりに、『被告お前』も僅の奉公で済み、お上だつて懲役人に無駄飯を喰はせなくとも済む。これこそ真に一挙両得といふものだ。治安警察法を撤廃しようなどゝ考へるやうでは、慮りが無さ過ぎるにも程がある。

附記誤読を恐れるから、種痘と治警の比喩は、その免疫性に関してゞない事を断っておく。〉

（前掲書一一八〜一二〇頁）

国家権力の本質は暴力である。日本は資本主義国家であり、権力を握っているのは資本家だ。資本家に対抗する労働運動が弾圧されるのは、当然のことなのだ。ここで治安警察法が撤廃されれば、権力側は刑法を拡大解釈して、内乱罪や騒擾罪を被せてくるであろう。治安警察法ならば、検挙されて、数日間、豚箱に放り込まれて、釈放されるにもかかわらず、この法律が撤廃されれば、刑法の適用で五〜七年の禁固刑か懲役刑を喰らうであろう。だから労働運動活動家は、治安警察法に感謝すべきだと高畠はいう。もちろん、これは反語法だ。国家の本質が暴力なので、法律はいくらでもねじ曲げて適用されるので、覚悟しておいた方がいいというのが、高畠のメッセージだ。

さらに、〈誤読を恐れるから、種痘と治警の比喩は、その免疫性に関してゞない事を断つておく〉というのも反語で、治安警察法によって逮捕されても気にしないような免疫をつければよいと活動家に助言しているのだ。

このような、法律に対する徹底的にシニカルな見方は、高畠の性悪説から導かれるのである。このことについて、高畠は「性悪観」という小品を書いているので紹介する。

〈善とは何ぞや、悪とは何ぞや、といふ様なややこしい問題は暫く措き、茲では仮りに自己本位の傾向を悪と見做して論を進める。

何といつても人間は自分勝手なものさ。誰れだつて、ヒトのことよりも先づ自分の都合を考へるだらう。ヒトはどうでも構はないとはいふまいが、とにかく自分の都合、自分の利益、自分の快楽、自分の人気、自分の権勢が先きに立つ。

勿論、たまにはヒトのことも考へない訳ではないが、これとて他人の便宜それ自身が目的ではなくて、他人の便宜を計ることに伴ふ色々な自己的関心の満足が目的だらう。万人が万人さうなのだ。だから人の性は悪だと、僕は考へてゐる。〉（高畠素之『論・想・談』人文会出版部、一九二七年、二八六頁）

高畠は、人間の自己本位から悪が生まれると考える。この場合、特に高い倫理的規範をもった人間を対象とすべきではない。標準的な人間の、常識的行動によって、社会は構成されている。それは、性悪説を原理にした社会と見なすべきなのだ。

〈けれどもかういふと、世の中には身を殺して仁をなす聖賢や殉教者もあるではないか、そしてそれが人の人たる理想であり、規範であるべきではないか――といふやうな反対論が屹度《きつと》もち出される。しかし聖人とか君子とか殉教者とかいふ者は、僕等の考へる『人』の範囲には入れてないのだ。さういふ者は、よしあつたにしたところで生物学上の『変異』として取り扱ふべきであらう。百本に一本、毛ばかりの玉蜀黍《とうもろこし》ができたとて、そんなものは玉蜀黍の構性や営養分の考察には影響する所がないのと同じである。万人は毛のほかに実を備へてゐる。さういふ万人にとつては、身を殺すことではなくて身を生かすことが先づ問題なのである。

人の性はかやうに悪である。だからヒトに対しては、如何なる場合にも、悪と悪との対立だといふ考へを離れる訳には行かない。人といふものは、都合次第で（その事を意識してゐると否とに拘らず）、立派なことを言ひもし、考へもするが、それは都合そのものに変動のあることが予期される以上、アテになつた話ではない。だから、殊に金銭問題が介在するやうな場合には、友人同志の間でも、法律的契約の拘束を借りることが一番無難である。契約なんて水臭いと誰れしも言ひたがるもんだが、さういふことを言ふ人は、人間そのものが契約よりもモツト水臭いものであることを知らないのだ。

何でもかでも、契約づくめがいいと思ふ。事情が変り、都合が変つて、その結果気まで変つた現実にシヤーシヤーして居れるやうなお目出度い英雄的善人を面責する効力だけから言つても、契約といふものは頗る深酷なものである。〉（前掲書二八六～二八七頁）

人間と人間の関係は、悪と悪の対立と考えるべきだ。従って、金銭がからんだ問題については、性悪説の原理にもとづいて、契約書を作っておいた方が、結果として、紛争を回避することができ、相互憎悪が生まれにくいのである。

この人間の性悪な気質は変化しない。悪は人間の本性に埋め込まれているのだ。

〈人の改造を先きにすべきか、制度の改造を先きにすべきか、と云ふ事が、一頃社会主義者の間でよく問題になつた。然し人の性が悪であるといふ事実は、人力を以て如何ともすることは出来ない。人性が悪であればこそ、制度といふものが必要になつて来るのだ。制度の目的は悪と悪との調節を計るにある。人の性は変へられない。ただ制度の力で調節するだけのことだ。
よき制度とは、此調節機能の完備を意味する。現存の制度を以つてしては、少くとも有産者と無産者との性悪衝突を調節することが出来ない。さればといつて、性善観から割り出した一切の制度は制度それ自身の目的に逆行する意味に於いて、架空的のものである。
我々が無政府主義に反対して国家社会主義を支持する所以の一端は、ここにも求められる。〉
（前掲書二八七〜二八八頁）

人間の悪を根絶することはできない。この発想の背景には、青年時代に高畠が触れたキリスト教の原罪観がある。高畠は、キリスト教信仰からは離れたが、原罪に対する意識を持ち続けたのである。悪は罪から生みだされる。原罪を想定するならば、人間が作り出したすべての制度に悪が内在していることになる。人間は、この地上において悪から逃れることができない。まず、このことを冷徹に認識するのだ。

その上で、悪の力によって、悪を制御する方策を探求すべきと高畠は考える。現在存在する悪の中で、もっとも暴力的な存在が国家である。この国家を用いて、他の悪を制御する可能性を高畠は考えたのだ。これが高畠の国家社会主義の本質なのである。日本の右翼、国家主義者はいずれも国家に対して肯定的価値を付与した。共産主義者もソ連国家に対して肯定的価値を付与した。

高畠が親近感をもったムッソリーニも国家に対して肯定的価値を付与した。しかし、高畠の国家観は、今あげた論者とは根本的に異なる。国家こそが巨悪なのだ。その意味で、高畠の国家観はプルードンやバクーニンなどの無政府主義者と親和的だ。ただし、高畠は、無政府主義社会が将来、到来するというユートピアを信じない。人間は、未来永劫に支配・被支配という関係から逃れることができず、悪と暴力の中で苦しむのである。その大前提に立って、現実に存在する悪によって、現実に存在する他の悪を制御するシナリオしか、われわれには残されていないと考えたのだ。

第十七章　消費

高畠素之の思考形態は弁証法的である。すなわち、そこには運動がある。思想が生成する。思想の運動によって、現実が変化するのである。

高畠は国家社会主義者なので、資本主義は革命によって社会主義に転換される必要があると考える。弁証法的に思考するのであるから、資本主義の内側に革命の契機があるという思想の組み立てになる。従って、資本主義にも善悪両面があるということになる。資本主義に内在する革命の契機は、善という性格を帯びることになる。

資本主義の構造悪を、高畠は以下の点に求める。

〈まづ資本主義の悪い点を考へて見る。資本主義の一番悪い点といへば、生産機関の独占者たる資産家階級と、自己の労働力以外には何等の生産要素を所有しない所の多数無産者階級とに、社会を二分することである。自己の労働力以外に何等の生産要素をも所有しない人々は、この労働力を売るに非ずんば生活して行くことが出来ない。そして、それを買ひ取るもの即ち生産機関を独占する所の資産家階級である。彼等はそれを否応なしに廉価に購買し、生産的に消費することに依つて、所謂余剰価値なるものを搾取収得する。茲《ここ》に初めて生産機関は資本となり、生産機関の所有者は資本家となるのである。かやうな階級対立の事実なくして、資本主義は存在し得るものではなく、また資本主義の発達と共に、この階級対立の状態は益々助長されて行くのである。〉（高畠素之『論・想・談』人文会出版部、一九二七年、一二二〜一二三頁）

資本主義の最大の悪は、労働力が商品化されることによって、人間を資本家階級と労働者階級に分断することである。労働者階級は、自己が商品として唯一所有する労働力を販売する以外に生きていく術がない。資本主義によって、生産力が増大し、社会自体がいくら豊かになっても、階級対立に変化はないのである。

さらにこのような資本主義がもたらす悪影響に三つの側面があると高畠は言う。

第一に、このような階級対立によって労働者階級の状態は非人道的であること。

第二に、階級対立が国家の存立を脅かすこと。

第三に、階級対立が資本主義を内側から壊す機能を果たすこと。

〈これは資本主義の一番悪い点である。第一に、それは人道の立場から見ていけないことであらう。第二に、それは国家存立の立場をも脅かすものであらう。第三に、そして最後に、それは資本主義自身の立場からいつても獅子身中の虫である。なぜかといへば、以上の事実は、資本主義存立の第一義的条件ではあるけれども、それと同時にまた、資本主義自滅の必然的原因ともなり得るからである。資本主義の発展は、産業集中の傾向を必然に増大せしめるものであるが、その結果はまた必然に、一般無産労働者の結合的反抗を助長せしめずにはおかぬ。マルクスの言葉を藉《か》りていふならば、資本主義の発達すると共に、『資本制生産それ自体の機構に依つて訓練、統合、組織される不断に増員しつつある労働者階級の反抗が増大する。』かくして『生産機関の集中と労働の社会化とは、その資本制的外殻と一致し難き点に到達』し『資本制的外殻は破裂する』に至るのである。かくて資本主義自滅の断末魔は、無産階級が存在し労働力の商品化が継続される限り、到底これを避けることが出来ぬ訳である。しかるに資本主義なるものは、この事実の基礎上にのみ成立し得る立場に立つてゐる。この点において、資本主義は抜き差しならぬヂレンマに陥つてゐるものといはねばならぬ。〉（前掲書一二二頁）

もっとも、資本主義に内在するいくつかの論理は、革命後の社会主義に役に立つ。資本主義のネガフィルムを見ることで、社会主義というポジティブな画像を想像することができるという点に資本主義の逆説的効用があると高畠は考える。

資本主義は、貨幣の力によって、国家の抑圧を破壊する。ここに高畠は資本主義の肯定面を認める。

〈資本主義が営利の原則に従つて運用されてゐることは、いま更事新しくいひ立てる必要もないであらう。営利とは読んで字の如く、利益の追求を意味する。厳密にいへば、貨幣利益を直接の目的として追求することである。資本主義は、この営利の欲求を以つて、凡《あら》ゆる経済行為の起動動機たらしめんとするものに他ならない。

この傾向には、勿論欠点の伴ふことも明白である。貨幣利益の追求が単なる経済行為の領域を超えて、人間行為の一切領域に侵入するとき、人間生活の一切は貨幣価値に依つて秤量され、義理も、人情も、道徳も、節操も、すべてが商品化するといふ殺風景極まる結果を招来することになる。これは洵《まこと》に寒心すべき傾向であらう。それにも係らず、私はこの営利の原則をば、社会制度としての資本主義に含まれる重要の強味と見るのである。

そもそも経済制度の運用において最も困難なことは、個々人の自由と全制度の秩序又は統制とを如何に調節すべきかといふ問題である。自由の立場からいへば、社会は全然無秩序、無統制なるに越したことはない。また秩序統制の部面からいへば、個々人の自由は絶対にこれを抑制するに如くはないのである。而して、個々人の自由を抑制すべき最も直接にして且つ最も有効なる手段は、国家の権力を無制限に拡大することである。封建制度（及びその後に生じたいはゆる警察的国家制度）は、この意味において最も鞏固《きようこ》に統制された社会制度であつたといふことが出来る。しかしながら、その統制は、個々人の自由を全く犠牲とすることに依つてのみ購《あがな》はれたものである。だが、余りに甚しく自由の窒息された所に発展の余地はない。自由の完《まつた》き窒息は、創意の発動を抑圧することになるからである。発明や冒険の絶滅を意味することになるからである。かくして、封建制度や所謂警察国家の制度は、極端に走つた権力的統制の為に発展の進路を塞がれて、結局化石状態に陥つて了《しま》ふより他はなかつた。〉（前掲書一二三〜一二四頁）

高畠は国家主義者であるが、全面的な国家統制が実現するような社会を嫌う。そこでは自由が抑圧され、人間の創意が失われ、発展の可能性が著しく制約されるからだ。封建的社会構造を破壊し、自由をもたらすという点において、高畠は資本主義、より端的に言うならば、貨幣の機能を肯定的に評価する。

8

同時に、高畠は貨幣の弁証法的機能に注目する。共同体と共同体の間の交換から商品が生まれる。もちろん、この商品は労働による産物だ。商品交換が円滑に行われるためには、商品と商品の物々交換ではなく、貨幣という迂回路を通した交換が必要になる。ここで、貨幣によって、任意の商品を買うことが可能であるが、商品が常に売れて貨幣になるということは担保されない。商品と貨幣の交換は、非対称的なのである。その結果、貨幣があれば、いつでも商品を入手し、欲望を満たすことができる。経済学的知識に基づく反省を欠いた人には、貨幣自体に神秘的な力があるように見える。ここから物神崇拝（フェティシズム）が生まれる。実際は貨幣自体に力があるのではない。貨幣に人間と人間の間で生まれた社会的関係が凝縮されるのである。この社会的関係が、貨幣に現実的な力が備わっているという宗教を生みだすのである。

資本主義社会は、「貨幣教」によって支配されている。そして、この貨幣を増殖するために用いる人間の行動を資本という。自由の原理に基づいて、資本の活動を認めることが資本主義の大原則だ。しかし、資本の動きを完全に放任すると、社会を内側から破壊することになると高畠は考える。

〈資本主義は自由を強調し出した。競争の自由、営業の自由、企業の自由、投資の自由、労働の自由、資本主義はかやうに極端なる自由放任主義をモツトーとして、封建的圧制に対抗し始めたのである。けれども極端なる権力的統制が、社会的活動を緊縛して進歩と発展との余地を奪ふが如く、極端なる自由放任が、混乱無秩序を誘致して、社会的頽廃の末路を準備する虞《おそ》れのあることもまた明白である。

しかるに資本主義は、一方にこの自由放任を強調しつつ、他方にその必然の結果たるべき混乱無秩序を制止すべき妙諦を包蔵してゐる。自由放任の必然的悪結果を制止する為に国家的権力を作用させるといふならば、それは同時にまた自由その者の窒息を意味することにならう。而して自由の窒息はまた同時に、自由の齎《もた》らす良結果をも抑絶することにならう。しかし、資本主義は一方に、自由の手綱を極度に弛めたが、而もその必然の悪結果を避くるため国家権力に拠ることを必要としなかつた。けだし、営利の原則は、自由を抱擁しつつ、同時にまた国家権力の役目をも尽し得るからである。〉（前掲書一二四～一二五頁）

営利の原則が、国家権力の役目を果たすというのは、どういう意味であろうか。市場競争の原理によって最適配分がなされるので、国家という暴力装置を用いずとも、人間の支配、被支配の関係を構築することができるという意味だ。高畠は、人間はその本性として支配欲をもつと考える。純粋な資本主義社会においては、支配欲が自由な交換という装いの下で満たされるのである。
この点に関する高畠の説明を見てみよう。

〈例へば、国家的統制を前提しない自由主義経済制度の下においては、需要多き貨物の生産貧しくして、需要少き貨物のみ徒に多く生産される、といふ弊害を伴ふ虞れがあるやうに一応は懸念される。然しそれは杞憂である。資本主義の下では、かかる結果が生じない。貨物の供給が需要を超過すれば価格は必然に下落して、他の事情に変化なき限り、利潤は低減することになる。而して資本主義の下における一切の産業は、営利の原則に依つて運用されるものであり、加ふるに資本主義は投資の自由を認めるものであるから、利潤の低下した産業における資本の一部は、反対の理由に依つて利潤の増進した他の産業に流動して行く。かくして需要供給の均衡は保たれ、経済生活上の混乱は防止されることになるのである。

更に一例を挙ぐれば、自由放任主義経済制度の下においては、生産し易き貨物のみ多く作られて生産困難なる貨物の払底を来す虞れあるやうに考へられるのであるが、これも営利の原則に依つて、自然に調節され得るものである。価格及び利潤の調節作用は、上述の場合と同一の均衡結果を齎し得るからである。

要するに、営利の原則なるものは、自由放任主義と同根一族であつて、而もその反対因素たる国家権力の作用をも兼ねてゐるのである。ただ、資本主義の発展と共に、動もすれば自由放任の部面にのみ偏局的強調が示され、国家権力的作用の部面に銷磨《しようま》を来たす結果、種々なる弊害を齎らすこととなるのである。〉（前掲書一二五〜一二六頁）

市場メカニズムには、国家と同じ暴力的な支配、統制機能がある。二十一世紀の新自由主義がもつ本質的な暴力性を理解するためにも高畠の言説をよみがえらせることが重要だ。

ここで、営利を求める欲望の存在論について、高畠はこう分析する。この分析は資本主義社会における暴力の存在論でもある。

〈そもそも営利上の慾望は、単なる物質的慾望（経済上の慾望）であるか、乃至はまた獲得せる物質的利益を他に向つて誇示せんとする優勝の慾望であるか。営利が若し単なる物質的慾望にのみ基づくものとすれば、有限なるべき物質慾の為に無限の物質的利益を獲得する必要はない。他を凌駕せんとする優勝の心理に出づればこそ、営利の願望は無限に進むこととなるのである。この意味において、営利上の慾望は即ち優勝の慾望であるといひ得る。

けれども優勝の慾望が営利の慾望となるためには、物質的利益の獲得といふ必然の条件を予想しなければならぬ。優勝の慾望は、それ自体として営利慾望たるものではない。物質的利益の獲得を通して社会的威力を誇示せんとする場合に、初めて営利慾望が成立するためである。しかるに、この物質的利益の獲得といふことは、必然にまた、物質的慾望の充足の可能を含むものであつて、営利慾望の発動する所には必ずこの物質的慾望の充足に対する意識的又は無意識的の期待が前提されるのである。この意味において、営利上の慾望は物質的慾望を必然の条件又は道程とする優勝慾望であるといひ得る。要するに、それは優勝慾には相違ないが、特殊の条件に依つて拘束された優勝慾なのである。而して資本主義制度の下でこの特殊優勝慾たる営利慾望の支配を最も直接に受くるものが、資本家階級であることは無論であるが、この慾望は更に資本家階級以外の人心をも支配して、遂には直接又は間接資本主義制度の下に立つ一切の人心がこの慾望の支配を脱し得ないやうになる。実に資本主義制度の下においては、経済上の慾望も優勝の慾望も、各独立した慾望としては作用することなく、ただこの営利慾望といふ特殊の慾望としてのみ作用し得る如き状態に達するのである。〉（前掲書一二七～一二八頁）

人間は本性として支配を欲するのであるから、優勝欲は、時代を通底して存在する。営利を求める欲望は、商品交換によって全面的に覆われた社会における優勝欲なのである。資本家は誰も、その活動によって、支配を追求しているのだ。「金儲け」という、支配・被支配とは一見、関係がないような資本家の行為の中に、支配への欲望が潜んでいるのである。交換に暴力が内包されているのだ。

高畠は、作家においてもこのような欲望が認められるという。

〈例へば、私が或る著述に従事してゐるとする。この場合、私の心には少くとも二ツの慾望が働いてゐる。一つは即ち内容の上にも規模の上にも立派な大著述を造り上げて、学界を圧倒し、世人の注意を集めたいといふ願望である。これは優勝慾の領域に属するものである。他はこれに依つて、生活上の収入を得ようとする願望で、これは即ち経済上の慾望に属するものである。私の著述の実質に対する苦心計画は主として右の優勝慾に依つて動機づけられる。けれどもかやうな苦心計画を著述に作り上げるには長日月の努力を要する。この努力を事実において持久せしむる力は、優勝の慾望に在る場合よりも、寧ろさうしなければ食へないといふ強制の意識、さうすることに依つて生活上の収入を得ようといふ経済上の慾望に在る場合の方が多いのである。

ところで営利慾望なるものは、この両慾望の作用を巧みに選択し合成したものである。曩《さき》にも述べた如く、営利慾なるものは経済上の慾望の充足に対する期待を含む優勝慾であつて、経済上の慾望の作用と優勝慾の作用とを綜合し一体となし、各単独に作用する場合よりもヨリ高き能率を発揮せしむるものである。而して、この営利上の慾望は資本主義制度の下にのみ、独立した普遍的の特殊慾望として確立される。随《したが》つて、資本主義制度の廃止されたとき、この慾望もまた、おのづから分解し去るものと見るより外はないのである。〉（前掲書一二九頁）

作家が著述をするのは、名誉欲と経済欲の両面からなる。ここで資本主義という与件が外れれば、金儲けを目的とするつまらない作品を書く意欲が作家から消失する。別の側面から見ると、資本主義によって、過剰に刺激された優勝欲、すなわち競争欲を、社会主義の実現によって、抑制することができる。この点はきわめて重要だ。高畠がこの論考を執筆した時点では、有識者の間にエコロジーに対する危機意識はほとんど存在しなかったが、過剰に刺激された競争欲による環境破壊を防ぐことは二十一世紀のわれわれにとって焦眉の課題だ。この観点から資本主義に歯止めをかけることを考えなくてはならない。

それは具体的にどのようにすれば可能になるのだろうか。高畠はここで資本主義社会において消費が果たす機能に着目する。「消費者本位の大衆運動」という論考でこう述べる。

〈労働階級は唯一の生産者であるから、階級闘争としての労働運動は生産者本位の運動、換言すれば労働組合運動でなければならぬとの主張は、多くの社会主義者や労働運動者に共通の主張である。これに対して、たまたま国民本位、消費者本位の主張を提唱する者があつても、それは大抵、労働運動にケチをつけんとする資本家的貪婪《どんらん》か、さもなければ労働階級以外の政治家や愛国者の中間的公平に基くものであつて、斯《か》かる主張に労働者が耳を傾けやうとしないのは至極尤もな事である。〉(高畠素之『幻滅者の社会観』大鐙閣、一九二二年、一一五頁)

高畠も労働価値説に立つ。資本主義社会において価値生産労働は、労働者によってのみなされる。従って、社会構造の変革は、労働者が価値を生産する生産点、すなわち工場で行われるというのが、マルクス主義者やアナルコ・サンジカリストの常識である。しかし、高畠はむしろ消費の局面に注目すべきと考え、次のように述べる。

〈それにも拘らず、我々は此所に純労働階級の見地に立つて消費者本位の運動を提唱して見たいのである。消費者本位と云ふ言葉が同じだからと云つて、我々の主張までも資本家的貪婪や中間的公平に一括されては至極迷惑である。

労働階級の本質的特徴が、消費者たる点でなく生産者たる点に存することは言ふ迄もない。然しながら、此事からして直ちに、労働階級の階級的運動は生産者本位たらざるべからずとの結論を、抽象的にでなく現実的に引き出すことは困難である。生産者としての労働階級をば事実に於て生産者それ自体として結合し得る見込が立つならば、斯る主張は固《もと》より結構である。然るに労働組合なるものは事実上生産者としての生産者の組合ではなく、同じ職業或は精々同じ産業に携はる生産者としての、労働者の組合である。〉（前掲書一一五～一一六頁）

労働者の生産点は、実質的に資本家によって支配されている。これに対して、消費の局面ではそのような資本家の支配が及んでいないことに高畠は注目する。資本主義は、消費なくして成り立たない。それだから、ボイコット運動が資本家に対して大きな影響を与えるのだ。労働者がその力を真に発揮することが出来るのは、生産現場よりも、消費現場なのである。ここにおいて、労働者は貨幣というカードを用いて資本家に対して影響力を行使することができるのである。


〈生産者にして既に斯くの如く、生産者それ自体として、生産階級その者として結合されず、職業なり産業なりを通じて結合される以上、消費者としての労働階級と生産者としての労働階級との利害は容易に一致するものではない。

早い話が、電車の従業員組合が賃銀増額を要求して罷業した場合、当局が其要求を容るゝと同時に、一方に於て夫れを償ふべく電車賃を値上げしたとすれば、一般市民殊に市民中の大多数者たるプロレタリアは、電車従業員の利益のために斯る負担の犠牲とならねばならぬ。それのみでなく、罷工中にも一般プロレタリアはいろいろな不利益を受ける。私は過般の電車罷業の際、早暁割引で仕事に通ふ人足連が停留場に寄り集つて車掌運転手等の『不埒』を口汚く罵つてゐる光景を目撃して、なるほど之では『市民の敵』も無理からぬ次第とうなづかれた。朝早く割引で千住から品川へ通はねばならぬ労働者に取つて、罷業が如何ばかり憎々しく感ぜられるかは我々の充分に想像し得る所である。〉（前掲書一一六〜一一七頁）

資本主義社会は、分業と協業によって成り立っている。生産の現場は、他の生産の現場と有機的連関をもっている。このような状況下、ストライキ（同盟罷業）が行われればどのような結果が、具体的にもたらされるであろうか。鉄道労働者が賃上げを目的とするストライキを起こした場合の結果を高畠はシミュレーションする。

賃上げが実現すれば、資本家はその補償を運賃値上げによって確保しようとする。電車の利用者の圧倒的大多数は労働者だ。鉄道労働者の利益が、他の労働者の不利益につながることになる。また、ストライキが発生している期間は、鉄道の運行が止まる。その結果、労働者が生産点に通勤するために多大な苦労をすることになる。このような経験を経た労働者は鉄道労働者のわがままを憎悪するようになる。結局、生産点における闘争は、資本主義システムの分業と協業を破壊するので、そこから労働者階級の連帯を見出すことは、ほぼ不可能と高畠は考える。

〈要するに生産者としての労働運動は、生産者それ自体としての運動でない限り生産者とは云ふもの丶実は職業運動或は精々産業運動であつて、純真の意味に於ける階級闘争とは云へぬ。党中党を立て、階級中階級を立つるものである。階級総合ではなく階級分割である。我々が労働組合主義に反対する所以は主として此所にある。〉（前掲書一一七〜一一八頁）

個別部門の労働者がストライキを行っても、資本主義システムの分業と協業を破壊するために、他部門の労働者の怒りを買うだけである。また、争議行為によって賃銀を上昇させても、資本家が商品価格を上げることによって、賃銀上昇による利潤の減少を補塡しようとするであろうから、中長期的に労働者に裨益《ひえき》することはないと高畠は考え、こう述べる。

〈労働組合は組合員の労働条件改善を購ふ営業的運動としては頗《すこぶ》る有効なるものの如く見えるが（之れとて、事実に於ては左程有効なるものではない。なぜならば、資本家は労働条件の改善を物価の釣上げに依つて埋合せ得るので、一組合の獲得せる条件改善は其組合以外の一般プロレタリアにとつては夫れだけ負担となり、他の組合が同じ事をすれば、前の組合も亦同様の負担を課される訳で、かくて労働条件の改善と云ふ事は、結局プロレタリアの自己搾取に終る恐れがあるから）プロレタリアのより遠大なる歴史的使命を全うすべき階級的運動としては、大して値打あるものとは思はれない。〉（前掲書一一九頁）

高畠のこの見方は現実的である。これは、サンジカリズムに対する根源的批判でもある。高畠の発想を敷衍させるならば、生産点における闘争が重要なのは、労働者階級が一丸となってゼネラルストライキを行うことである。資本主義的生産システムを全面的に麻痺させることには、大きな成果が期待されるということになる。

それでは、所与の条件の下で、労働者の連帯をどのようにすれば実現することができると高畠は考えているのであろうか。

〈然らば、労働者をば階級それ自体として結合せしむるには如何にすれば宜しいか。我々は消費者本位の運動以外に血路はないと信ずる。勿論消費する者は、労働階級のみではない。資本家も消費する。地主も、坊主も、総理大臣も、女郎も芸者も、猫も、杓子もみな消費する。随つて消費者たることは、労働階級に特殊の性質ではない。

所が茲に問題となることは消費するには金が要る。誰れも消費するが、然し誰れもが銭を持つてゐるとは限らぬ。而して労働階級の最も著しい特徴は無産者、無資力者、無銭者たる点に存する。換言すれば、労働階級は一の消費階級ではあるが、実は消費不能階級だと云ふことになる。労働階級を斯く消費不能的消費者として見る時、始めて其階級的利害は直接総合的に一致するを得るのである。我々が電車従業員の罷業騒ぎよりも、電車賃値上に反対して立つ市民の大衆運動により純真なる階級闘争の発露を眺むるは之れが為である。〉（前掲書一一八〜一一九頁）

ボイコット運動に対して企業（資本家）は弱い。それにボイコットをしたからといって官憲により弾圧されることはない。階級闘争がむしろ消費の局面において効果的に展開されるという高畠の洞察はきわめてするどい。二十一世紀の日本においても、社会変革は、ボイコット闘争を有効に用いることによって実現されると筆者は考える。

第十八章　選挙

高畠素之は、徹底した性悪説に立つニヒリストである。人間は性悪な存在である。性悪な人間が集まってできた社会も本質的に性悪だ。資本家が、労働者の生活を犠牲にしてでも、利潤を追求するのは、資本の論理に忠実だからである。しかし、資本は抽象的な存在ではない。自己の利益だけを追求しようとする性悪な人間によって共同体が形成される。その共同体と共同体の間で交換が起こると、必ず商品が生まれるようになる。商品に人間の性悪さが受肉しているのである。

商品が生まれれば、そこから必ず貨幣が生まれる。当然のことながら、貨幣には、商品よりも凝縮された形で人間の性悪さが受肉している。そして、貨幣を所有する人間はそれを自己増殖しようとする欲望にとらわれる。そのことによって、貨幣は資本に転化する。

高畠は労働価値説に立つ。従って、資本が価値を増殖するためには、労働力を商品化することが必要だと考える。これを人間に引きつけて言い換えると、資本家が労働者を搾取するということだ。資本主義社会において、資本家と労働者は権利的に対等だ。資本家が提示する労働力商品の価格（賃銀）で労働者が働きたくないならば、労働者は資本家と契約しなくてもいい。しかし、自らの生産手段をもたない労働者は、食べていくためにどこかで働かなくてはならない。

労働力商品の価格は、大同小異である。どんなに選り好みをしても労働者は似たような条件で労働することを余儀なくされる。賃銀労働は不正ではないが、そこにある人間が他の人間を搾取するという構造が潜んでいるので悪である。資本主義社会においては、労働力商品化が社会全体をおおうことによって成り立つシステムだ。従って、悪が社会全体に蔓延している。スピノザ[96]は、汎神論によってこの世界をとらえようとしたが、それは間違いだ。この世界に遍在しているのは、神ではなく、悪魔である。従って、汎悪魔論によってこの世界を解釈しなければならない。

高畠は、議会制民主主義を信頼しない。性悪な人間が行う選挙では、買収が行われるのが当然のことだ。カネを散々使って国会議員になったのだから、当選した後は、自らの特権を最大限に活用して、利権を追求するのは当然のことである。従って、議会や普通選挙運動を高畠は冷ややかに見ていた。

高畠のニヒリズムが端的に現れた「浪人」と題する次のような随想がある。

〈私は素浪人でゐながら、浪人かたぎを好かないといふことはかつても書いた。それと似たことで、学校騒動が持ち上れば生徒側には同情がもてず、官憲と思想家や文芸家との衝突があれば、どうしても官憲側に軍配を上げたくなる。それは、私のヘソ曲りや天邪鬼からばかり来るのではない。

私は如何なる方面にしろ、当局的側の生活内部をよく知らない。その善い点も知らぬ代り、悪い点も余りよく知らない。これに引換へて、当局に対立した側とは、色々の点で接触し易くその悪いところを厭といふほど見せつけられてゐる。かういふ人々から厳密の意味の浪人までを、大ざツぱに浪人といふならば、彼等に通有の浪人的特徴は懶惰《らんだ》、放縦、横着、無責任、ひとり善がり、等にあると思ふ。浪人方面から出る苦情や文句は総べてこれらの悪徳から創り出されてゐるといつても過言でない。

だから、浪人の主張や要求には同情がもてない。尤も、非浪人の内部に生活して行つたら、それはまたそれなりに色々と面白くない悪徳にぶツつかることであらう。非浪人の実状を知つたらそれを憎む気も起らうが、自分が浪人だから浪人を愛する気にはなれないのである。〉（高畠素之『論・想・談』人文会出版部、一九二七年、三〇三～三〇四頁）

高畠は、特権的な身分に甘える学生、また言論の自由を声高に要求する思想家、文学者を嫌っている。また、浪人は、例えば能力や性格がねじれているという認識をもっている。〈浪人的特徴は懶惰、放縦、横着、無責任、ひとり善がり、等にあると思ふ〉とまで言っている。

8

しかし、この高畠が、一九二八年に、財産の制限なく満二十五歳以上の男子が衆議院の選挙権を行使する普通選挙が実施されることをにらんで、国家社会主義者、社会民主主義者、国家主義者、軍幹部などを糾合して政党を結成することを試みる。また、一九二八年春に前橋で、「急進愛国主義の理論的根拠」という講演を行う。田中真人は、この講演の性格について次のように述べる。

〈これが前橋での高畠の演説会での速記であるのは、高畠が政界進出にあたって郷里前橋での衆議院立候補を意図していたからにほかならない。本書（引用者註『高畠素之先生の思想と人物』）が前橋に編集事務局を置き、回顧文の執筆者に前橋中学の卒業生を初めとする地元関係者が多いのもこうした事情によるものであろう。

この動きの最中の一九二八（昭和三）年末、高畠はわずか四十二歳で急死する。いったん頓挫した国家社会主義政党結成の動きは、一九三一年秋の「満州事変」の勃発とその結果として国民の間に広範に広がった排外主義のうねりのなか、新たな展開を見せ、当時の無産政党から国家社会主義新党への雪崩現象が起きていった。高畠理論はその理論的支柱とされ、本書収載の「急進愛国主義の理論的根拠」は、津久井龍雄らによって時局にふさわしく字句をあらためられたパンフレット『国家社会主義大義』として、この運動の基本文献となっていったのである。〉（茂木実臣編著『高畠素之先生の思想と人物』大空社、一九九六年、末尾に付された「解説」四～五頁）

しかし、高畠という強烈な個性を欠いたことで、国家社会主義は現実に影響を与える政治運動とはならなかった。無産政党から国家社会主義新党への雪崩現象も、確固たる形態とはならず、国家社会主義とは異なる上からの国家主義潮流によって飲み込まれていく。

高畠は、真理は具体的であると考えていた。高畠がマルクス主義から離脱し、国家社会主義を提唱するようになったのも、人間の性悪な本性が未来において変化するというのは幻想で、共産主義社会（アソシエーション）を構築することが非現実的であると考えたからだ。そこで、暴力装置である国家を用いて資本主義社会の暴力を封じ込めることを考えたのである。高畠が衆議院選挙への立候補を志向した背景にも性悪説にもとづく暴力の活用という発想が見え隠れする。

そもそも国会議員の機能を高畠はどのように考えているのだろうか。ここで「代議士」と題する随想を紹介したい。

〈来年の総選挙には立候補するかと、よく人にきかれる。ぜひ出馬しろと勧めてくれる人もある。『随筆』の水守君[97]の如きは、その優なる一人だ。小生も選挙には多少の色気がある。といふよりは、いまの商売がほとほといやになつたのだ。原稿渡世も、もういゝ加減で足を洗ひたい。が、足は洗つても隠居のできる身分ではなし、所詮はどこかで汚し換へねばならぬ。それには代議士商売などが先づ以つてとツつきのいい方だとは素人考へにも考へられる。

そこで自然、多少の色気も出て来るわけだが、いざとなると尻込みしたがる。実をいふと、いまの自分では代議士は、ちと勿体ないやうな気もする。どうせボロになつた古着だから、ゆくゆくは襁褓《おしめ》か雑巾にでもするほかはないが、まだちツとばかり勿体ない。もう一二年も着古してから――と、そんなことも考へる。

将来ましらず、いま迄のところでは、代議士にでもならうと考へるのは、十中八九迄は他に本職のない人間か、本職ではやつてゆけなくなつた人間、一口にいへば廃れ者、食ひ詰め者と相場がきまつてゐる。弁護士にしても、新聞記者にしても、学者にしても、それで相当有意義にやつてゆける程の人間なら、代議士になどならうとは考へぬだらう。弁護士上りの代議士、学者上りの代議士といふのは、学者そのもの、弁護士そのものが上ツたりになつた人間をいふのである。それが代議士になつて選良といはれる。
私は自分の商売にまだ薹《とう》が立つたとは思はない。しかし、自分の方から薹を立てさせようとしてゐることは事実だ。いま一いき、いよいよこれで二進も三進もゆかなくなつたら、水守君の勧説を待つ迄もなく、いさぎよく立候補にでも出馬せざるを得ない段取りとなるだらう。後に未練はのこしたくないといふ気がある。〉（高畠素之『論・想・談』人文会出版部、一九二七年、二九八〜二九九頁）

高畠の国会議員に対する評価はもともときわめて低い。弁護士、新聞記者、学者として本業でやっていけなくなった者が政治家になると考える。高畠は、『資本論』の翻訳者で、マルクス経済学の第一人者であるという評価を論壇で受けている。同志社神学部という東京帝国大学を頂点とするヒエラルキーからまったく外れた学校を中退したので、アカデミズムに自らの場はない。それだから、知を扱う仕事としては、論壇とジャーナリズムにしか舞台がないのだ。

高畠は、あらゆる舞台で踊った。『資本論』の解釈問題のようなアカデミズムに近い領域、国際情勢分析、国内の政局批評などの硬派の世界だけでなく、性風俗や情死、さらに闘犬に関する論評を行っている。現代で言うと文芸誌や総合誌に執筆するだけでなく、過激な裸写真やＤＶＤ

を付録にする青年誌、ギャンブル専門誌などにも頻繁に寄稿している作家と考えればよい。経済的には、大ベストセラーになった『資本論』の印税だけでも十分生活していくことができる。それでも、広範な読者層を想定して書き続けるのは、高畠が活字の力で現実に影響を与えたいと考えているからだ。

〈いまの商売がほとほといやになつたのだ。原稿渡世も、もういゝ加減で足を洗ひたい〉というのは、論壇を通じて現実に影響を与える可能性を使い尽くしたという高畠の認識を示しているのだと思う。

論壇の対象は有識者である。高畠は基本的にエリート主義者なので、世の中を変えるためには有識者に対する啓蒙が重要と考えた。アリストテレスの分類に従うならば、高畠が理想とする政治体制は貴族政だ。「デモクラ心理」という小品に高畠の民主主義観が端的に現れている。

〈デモクラシーはオートクラシーと対立されてゐる。オートクラシーは多数に対する少数の支配、デモクラシーは少数に対する多数の支配だといふ。なる程さういへば、少なくとも言葉の上だけでは確然と対立されてゐる。然しデモクラシーの下に於ける多数の意見は、政党に依つて代表される筈だ。そして政党の意志は幹部に依つて代表される。幹部は少数である。而もロベルト・ミエルズ[98]などの言ふ如く、デモクラチツクな政党ほど幹部専制の傾向が甚だしい。して見れば、デモクラシーも詰司オートクラシーだといふことになつてしまふ。

違ふ所は形だけだ。少数支配を端的にやるか、遠廻しにやるかの違ひだけだ。尤もレスター・ウオード[99]に依れば、文明の進歩とは間接化への進歩である。野蛮人は重い石を動かすに直接手を用ゐる。文明人は手と石との間に、テコといふ間接手段を応用する。テコの柄も長いだけが良い。つまり物事の進歩は、間接へ間接へと向ふのである。この意味からすれば、デモクラシーはオートクラシーよりも、ヨリ文明的であり進歩的であるといひ得る。

然し人間的に見ると、こんな風にもいへる。即ちデモクラシーといふのは支配の責任を多数の間に分散して、支配の結果だけを少数の手に壟断しようといふ詐欺手段だ。支配といふことは余り人好きのする響きでない。そこでその責任は成るべく多くの人に分担させるやうに見せかけて、支配から来る正味の汁だけを少数の手に吸ひ取らうとするのである。

これは支配について言つたことだが、一般悪事についても同様である。悪事の責任は成るべく他人になすりつける。その代り、悪事から来る利益は出来るだけ自分の手に壟断する。これがデモクラチツクな人間に共通したヤリ口である。

更らに斯《こ》ういふ特徴もある。悪事を一括的にやると目立つ。そこで絶えず少しづつナシ崩的にやる。つまり小悪の蓄積といふ奴だ。小悪といふと、如何にも大悪の反対のやうで、それだけデモクラチツクな人間は悪人でないやうに聴えるが、一度に三百六十五円盗むのと、一日一円づつ三百六十五日間盗むのと、いづれがヨリ大悪かといふ問題になる。更らに三百六十五日が四百日となり五百日となつたら何《ど》うする。一度に三百六十五円盗むのは、如何にも大悪のやうに目立つが目立たないからといつて、一円づつ五百日間合計五百円盗む方が、ヨリ大悪でないとは言へないだらう。

要するに、デモクラシーとは、詐欺と巧智と打算の表現である。だからデモクラシーには巧言麗色がツキ物であり、素町人的なやさしみと、平和と、温順と、常識興味、等、等、これを一言にすれば、デモ的紳士偽善主義が特徴的なレッテルとなつてゐるのである。〉（高畠素之『自己を語る』人文会出版部、一九二六年、一六九〜一七一頁）

民主主義は、政党によって運営されるので、結局のところ民主主義をスローガンに掲げる政党幹部による寡頭支配になるという高畠の洞察は鋭い。政治の本質は暴力である。ただし、剝き出しの直接的な暴力行使よりも、目に見えにくい間接的な暴力行使の方が文明的で、進歩的であると高畠は考える。ここには当然皮肉があるが、同時に暴力ができるだけ顕在化しないようにする努力が政治の重要課題であるという高畠の認識も現れている。〈デモクラシーといふのは支配の責任を多数の間に分散して、支配の結果だけを少数の手に壟断しようといふ詐欺手段だ〉というのが、高畠の基本認識だ。高畠が国会議員になることを志すということは、高畠自身が詐欺に荷担するという明示的意志をもったということである。結局、世の中には支配する人と支配される人がいる。高畠は、国家の本質を支配と被支配の関係としてとらえた。労働力の商品化が止揚された社会主義社会においても支配と被支配の関係は消滅しない。従って、必然的に社会主義国家が生まれると考える。ソ連がファシズムに類似した国家体制を強化するようになったことを、マルクス主義の国家社会主義への接近であると高畠は肯定的に評価する。

ಌ

ここで見方を変えてみよう。論壇を通じても支配、被支配の関係が存在する。よく読まれ、現実に影響を与える作家は支配する側にいるのだ。その支配は、二つの形態で担保できる。第一は情報を伝達する手段が作家に保証されることだ。どのように優れた思想をもっていようとも、それがマスメディアに発表する機会をもたないならば、当該思想の影響はなきに等しい。事実無根の偏見に基づく言説であっても、それがマスメディアで流通するようになると強い影響を与える場合がある。言説の知的水準、道義性の高さと現実に与える影響の間に、対応関係は存在しない。乱暴で、稚拙な、排外主義を煽るような言説が現実政治に深刻な影響を与えることも珍しくない。

　第二は、原稿料と印税によって得られるカネだ。『資本論』のベストセラー化で、高畠は、生活費をはるかに超える資金をもつようになった。このカネは権力と交換可能であることに高畠は気づいた。

　もはや客観的に見て、高畠は支配する側にいる。その現実から、自らの環境を再整理する必然性を感じ、そこから政界進出という構想がでてきたのだ。言い換えると、支配者の側から、革命に参加することを考えたのである。その発想は、「それもよし、これもよし」という随想で吐露されている。

〈普通選挙は階級闘争の安全弁だといふ衆論に対して、死んだ原敬が、普通選挙は階級闘争の助長だといつて、議会に解散を喰らはせたことを覚えてゐる。解散のことは扨《さ》て措き、助長か安全弁かの段になれば、私などは原敬の言ひ分の方にヨリ多く真理を認めてゐた。我々が多数国民のために普通選挙を主張したのは、法律の定めた議会といふ闘犬場を以つて、階級闘争の一面を発揮せしめようとしたからに過ぎない。

然し普選を以つて階級闘争の安全弁だといふ議論を流行らせることが、普選実施の上にヨリ有効だといふならば、暫くさういふことにして置くのも悪くはないと思つた。この考へ方は、階級闘争そのものの上にも当てはまる。

階級闘争といへば、労働者と資本家、プロレタリアとブルヂヨアとの間の直接の闘争、牙と爪との闘争だと思はれてゐる。この見地からすれば、所謂直接行動以外の一切の闘争形態は真の階級闘争ではなく、寧ろ階級闘争の安全弁だといふことになつてしまふ訳だが、何も強ひてさう考へないでもいい。階級闘争は一つの対抗戦局であつて、単なる白兵戦よりも広い範囲を抱擁するとも見られる。国と国との対立に於いても、最後の血戦までにはいろいろの段階を踏む。所謂外交上の辞令といふ奴を尽して、さながら親兄弟の如き親密さを見せかける段階もあれば、懐ろにドスを呑み込んでヘンな眼つきを対手に投げつける段階もあらう。そして愈々《いよいよ》厳密の意味の戦闘段階に入つてからでも、或る時は守つて進まないこともあるだらうし、或る時は退いて敵を欺く戦法もあるだらう。要するに戦ひは一つであつても、その形態は種々雑多だといふことになる。〉

（高畠素之『論・想・談』人文会出版部、一九二七年、三〇四〜三〇五頁）

普通選挙運動に対して、無政府主義者、マルクス主義者には、支配層が国民に普通選挙という飴を与えることによって階級闘争の鈍化を図る謀略である、という見方が根強かった。ただし、無政府主義者が選挙自体を拒否したのに対して、マルクス主義者は合法無産政党から国会議員を送り込むという戦術をとった。ここでマルクス主義者が議会主義に転向したのではない。ブルジョア議会は、資本家が合法性を装って支配するための機関であり、ここで労働者が仮に議席の過半数を占めることになっても、労働者が決起して資本主義体制を打倒しない限り、労働力を商品化し、資本家が労働者を搾取する階級支配の構造は変わらない。マルクス主義者はこの原則的認識を崩さない。

これに対して、資本家階級の利益を代弁する原敬は普通選挙運動によって階級闘争を助長させるという認識を示した。高畠は、原の見解を支持する。ただし、原が階級闘争を押さえ込もうとするのとは逆に、普通選挙を利用して階級闘争を激化させることを考える。

ここで高畠は無政府主義者の直接行動を意識している。直接闘争で、工場占拠やテロを行っても、国家がもつ暴力によって簡単に封じ込められてしまう。そうではない、もっと現実に影響を与える階級闘争を高畠は模索している。

〈所謂直接行動といふものも無論階級闘争の一形態だが階級闘争は直接行動でなければならないといふ理屈もない。議会を舞台とする政治運動もその重要な一形態であらう。ストライキも、サボターヂユも、それぞれの場合にそれぞれみな結構であるが、時にはゲンコで撫でるといふ行き方も妙である。闘争反対、協調第一といふやうな表看板で敵の鼻毛を抜く筆法も、当事者の腹さへ確つかりしてゐれば出来ないことでもあるまい。これも階級闘争の一戦法である。現に資本家側では温情主義といふ奴を振り廻すがこれがどう見たつて資本家側からの階級闘争の一形態でないとは言へないだらう。

然し露骨に闘争の形態を採つたものでなければ真の階級闘争ではないと思はれてゐるなら、それもそれで結構ではないか。ゲンコは撲《なぐ》る時だけが闘争の武器で、撫でるゲンコは本当のゲンコでないといふなら、これはゲンコぢやないよと言ひながら、生殺し的にニヤニヤ撫で廻して居ればいい。虚無思想結構、労資協調結構、温情主義結構、正義、人道、人類愛、それもよし、これもよしといふ筆法で、敵のキン玉に喰ひ下りながら息の根を止めることが出来れば、結局それが或る場合には一番有効な階級闘争形態だつたと、後世の人はいふであらう。〉（前掲書三〇五～三〇六頁）

国会議員となって、〈それもよし、これもよしといふ筆法で、敵のキン玉に喰ひ下りながら息の根を止めること〉を高畠は考えているのだ。

基本的に大衆を蔑視している高畠は、実際の選挙でどのようにすれば当選すると考えているのであろうか。「戸別訪問」という小品に高畠の認識が端的に述べられている。

〈朝日新聞で市会の候補者に戸別訪問の可否をたづねたら善い事とは思はないが、他でやるから仕方がないといふ返事が多かつた。戸別訪問といふものは、果してそれだけの消極的理由で実行されてゐるものであらうか。決してさうではない。戸別訪問は実際有効である。我々から見れば戸別訪問なんてものは迚《とて》も厭なことだが、厭であるとないとに拘らず、実際効果があることは確かだ。

私は今度の市会議員選挙中、主としてプロレ階級に近い下ツぱの有権者、例へば小ツぽけな床屋の大将とか、駄菓子屋のお親爺とかについて観察したことだが、どうも斯ういふ階級の人々に限つて、候補者から戸別訪問を受けることに一種陶酔的な快感を覚えるやうだ。彼等から見れば市会議員とか国会議員とかいふ人々は及びもつかない立派な紳士である。大臣や市長にも大きな顔で文句が言へるし、新聞にもザラに名前が出るし、自働車も持つて居り、妾も蓄へてゐる。平素なら、こちらからペコペコで、対等なつき合ひなどは思ひも寄らない。それが選挙なればこそ向ふから土下座をついて、何分よろしくと頼み入るのだ。これに対して一種の得意を感ずることは、まことに人情自然の流露であらうと思ふ。

平素大きな顔をして居りながら、選挙となると戸別訪問でペコペコ頭を下げるなんて、よくもあんな厚かましい真似が出来たものだと呆れるのは、恥を知る人の言ふことで、選挙の心理からいへば其処に格別の面白味がある。平素大きな顔をするやうな、し得るやうな人間が、ペコペコするのだからこそ、戸別訪問に意味がつくのだ。訪問を受ける方の人間が、下層に近づけば近づくほど、その快感を強く感ずる。殊に大臣連名の推薦状を貰つたときなどの得意さといつたら無いであらうと思はれる。各候補者のづらりと並んだ休憩所を尻目にかけて投票所へ乗り込むときの心持は、まんざら悪いものでないとは、実際私の近所の魚屋の大将の告白だが、平素佃煮扱ひされつけてゐる位置の人間として、斯ういふ場合にさういふ快感を享楽することも、まことに無理からぬ心理であらうと思ふ。

普通選挙の下に、無産党の腕をためす時がだんだん近づいた。然しながら普選であると否とに拘らず、選挙は所詮選挙であつて、選挙が理屈や政策のみで動かせるものと思つたら、予想以上の不覚を取らう。殊に以上述べるやうな事大的（一転すれば復讐的）反応心理は下層階級に向ふほど甚だしい傾向があるのだから、その辺は余程世態人情を噛みわけて掛らないと、目も当てられない失敗を恵まれるであらう。余計なお世話だが、門外寸感、無産政党先鋒の闘士諸君の御参考までに、老人の冷水一滴、依而如件《よつてくだんのごとし》。〉（高畠素之『自己を語る』人文会出版部、一九二六年、一八二〜一八四頁）

一般大衆は、「偉い人」が戸別訪問することで陶酔感を感じる。この合理的思考とは異なる大衆の感情をつかむことに成功すれば、票集めをすることはそれほど難しくないと高畠は考える。下層の人間ほど「偉い人」が頭を下げると、それに恐縮してしまい、熱心な支持者になる。この心理を高畠は、〈平素佃煮扱ひされつけてゐる位置の人間として、斯ういふ場合にさういふ快感を享楽することも、まことに無理からぬ心理であらう〉と分析する。この心理戦術だけ押さえておけば、選挙で勝利することはそう難しくない。大衆は理屈で動く存在ではないのだ。感情に訴えることだけを考え、選挙戦を展開すればよいのである。

恥さえ捨てれば、そのような行動をとることも可能になると高畠は考える。そして、階級闘争理論で、理詰めで労働者階級や下層中産階級（自家営業者、商店主）の支持を得ようとするであろう無産政党に、「大衆はもっとひねくれた心理をもった連中だぞ。合理的計算で政治が運営できるという発想は間違えている」と警告を発している。高畠は政治のリアリズムを実に正確に把握している。地頭のいい男なのである。

普通選挙における代表する者と代表される者の間に合理的連関がないことを、マルクスは『ルイ・ボナパルトのブリュメール十八日』[100]で見事なまでに解き明かした。当然、高畠はこの著作を読んでいる。それを踏まえた上で、高畠は、国家という暴力によって資本の暴力を規制する国家社会主義革命の可能性を普通選挙を通じて実現しようとする。これが、高畠の主観的認識においては、もっとも効果が期待できる階級闘争なのである。このようなねじれた発想は、高畠性悪論の存在論となっているニヒリズム観を見ると明らかになる。高畠は、「ニヒリズム」と題する随想というにはあまりに短い文章を残している。

〈晦《くら》ますといふと、作意一方になつてしまふが、どんな理論にしろ、性根の何処かに何程かのニヒリズムがないと本当に終りまで聴かせる魅力がつかない。社会主義にしろ、無政府主義にしろ、愛国主義にしろ、何主義でも善いが、性根の一角にニヒリズムを潜めない人間の議論ぐらゐ、その人間それ自身の如く噛んで索然たるものはない。ニヒリズムのないニヒリストと称する人の議論と来たら、これはまた一段と困り物である。〉（高畠素之『論・想・談』人文会出版部、一九二七年、三〇三頁）

神を除去するのが近代の特徴である。そのことを虚心坦懐に見つめれば、われわれは自己を無の上に置かなくてはならないことがわかる。従って、どのような思想であっても、その存在論にニヒリズムがないと、人間の魂をつかむことができないのである。社会主義、無政府主義、愛国主義のすべてに「科学的」であるとか「空想的」ではなく、「虚無的（ニヒリスティックな）」という形容詞がつくべきだ。ここで滑稽なのは、ニヒリストを自称する人のほとんどが、自己に過度に執着する有の原理に立った人々であることだ。

高畠がニヒリズムを存在論に据えた政治を衆議院で展開したら、一九三〇年代の政治地図はかなり異なったものになったかもしれない。それは、高畠が信じるニヒリズムの存在論にこそ、現代人を感化することができる力が備わっているからだ。

第十九章　有識者

高畠素之の学歴は、同志社神学校中退だ。高畠が、大正期から昭和初頭の論壇において活躍した、もっとも影響力のある有識者であったことは間違いない。しかし、大学という制度化されたアカデミズムとは、終生無縁だった。国家社会主義が知的に洗練された内容をもつにもかかわらず、高畠の死後、それが継承されなかった。このことも、高畠が大学という制度化された知の場所で、後継者を養成しなかったからである。仮に高畠がどこかの大学に勤務し、講座をもっていたならば、もともと面倒見の良い性格なので、『資本論』解釈について、かなり有力な高畠学派ができていたであろう。それならば、国家社会主義の社会的影響力ももっと異なったものになっていたはずだ。

高畠は、大学に対して、蔑視と憎悪が混在した複雑な感情をもっている。それが、学者に対する揶揄という形で現れる。「学者の箝口令」という小品を見てみよう。

〈学者の言論が次第に過激になつて来たといふので、当局者は近く何等かの形式で、直轄学校の教授連に対して言論の取締りを行ふさうだ。政府の取締りで学者の言論を穏やかにしようなどとは飛んでもない話だ―とでも嘲笑したい所であるが、事実に於いて日本の教授連は政府の目色を気遣ひ乍《なが》ら、その言論の手加減をして行くのだから、此取締も社会主義者の取締令同様、寔《まこと》に機宜に適したものであると言ふの外はない。

学問の独立、研究の自由などと云ふ事は云ふだけ野暮である。言論の取締が一般に厳重であり、社会主義思想が異端視されてゐる時代には、全く鳴りを潜めて穏和な学者であるかに見せかけてゐた人々が、一朝社会の風潮が変り、言論取締は緩慢となり、社会主義思想が歓迎されて来ると共に、相争つて社会主義説の研究に耽るやうになつた。一時は社会主義者と言へば悉《ことごと》く教授学者であるかの如き観を呈した。それが近頃読書界の人気は漸く社会主義から離れ、取締も次第に峻厳に行はれるやうになつて来ると、何れも亦申合はせたやうに退いて行く有様である。

政府の官吏である教授連にとつて、これも亦無理のない事ではあらうが、若し抑ゆる事の出来ぬ研究慾が伴ふならば、其地位と名誉とを捨てゝも、志す研究に没頭する人もあらう。かくの如き人の現はれて来ない以上、教授連の研究が左程献身的なものとは考へられぬ。取締を厳重に行ふならば、一般読書界は無責任な学者の言論に悩まされる憂もなく、また森戸事件に連坐した大内兵衛氏の如く、百方運動して再び帝大に舞ひ戻る悲惨な犠牲者も出さずに済むのである。取締が緩慢なればこそ此種の弊害も生れやうが、厳重な箝口令を下される事は、何人の為めにも禍となるものでない。それは全く一挙両得である。〉（高畠素之『幻滅者の社会観』大鐙閣、一九二二年、一九二〜一九四頁）

高畠のこの評論は、ねじれている。まず、国立大学は、官吏養成機関なので、そこで国家の意向が働くのは当然であるという前提で議論を進める。〈学問の独立、研究の自由などと云ふ事は云ふだけ野暮である〉すなわち、大学人がもつ独立や自由などというものは、国家の意向によって、簡単に侵害されるという突き放した見方をする。

大学教授などという職業に就いている人々は、もともと学校秀才で、根性がない。社会主義思想を扱うにしても、それが流行だから取り上げているにすぎない。それだから、国家による取り締まりが厳しくなれば、根性のない学者たちは震え上がって逃げ出してしまう。このような学者たちが、有識者として種々の社会主義的論評を書き散らす。それを真に受けた読者が道を誤る。マスメディアを通じて社会主義思想の影響が強くなると、当然、国家は弾圧を強化する。そうすると根性のない学者たちは逃げ出してしまう。結局、迷惑を被るのは、根性のない学者に踊らされた非有識者、つまり読書人大衆だ。このような悲喜劇をなくすために国家は「厳重な箝口令」すなわち、思想統制を行うべきと高畠は主張する。

一九二〇年、東京帝国大学助教授・森戸辰男は、経済学部機関誌『経済学研究』に「クロポトキンの社会思想の研究」を発表した。これに対して、ロシアのアナーキスト（無政府主義者）の言説を帝大教授が宣伝するのはけしからんという批判が起きた。大学内でも上杉慎吉を中心とする右翼団体から攻撃され、雑誌は回収処分となった。しかし、事態はそれだけにとどまらなかった。新聞紙法第四十二条に規定された朝憲紊乱《ちようけんぶんらん》罪により森戸辰男は起訴され、休職となった。当時の経済学部助教授・大内兵衛も掲載の責任を問われて起訴された。大審院は上告を棄却して有罪が確定し、二人は失職したが、一九二二年に大内は東京帝大経済学部に復職し、労農派マルクス主義の論客として活躍する。一九三八年に人民戦線事件で逮捕され、休職となり、一九四四年に無罪が確定したが大学を去ることになった。もっとも一九四五年の敗戦後、復職し、日本の非共産党系マルクス主義者の主導的役割をになった。

高畠は、大学人に対する国家の弾圧を歓迎するような言説を展開する。しかし、同時に高畠は、国家に仕える官僚を腹の底から軽蔑している。高畠は、思想とは、文字通り命を賭して営む事柄と考えている。従って、アナーキズムやマルクス主義について語るならば、失職する覚悟をもてということだ。主義に殉じる気構えがあって、初めて思想について語る資格を得るのだ。思想は他者に影響を与える。有識者は自らの思想が読書する大衆に与える影響を真面目に考えるべきだというのが、高畠の真意と筆者は解釈している。

大学という場をもつことができなかった高畠は、学術的知識を独学によって吸収する。高畠は、この独学の習慣を同志社神学校で身につけている。この点について、田中真人の指摘が興味深い。

〈一九〇四年一〇月一日付で同志社神学校本科一年級に入学した高畠の受講した科目は次のようなものであった。

哲学史（波多野精一の著作をテキスト）三時間、倫理学（マッケンジー）二時間、英書訳読（『ユダヤ人の歴史』講読）五時間、心理学（速水滉の著作をテキスト）二時間、宗教科目　三時間

合計一五時間の授業は「楽に御座候」と語っている。「然し図書館には可なりの書物

も有之候間、学科の余暇は之れにて勉強出来申候、否むしろ此方が多くの時間を要する位に御座候」と、授業よりも図書館での独習に重点をおいた。

同志社には創立翌年の一八七六年に来講したラーネッド[101]を始め、多くの外人教師、外人宣教師が教壇に立ち、彼らの影響のもとに安部磯雄[102]、浮田和民[103]、大西祝[104]などが育った。とりわけラーネッドの影響は大きく、彼の初期同志社における経済学の講義は、すでに『経済新論』（一八八六年、島田三郎校閲、宮川経輝訳）、『経済学之原理』（一八九一年、浮田和民訳）が刊行され、社会主義に対する言及もすでになされている。同志社はキリスト教社会主義を中心とした日本の明治社会主義のひとつの原点をなしており、同志社の図書館には、高畠の社会・宗教への関心に応える多くの蔵書があったのである。〉（田中真人『高畠素之　日本の国家社会主義』現代評論社、一九七八年、二八頁）

同志社神学校では、プロテスタント神学が教授されていた。このことと、高畠の独学の習慣には深い関係がある。まず、当時のプロテスタント神学は、自由主義神学の強い影響下にあった。十九世紀プロテスタント神学の父と言われているフリードリヒ・シュライエルマッハー[105]は、神学はそれぞれの時代の哲学の枠組みを用いて、表現せざるをえないと考えていた。従って、神学を理解するためには、哲学を専攻する学生と同程度の哲学に関する知識が求められた。これを学校の授業で展開することは、時間的制約からできないので、神学生には哲学を独習することが求められる。

また、神学には、弁証学と論争学という分野がある。弁証学は、他の宗教や、哲学に対して、キリスト教が正しいことを証明する学だ。これに対して、論争学は、キリスト教内部の他の教派に対して、自らの教派の教理（ドクトリン）が正しいことを証明する学だ。いずれにせよ、正しい結論は先に与えられている。あとはその結論に向けて、理屈をつける能力を学ばせることが弁証学、論争学の要諦だ。議論を通じて、共通の正しい結論を見出していくという了解が欠如しているところに弁証学、論争学の特徴がある。

従って、プロテスタント神学部の図書館には、キリスト教に敵対する無神論やマルクス主義の書籍、またプロテスタントに対立するカトリック教会、正教会の神学書が多数所蔵されているのだ。神学生は、講義で弁証学、論争学の基本だけを学び、あとは図書館で独学で腕を磨くのである。

筆者自身が同志社大学で神学を学んだときも、教授から独学の重要性について教えられた。それだから、筆者にも高畠に似た独学傾向がある。

&

高畠は、大学という制度化された知の場に対しては、批判的である。もちろん大学教育を修了しなかったために、高畠の心に潜んでいる澱の要素もここにある。しかし、高畠はいじけた人間ではない。むしろ学問に対して、過剰な愛情をもっている。このことが、制度化された特権的な場にいながら、十分な知的研鑽を行わず、知を社会に対して還元していない大学教師に対する憤りにつながる。高畠の学問観については、「学問の現実性」という評論で端的に示されている。

〈学問と実行は昔から対立されてゐる。学者は実際に疎く、実際家は事理に暗いとされてゐる。けれども私たちは、学問ほど現実的のものはなく、学問を離れた実際ほど非現実的のものはないと考へてゐる。

学問の目的は法則の発見にある。法則といふと事が六《むつ》かしくなるが、極く単純な形を言へば、我々万人の頭脳に動く因果律の作用である。子供が火に手を触れて、やけどをした。やけどは苦痛である。けれども若し、火に触れる事とやけどをする事との間に、原因結果の関係があるとされない限りは、一々火に触れてはやけどの苦痛を知るだけで、一度又は数度の経験からして、最早決して同じ苦痛を繰り返すまいといふ気にはならない。さういふ経験からして、火に手を触れればやけどをするといふ因果的の関係が推論されて来るからこそ、我々は同じ苦痛を幾度も幾度も繰り返すやうなヘマをしなくなるのである。して見れば、因果律の推論は、随分現実的なものだと言ふことになるではないか。

文法の規則を知らなければ、一々の場合について一々変化した言葉を覚えて行かなければならない。随分不経済な話である。さういふ無駄な努力を省く為に、文法の規則といふものが出来てゐるのだ。社会上の学問についても同様である。社会運動に学問などは要らぬといふ人があるかも知れない。学問にもよりけりである。所謂机上の空論なら、学問の方で御免を蒙る。学問の値打は現実的な所にある。普選が眼前に迫らない時には直接行動でゆく。普選が実施になつたから議会運動でゆく。それには右傾しなければならない。そこで国家もよし、国体もよし、三千年の歴史もよし、といふのでは仕方がないではないか。この調子でゆくと、普選下の活動が思はしく行かなかつたら、またもとの直接行動に逆戻りといふことになるだらう。斯《こ》ういふ上つ調子の、漂々とした、浪費的な態度で、波のまにまに盲動して行くといふことになるのも、もとはと言へば運動を現実化させる学問がないからだ。今日、流行の如く『右傾』の影を追ふ社会運動の闘士たちに、若し多少でも此意味の学問があつたなら、彼等は恐らく十年前に立派な国粋社会主義者となれてゐたであらう。〉（高畠素之『自己を語る』人文会出版部、一九二六年、一六七〜一六九頁）

高畠は、ここで学問の目的を法則の発展にあるとしている。高畠は、新カント派的な、実験が可能な自然科学においては法則定立を目的とし、実験が不可能な精神科学においては個性記述が目的となることは、もちろん知っている。しかし、ここでは通俗化のため、学問をすべて法則定立という枠組みでくくっている。もっともここで、文法の事例をもちだし、個性記述的な法則が存在するという認識をもっていることも、さりげなく示している。

普通選挙制度の導入により、これまでアナーキストとともに直接行動を訴えていたマルクス主義者が、右傾し、議会主義を肯定的に評価している。しかし、これは便宜的な漂流にすぎないと高畠は見なす。政治目標が達成されなければ、マルクス主義者は、再び直接行動に振れる。これは、日本のマルクス主義者に、〈もとはと言へば運動を現実化させる学問がないからだ〉と高畠は考える。要するに自分の頭で考えて、『資本論』を読みこなしていないので、マルクスの国家論に欠陥があることにマルクス主義者は気づかないと高畠は批判しているのだ。現実に役立たない理論に取り組むことは、知的エネルギーの浪費に過ぎないのである。

現実に対応することができるようになるまで考え抜いた知的能力もない輩が、有識者として大手を振っている論壇の状況を高畠は「識者」と題する論評で、厳しく批判する。

〈古往今来、指導者ヅラをする出娑婆りと、先覚者ヅラをする独善家の絶えた例もないが、一ツぱし利いた風な口吻《こうふん》で、さて今時のなどとやられたら、総身直ちに粟を呼ぶの思ひがする。識者、先覚者の廉売屋たる文部省が、時代思想に憂慮する余り、広く全国の男女中等程度の学生に就き、個別的に頭脳の解剖を行つて見た。その結果はどうも『案ずるより生むが難い』ものであつたらしい。

東京日々十月十日版に紹介された調査の発表を見るに、彼等生徒は物質主義に影響されて精神的事業を重んぜず、利己主義に堕落して、没我的、公共的精神を欠如してゐる。殊に自由平等の悪思想に影響されて、浅薄放漫に流れ、長上の権威を軽んじて、階級打破の理想に共感する者さへ出て来た。従つて信仰心を失ひ儀礼を欠き、只管《ひたすら》利害を中心として行動云為《うんい》し、一として賞すべきものはないといふ。

精神事業を軽んじて利害打算に走り、偶像に跪拝《きはい》盲信しなくなつた事が、何が故に賞すべからざるものであるか、その因由する論拠は未だ耳にしない。併《しか》し我々卅《さんじゆう》代の男にいはせると、当今の中学生女学生は若輩未熟の身であり乍ら、如何にして斯くも事理に聡く情理に明かなるを得たか、寧ろ驚嘆に値する。〉（高畠素之『幻滅者の社会観』大鐙閣、一九二二年、九〜一〇頁）

文部省が中学生、女学生の社会学的調査を行った結果、精神性を軽視し、利己主義で、公共心などを欠如していることが明らかになった。また、自由思想、平等思想の影響を受けて、年長者を敬わず、階級支配を打破するという社会主義思想に共鳴する者までできた。このような状況で、文部省は道徳教育を強化しようとする。そのような官僚の発想を高畠は嘲笑する。〈精神事業を軽んじて利害打算に走り、偶像に跪拝盲信しなくなつた事〉には、それなりの原因がある。それは、社会構造の近代化だ。むしろ、中学生、女学生は、状況の変化に適応しているのであり、〈如何にして斯くも事理に聡く情理に明かなるを得たか、寧ろ驚嘆に値する〉と高畠は考える。高畠の思想は破壊性を秘めている。既成の秩序を尊重しない若い世代が育つことで、将来、社会変動が起きることを高畠は期待しているのだ。

資本主義社会は階級社会だ。そこには支配する者と支配される者がいる。合理的理由を欠如した偉人崇拝や、服従奉公は、支配階級を強化するだけで、支配される者にとっての利益はない。

〈ありの儘の姿を正しく観照したならば、今日没我的犠牲的になる事は、われとわが身を絞るにも等しきものである。不幸にして過去の精神教育とやらに冒された我々は、這個《しやこ》の明白な道理を忘却し兎《と》もすれば偉人崇拝の妄念に襲はれたり、服従奉公の悪念を起したり、ために処世の大道を誤る事、一再ならずであつた。

職業的識者の意味する善事美徳が、奉公犠牲及それに類似の名目を主体とする限り、正当な防衛策としても、より打算的により主我的に結束する必要がある。いふ迄もなく彼等の意味する奉公犠牲の精神とは、支配者への盲従盲信に対する虚名である。識者彼れ自身が意識するとせざるとを問はず——換言すれば頭のよき識者も悪き識者も、盲従盲信を以て、奉公犠牲を頌徳してゐるのだ。

成程奉公犠牲をされる身になつて見れば、命惟れ奉じ、令惟れ行はれる方が都合がいゝ。併しさせられる身になつて見れば、どう考へても割に合はない商売だ。この解り切つた道理が解つたとて、それで末世《まつせ》澆季《ぎようき》呼ばはりをされては、中学生も何とも恐縮の外はなからう。〉（前掲書一〇〜一一頁）

滅私奉公を説く有識者は、それでカネを稼いだり、論壇における自らの権力を拡大しているに過ぎない。そのような輩の主張を読者はまともに受け容れてはならないのである。有識者の言説が、客観的に見て、どのような社会グループの利益にかなうものであるかを冷徹に見なくてはならない。知力があれば、有識者の嘘に騙されることはない。有識者の説く「憂国の情」の背後には、ほとんどの場合、ビジネスが隠れている。

8

このビジネスは、新聞や雑誌によって確保される。ここに新聞の社会的機能がある。「新聞哲学」という論考で、マスメディアが本質においていいかげんな存在であると高畠は批判する。

〈売薬の広告と新聞屋の正義呼ばはりとは、由来能書沢山の能なきものと相場が通つて来た。民衆輿論《よろん》の策源と誇称し、不羈《ふき》独立を僭称してもそれは単に反対派に対してのみ舞文曲筆せずとの謂であつて、わが子を除いての挙国皆兵主義と同様、うつかり正気では承認出来ない代物だ。従つて天下の木鐸が如何に大言壮語して、曲亭馬琴以来の勧善懲悪の廉売をなすと雖、露店のメリヤス程の興味も世人には与へてをらない。蓋《けだ》し××紡績会社が営利目的の暴利団体である如く、△△新聞社も亦利慾を目的として組織された営利会社であり、これが雇人たる新聞記者は、当然その雇主の御機嫌に備へるため、時に褒めカツをなし、時に恐カツをなすの已むなき器械であるに不思議はない。ジヤーナリズムなどゝ御托を並べて見ても、読者といふ観客の御意を伺ふためには、精々刺戟的な題材を提供して釣つて置くより道がない。〉（前掲書九一～九二頁）

新聞が社会の木鐸であるなどといった寝言に惑わされてはならない。新聞社も、資本主義社会においては、営利を追求する企業なのだ。新聞が、「民衆輿論の策源」という看板を掲げても、それは誇張に過ぎない。新聞報道が、「不羈独立」を強調しても、それは野党勢力に対しておもねらないということに過ぎない。刺激的な話題を読者に提供して、金儲けをするのが新聞の仕事なのである。

新聞の話題は移り変わりやすい。新聞という商品が新しく、読者の興味を惹く記事を載せなくてはならないからだ。

〈この意味に於て新聞紙上の人気者の栄枯盛衰は、芸人役者の生命よりも、より遥かに短命にして終るが常である。弱肉強食の進化の理法は、絶えず目まぐるしきばかり紙上に変転し、三越のショウ・ウインドーよりも速やかに、春の流行は夏の流行に代へられてゐる。従つて一般的興味を刺戟する三面種は、一部的興味に投ずる二面種よりも、数等の紙面的優越性を与へられる。本年度上半期以来今日までの実況に照しても、政治問題は社会問題に駆逐され、茲《ここ》に新聞的グレシヤムの法則は完全に慣用されて来た。一例すれば普選運動は浜田栄子（引用者註　除鼠剤を大量に服用して自殺した少女）に駆逐され、遺米全権は伊藤白蓮（引用者註　九州の炭鉱経営者である伊藤伝右衛門の妻で歌人の伊藤白蓮が七歳年下の東京帝大生の宮崎竜介と駆け落ちした事件）に駆逐されたといふ如く、新聞政策としては挙国一致の大問題よりも、一人の猫イラズ嚥下者の死、一人の家出女の噂が、より重要なる『書入れ』である。〉（前掲書九二～九三頁）

新聞は高尚な存在ではない。読者の興味に応じて、より端的に言えば、売れる話題を取り扱うに過ぎない。

〈その理法はいふまでもなく、一般的興味に備ふるためであるが、それとて永く読者の好奇心及び好新慾を満たすには、絶えず人気者のガン首を取り代へ、すげ代へする必要が起つて来る。こゝに三面記事的進化の理法は生じ、弱肉強食の活舞台を見せて呉れる訳である。最近の例を見ても普選騒ぎは浜田栄子に駆逐され浜田栄子はやがて砂利喰ひ事件に席を譲り、瓦斯、阿片、取引所と似たやうな事件が頻発して、事態容易ならぬかに見えたが、それも石原事件、後藤事件等の色ツぽい話で影が薄れ、国論漸やく華盛頓《ワシントン》会議の全権問題に向はんとする時、故意か偶然か、第二幸徳事件と振れ出した高津一派の大山鳴動式な線香花火が燃え上がつた。社会主義者の大手入れなどと空太皷の景気は勇ましかつたが、安田善次郎が兇漢に倒されたり、全権の品定めに賑はつたりしてゐる中に、忘れつぽい世間は何も彼も忘れてしまつた。この時、突如として水平線上に姿を現はしたは、白蓮伊藤燁子の家出騒ぎであつた。時ならぬ九州男子が飛び出したり、伝ネムが老の繰言を流したり、いゝ加減噂が出る程食傷して来た時、天の助か、アラスー政界の巨星墜つ！〉（前掲書九三～九四頁）

総理の暗殺、不倫妻の家出、社会主義者によるクーデター計画、少女の服毒自殺など、どのようなテーマでも、読者の関心を引いて、売り上げに貢献するならば、新聞は喜んで載せる。マスメディアは、媒体であることに価値があることを高畠は冷徹に見抜いて、こう述べる。

〈原敬の暗殺が社会的にどんな影響を与へやうと、新聞屋の商売には直接の関係はない。たゞこの突発的な事件が人心に与へたショックに附け込み、面白おかしく読者に読ませさへすればいゝのだ。岡焼き半分の感情を伴ふにしても、伊藤燁子が柳原燁子に還元した事実そのものに対しては、何らの社会的興奮もなし、またそんなものを持つ必要がない。それが証拠に新聞記者は浮川竹（引用者註　遊女のたとえ）の勤めの身と同様、旦に白蓮を送り夕に原敬を迎ふるに、何らの良心批判を与へてはをらぬ。羽振りのいゝお客がつけば、旧い馴染みを袖にする覚悟があつて、そこに商売上手の遊女は生れる。新聞記者の呼吸もこれを度外して存在すべきものではない。新聞記事が読物としてのローマンスである以上、事実の誤報捏造などは、この際お茶の子以上に一顧の価をも有せざるものである。

新聞記事が如何なる意味に於ても、常に一個のローマンスである以上、お客を釣る点からいつても、男女の色事が先づ横綱を張る資格を有《も》つてゐる。それも熊公の女房に八五郎が寝取られたといつた風の下世話の種は珍重されず、社会の上流階級とか知識階級とかの間に醸された紛争の方がより普遍的であると共に、新聞種子としては重要視される。それは重視軽視の量的差別ではなく、新聞紙の与ふる待遇は寧ろ質的な差別であるといふ方が確かだ。現に凡百を以て数ふべき熊公八五郎事件の如きは、新聞面の片隅をすら与へられざるに比し、華族の姫様が運転手と落つこちでもやらうものなら、紙面を挙げて浮かれ出すのが常である。芳川鎌子[106]より伊藤燁子の今日まで、新聞で浮名を謳はれた者は日蔭茶屋刃傷事件[107]、日向欣子妊娠事件[108]等の古いところから、鍋島好子[109]、浜田栄子のいたいけ盛り物語り、石原博士、後藤助教授の離縁沙汰、梅子隈畔[110]の抱合心中まで、その何れもが業々しく社会問題として吹聴されたものだ。〉（前掲書九四～九六頁）

高畠は、新聞は小説と基本的に同じ性格をもっていると考える。従って、面白く、読者に支持されるならば、平気で誤報を掲載し、記事を捏造するのが新聞の本性であるという突き放した見方を高畠はとる。新聞に社会の木鐸としての機能を期待することが、根本的な間違いなのだ。

8

それでは、商業主義に浸かった新聞によって情報操作されないためには、どうすればよいのだろうか？　貴族富豪が上流階級で、有識者が指導階級であるといった類の常識にとらわれず、知力によって物事を合理的にとらえれば、新聞による情報操作から逃れることができる。

〈貴族富豪が上流階級で知識者が指導階級だとは、一体誰がいひ出して、誰が任じてゐるのか知らないが、皇室の藩屏を押売りする華族様の時代錯誤と同様、どう考へても滑稽至極な独善振りである、その独善振りの結果は、好いた惚れたの日常茶飯的行為まで如何にも珍らしいもの扱ひを受け、そのガン首を連ねて紙上の錦を添へる次第となつてゐる。熊公の女房と八五郎の関係は、生物学的に見て芳川鎌子と出沢某[111]の関係である。何ら変哲もなき両者が、一は重大なる社会問題を醸し、一は野辺の無名草の如く棄てて顧みられざるは、そこに日本人（に限らぬが）の、貴族崇拝的、知識階級崇拝的謬見が窺はれる。

貴族富豪のお家騒動を種子にした通俗小説と称する読物が、如何に低級卑俗と軽蔑されても、常に数万の読者の好奇心に訴ふる所以のものは、畢竟《ひっきょう》するに芳川鎌子を問題にする心理と一対である。明日の米を苦労する長屋の女房が長篇家庭小説のヒロイン△△令嬢に同情する気持ちは、やがて芳川鎌子に対する義憤となつて現はれる。隣の熊公の女房の仕打ちには、左程の立腹もしなかつた彼女が、芳川鎌子の行為に齢すべからずと考ふる所に、その貴族崇拝的浪漫主義が（変な名前だが）蔵されてゐる。この微妙なる心理に取り入るは新聞記事の骨子であり更に犬糞的義憤を煽り立てる所に社会問題と称する怪物が生れる所以だ。而してこの事件に対して、仔細らしく首を傾くるが識者であり、参考書と首引で理窟を立てるのが学者である。共にそのお目出度さの濃度に於ては、長屋の某女史と択ぶ所がない。〉（前掲書九六～九七頁）

高畠は、滑稽な事例をいくつもとりあげることで、新聞で報道される出来事を自分の頭で再解釈することの重要性を読者に伝えようとしているのだ。

高畠は現実主義者だ。高畠の唱える国家社会主義は、資本主義によって自立するが、分断された個体が、知力によって再結集することによって形成される。従って、新聞報道から、知力によって真実を読みとる能力を、大衆が身につけることが国家社会主義への道備えをすることになる。また、高畠は、既成の共同体を強化するという思想に対して、きわめて批判的だ。産業社会の到来は普遍的傾向である。その初期段階は、資本主義だ。資本主義社会において、労働力が商品化される。個々の労働者は、分断されてばらばらになる。また、資本家も互いに競争する。ここにおいては、個体が主体となるアトム（原子）的世界観が主流になる。この現実を無視して、利害計算を無視した友情など存在しないと高畠は考える。友情について、前出の「識者」で高畠はこう述べる。


〈これを小にしてはお互同志の交友だつて然りである。人間が神でなく、また神になれないものであるなら『断金の交』『刎頸の友』の言葉は遂に夢想である。それは過去に於て夢想であったと共に、将来に於ては更に夢想である。啻《た》だ昔の奴は馬鹿だから、水中の月を掬ふが如き愚挙を企て、今の奴は悧口だから、そんなことは考へても見ないと云ふに止まる。

この意味に於て、識者が如何に慨世憂国の至誠を迸《ほとばし》らせやうが、中学生女学生の聡明は一点疑ふ余地もない。彼等は識者を無視し、識者を度外して、健全公正な道を進みつゝある。邦家の前途は祝福こそすべけれ、ゆめ憂ふるの必要はなからう。〉（前掲書一二一頁）

高畠は、客観的存在基盤を喪失しつつある伝統的共同体の幻想にとらわれた「断金の交」「刎頸の友」というような言葉を忌避する。しかし、高畠は、面倒見が良く、金銭にとらわれない人間関係を構築し、友情を尊重した。高畠の言説と行動は分裂しているのであろうか？　そうではない。高畠が重視する友情は、自然的な共同体から生まれるものではない。資本主義社会において、ひとたび分断された個人が、知の力によって、再結合しようとするアソシエーション、つまり意識的共同体において、強力な友情がうまれると考えるのである。このアソシエーションの力を利用して、国家に社会主義政策をとることを強要させるという構想を高畠はもつのだ。

第二十章　宗教

高畠素之の基礎教育はプロテスタント神学である。高畠は、前橋中学の時代に組合教会の指導者であった海老名弾正[112]の説教やキリスト教社会主義者木下尚江[113]の演説を聞いて、感銘をうけ、組合教会系の同志社神学校に進学することを決意する。

組合教会とは、英語の「Congregational Church」の訳語で、会衆派教会と呼ぶこともある。カトリック教会の場合、ローマ教皇を頂点に一元的なヒエラルキーが存在する。長老教会の場合、個別の教会が選挙で長老を選出し、小会をつくる。さらに個別教会の代表者が代議員を送り地区ごとに中会をつくる。そして、中会の代表者によって国単位の大会が組織される。大会の議決は、中会を拘束し、中会の議決は小会を拘束する。近代的な議会制民主主義の原形は、長老教会の運営に求められる。

これに対して、組合教会は、個別教会を超えた組織や規律を認めない。個別教会は、イエス・キリストを長とする見えない教会に統合されており、それ以外の地上の制度には従属しないと考える。プロテスタント神学者の古屋安雄の説明が簡潔で正確なのでここで紹介しておく。

〈各個教会の会衆の自治と独立を、教会の政治と運営の基本とするプロテスタントの一教派。かつては組合教会と呼ばれた。16世紀イギリスのR・ブラウンらの〈分離派〉改革運動に起源をもつものでイギリスにも残るが、アメリカでさかんになった。アメリカの植民地時代の初期ピューリタン、ピルグリム・ファーザーズやマサチューセッツに上陸した人々の教派である。そのためにニューイングランドの支配的な教会となり、アメリカの政治、社会の思想や制度組織への影響が大きい。いわゆるピューリタン神権政治の中核であったが、神学教育のみならず一般教育にも関心が深く、ハーバード、イェール、スミス、アマースト、オベリンなど多くの大学を設立した。神学的には本来はカルビニズムであったが、民主的な会衆主義のゆえに漸次リベラルとなり、人道主義的な思想や運動と結びつきやすい。いち早く奴隷制度に反対し、南北戦争のあと南部に黒人のための大学を設立した。外国伝道と教育に熱心で１８１０年にアメリカン・ボードで知られる外国伝道団体を組織し、インド、中国、日本に宣教師を多く派遣した。同志社の創立者新島襄を助けたのはこのボードであり教派であった。したがって日本の会衆派教会とは、同志社の神学部を卒業し、１９４１年の日本基督教団成立以前の日本組合基督教会に加わった牧師たちを主体とする教会のことである。社会や政治の動向や問題に敏感に反応し、社会主義などにもいち早く共鳴する点は日米共通で、日本でも安部磯雄が出ている。日本では同志社、神戸女学院、大阪女学院、梅花学園などが会衆派系である。正統的な教理からも比較的自由であるために、最新の神学的動向に影響されやすい傾向をもつ。教会としての統合力が弱いために教会としてはあまり大きくならない。より自由なユニテリアンや、より保守的かつ伝統的な教派へ教会員が転ずる場合が少なくな

い。〉（『世界大百科事典』平凡社、ネットで百科）

教会組織や教義によるしばりが弱いという組合教会の特徴は、同志社の神学部（神学校）にそのまま反映している。また、神学生が政治的、社会的問題意識を強くもつようになり、教会から離れ、キリスト教を棄てる場合も多い。高畠もそのような同志社神学部出身者の一人だ。

高畠は、一九〇四年に同志社神学校に入学する。しかし、それから三年経った一九〇七年にキリスト教を棄て、同志社を退学した。いったい高畠の世界観にどのような変化があったのだろうか。この点についての武田清子[114]の考察が興味深い。

〈同志社に行った高畠には重要な変化が、彼の思想に、そして人間におこってきた。第一、京都という土地の不活潑で女性的な気風が上毛の熱血男子には物足りなかったようである。「一体意志の強い、感情の高い、軍神の様な、予言者の様な上毛人には優美と云わば云えむしろボンヤリした京都の天地は実に気に喰わず候」と「西都だより」に感想を書いている。さらに同志社の学風が、活潑さを失い、時勢にもおくれた印象を与え、過去の黄金時代を追求するように、いつまでも新島時代の追慕のみにふけっていることに、深い失望をいだいた。

しかし、高畠の思想、理想主義的キリスト教ヒューマニズムに動揺がおきるのは、こうした外的条件＝同志社の思想状況によるだけではなく、より根本的には彼自身の内的変化によっている。それは、自らの内的悪＝罪の自覚が強烈になり、それが生やさしい理想主義的・自由主義的キリスト教ヒューマニズムによっては克服しえない根強い強烈な力である事実に直面していったことによるように思える。

僕は実に、弱い、穢い、罪が多い。……苦悶は日に日に襲い来って、煩悩の乱撃宛《さなが》ら雨の如くならんとは、……余は確かに、我が中心の髄の髄にひそんで居る、本心の清き命令を信ずる、……然るに今われわれは何《ど》うしてかくまで悩むのであるか、……肉情の誘いは来る、名誉心の誘惑は来る、人と交わらんとすれば何時しか虚栄心は湧き来る、演説も文章も皆虚栄心のためだ。（「進歩の悶え」）

そこで彼はパウロの「わたしの欲している善はしないで、欲していない悪は、これを行っている。もし欲しないことをしているとすれば、それをしているのは、もはやわたしではなく、わたしの内に宿っている罪である。そこで、善をしようと欲しているわたしに、悪がはいり込んでいるという法則があるのを見る。……心では神の律法に仕えているが、内では罪の律法に仕えているのである」（ロマ書七・一九―二五）に自らの罪の悶えの本質を見出す。そして、「僕が過去一年間経験した事は、わずかこれだけである。良心と罪との戦」だけだったといっている。〉（武田清子『正統と異端の〝あいだ〟―日本思想史研究試論―』東京大学出版会、一九七六年、二三二～二三三頁）

前橋中学時代に高畠が触れたキリスト教は、人格の発展を目的とする自由主義的傾向を帯びていた。この自由主義的キリスト教の限界を、自らに内在する罪との関係で高畠は意識した。人格の陶冶といっても、自分の内面には、虚栄心や欲望がうごめいている。これは、当時だけでなく、現在も真面目な神学生ならば、誰でも経験することである。

ここからキリスト教にとどまる場合、神の他者性を再発見するのが通例だ。つまり、人間が追い求め、あこがれる神は、イエス・キリストが信じた神とは異質であるということの認識をもつ。言い換えるならば、神の超越性を自覚することだ。しかし、高畠の場合、それが神学とキリスト教信仰を放棄する方向に向かった。ここでどのような心境の変化が高畠に起きたのであろうか。不思議なことに、高畠は自らが何故にキリスト教信仰を離れたかについて、ほとんど語っていないのである。武田は、高畠が同志社を去る経緯についてこう記す。

〈明治三十八年末まで、こうした人間的現実の根本問題をただ否定すべき「汚心罪情」として煩悶し、高潔な生命に進みたいと神を求め、神に祈りつづけた高畠が、翌三十九年にはキリスト教を棄て、同志社をも飛び出すにいたるのである。中学の同級生茂木一次は次のように書いている。

三十九年に入って三人共（高畠、遠藤友四郎、伊庭孝）同志社がいやになった。高畠の如きはアーメンベランメーと言って朝のお祈りも出席せずクリスト教を捨ててしまった。

学校では丹羽校長が、神学生でそのうえ給費生でありながらそれでは困ると学費をくれなくなった。そこで伊庭一人の学費で三人は或る寺の一室を借りて自炊を始めた。（『大逆事件のリーダー』）

当時の高畠をめぐる思想状況および退学のいきさつをもう一人の学友伊庭孝（一八八七―一九三七）は次のように書いている。

やがて夏の休みが来た。私は京都に残り、彼（高畠）は夏期伝道といって、伝道の見習いに大阪にいった。此の間に二人とも信仰がぐらつき出した。当時同志社の神学生の間には汎神論が問題になっていた。然し、二人は、汎神論、実は、無神論になっていた。私の同級生に遠藤無水（友四郎）がいた。遠藤が神学生であるなどは最も不似合な事だが、彼も同志社在学中に無神論になったのである。こういう反逆思想と社会主義とは結びついた。そして、当時の同志社は、ひどく社会主義を嫌ったので、先ず遠藤が睨まれた。我々は毎日の礼拝には必ず欠席し、日曜日には教会に行かず、寄宿舎で葡萄酒をのんで、その空瓶を寮の庭の真中に放り出したりした。その下手人は遠藤であった。遠藤は先ず補助金をとめられた。遠藤は去らなければならなくなった。寒い十二月の晩の事である。遠藤を京都の駅に見送って帰って来た後、高畠は泣いていた。遠藤ばかりを放浪させて自分は相変らず外国教師の補助金を貰って晏如としているのはすまないというのである。（「張り合い」）

このようにして、高畠は間もなく同志社を飛び出した。前橋中学の学友六本木久雄に高畠は、「僕はこの春毛唐と喧嘩して同志社を飛び出し」たといっている。高畠は京都を引きあげ、やがて高崎で遠藤と共に社会主義の雑誌『東北評論』を出すにいたるのである。学友伊庭は、当時の高畠の心は無神論・唯物主義だったといっている。〉（前掲書二三三〜二三四頁）

伊庭の証言では、高畠の汎神論が徐々に無神論に転換していったことが、キリスト教から離れる理由になっているが、筆者はこの見解には与しない。汎神論的世界観をとった場合、この世界の総和が神であるのだから、そこには悪が存在しない。これに対して、高畠は、悪が確実に存在することを信じている。しかし、この世の中が悪に満ちあふれ、人間はそれに対して抗することができない汎悪魔論の立場をとるわけでもない。高畠は性悪論に基づく人間観を抱いている。しかし、性悪な人間が作りあげた国家という悪によって、性悪な人間間の交換によって生まれた貨幣や資本を抑え、資本主義がもつ悪を克服することができると考えている。高畠は、汎神論にせよ、その裏返しの汎悪魔論にせよ、予定調和的世界を信じない。世界は何かの機会に変容するのである。それは、悪の力の組み合わせによって生じるのである。

ここで重要なのは、高畠がキリスト教を棄ててもなお棄てなかった性悪説だ。武田もこの点に着目する。

〈このようにして「棄教者」となりながらも高畠がキリスト教信仰を内深くくぐることによ

って獲得し、生涯捨てなかったものが、原罪的人間悪の把握にもとづく人間観であったといえるのではないかと私は思う。高畠の鋭い人間悪の把握は、当時のキリスト教ヒューマニストにも、キリスト教社会主義者にも見られぬものであり、また、近代日本の無政府主義者にも、マルクス主義の社会主義者・共産主義者にも欠如していたものだといえるのではないかと思う。

高畠はその性悪観にもとづいた人間観を、人間の「自己本位」の傾向、万人共通のエゴイズムの問題としてとらえる。〉（前掲書二三五頁）

筆者は武田の見解に同意する。キリスト教は救済宗教である。その救済とは、徹底的な個人的救済だ。人は他人の十字架を背負うのではなく、自らの十字架を背負わなくてはならない。高畠は、神学の学習を通じて、人間は原罪としか表現できない根源悪をもっていると確信した。しかし、この根源悪をキリスト教は超克することができないという疑念をもった。そして、当初、無政府主義によって根源悪を超克する可能性を模索した。しかし、無政府主義の楽観的人間観を共有することが高畠にはできなかった。高畠は、マルクス主義の体系知に惹きつけられる。そして、『資本論』の日本語訳をはじめに完成する。その過程で高畠はマルクス主義を離脱し、国家社会主義者になる。この場合の、国家社会主義者は、民族社会主義者（national-socialist）＝ナチス主義者ではない。state-socialistとしての国家社会主義者である。

高畠の理解では、キリスト教、無政府主義、マルクス主義のいずれも、人間のエゴイズムが性悪であることを認識しようとしない。ここから、人間が理想的な地上の神の国や、社会主義社会、共産主義社会をつくることができるという理性（ratio）を基礎とする誤った発想がでてくる。悪の実在を理解しないから、そのようなことになるのだ。人間の悪はエゴイズムとしてあらわれる。このエゴイズムは食欲や性欲においてももちろんあらわれるが、他者に優越するという「優勝欲」つまり権力欲という形で政治的性格を帯びる。人間を理解することは、政治を理解することでもある。

〈高畠は、人類はエゴイズムを本質とし、個々人はエゴイズムの体化だと見るのであり、人類の欲望中、生活欲・物質欲も強いが、それよりも、自己の力を社会的に誇示し認識せしめようとする〝優勝欲〟言いかえれば、社会的権力欲が最も強い決定力をもつというのである。それを適度に抑制し調節する機能こそ支配統制の機能だと見るのであって、こうした性悪観に立った人間観は、後にふれるが、必然的にマキャヴェリ（Niccolo Machiavelli, 1469－1527）やホッブス（Thomas Hobbes, 1588－1679）の理論に近似した国家論を導き出すこととなるのである。背教者高畠の、「悪」を人間の本性の基本的問題と考える人間観の故に、楽観主義的人間観にもとづいたあらゆる社会理論を架空的幻想と断定する観点は、たとえばアメリカのキリスト教思想家ラインホールド・ニーバー（Reinhold Niebuhr, 1892－1971）らにみられるようなキリスト教現実主義の政治の領域における権力欲（will to power）の問題の分析のし方に相通ずるものがあるように思えるのである。〉（前掲書二三六頁）

高畠が国家主義に傾斜していった理由は、徹底した性悪論的人間観にある。ここから、悪を悪によって規制していくという倫理が生まれる。高畠にとっては、悪を見据え、悪を前提にした政治がリアリズムなのである。

ஜ

高畠は、棄教後、なぜか神あるいはキリスト教について、積極的に論じることはほとんどなかった。ただし、宗教については、ときおり批判的に言及している。「偏局哲学」という論考で、宗教を軽蔑しつつ、そのプラグマティック（実用的）価値を評価するという論を展開している。

〈世の中には御信仰家といふものがあつて、一事一物の効能功徳を迚《とて》も大仰に吹聴する。静座法の信者にいはせると、毎朝二時間づつの静座瞑想は万病を癒し、不老不死の霊験があるさうだ。深呼吸をやつてゐる人にいはせると、深呼吸が一番良いといふし、冷水摩擦の先生は又、それが一番良いといふ。

これらの事が健康に有利でないとは、私も決して思はないが、これらの事だけが健康に一番有利だといふ御吹聴には、一寸助からないといふ気が起る。我々から見ると、何も静座や深呼吸に限つたことはない。毎朝何時間づつか必らず欠かさずにやるといふ段になれば、大抵の事は同じ位ゐ健康のためになるものだ。方法に依つて多少の差があることも認めるが、方法よりも、根気よく連続するか否かの問題だ。梶棒を振り廻したつて、毎朝二時間づつやつたら、大変な功徳だらう。何もしないで、ぼやつとしてゐても、それを毎朝型の如く慣行するといふ段になれば、必らず何かの効験はある。散歩もよし、相撲もよし、入浴もよし、水浴もよし、要するに、毎朝欠かさずにやるかどうかの問題だ。

かう考へて来ると、或る一定の方法や遣り方にだけ特別の有難味をつける御吹聴がひどく馬鹿馬鹿しくなるわけだが、しかし私はさういふ御吹聴それ自身の功徳を認めることにも、決して吝《やぶさか》でない。

何事によらず、毎日連続して行ふといふことは、なかなか容易でない。殊に健康法などといふものは、自分が病気になるとか、肉親や友達の死に直面するとか、何か特別の刺戟を受けたときには、これは大いにやらねばならぬと発心して、熱心に着手して見るが、さて二三日たつと喉もと過ぐれば の譬《たとえ》に漏れず大抵は尻切トンボに了つてしまふ。物事を絶えず欠かさずにやるといふことは、一朝一夕の決心だけではやり通せるものでない。それをやり通すには、不自然と思はれ不合理と見える程の盲信を要する。

静座をやり通さうとすれば、静座が一番有難いものだと思ひ込まなくては、普通人にはやれるものでない。つまり、静座の奇蹟力を信ずるのである。理窟からいへば、静座に限つて特効があるといふわけではないが、さう盲信しなくては連続してやるだけの根気と熱意が出て来ない。静座に限らず、棍棒でも鉄の棒でも同じ事だ。棍棒は棍棒なりに、鉄の棒は鉄の棒なりに、涙のこぼれるやうな金色の後光がさして来るやうでないと、結果に於いて効験を示すことが出来ない。鰯の頭も信心とはこの事だ。プラグマチズムの原理が生じた所以である。

つまり人生は活動であり、活動の原動力となるものは熱意又は根気であり、その発動機には信仰が一番安値でもあり軽便でもあるといふわけだ。信仰は一のものを十と信ずる意味に於いて、すべて盲信であり迷信である。信仰は迷信であるほど効能が大きい。キリスト教の自由神学を信じて一のものを七と信ずるよりは、鰯の頭を拝んで一のものを三百と信じた方が、はるかに大きな熱量源泉となる。

私は既成未成を問はず、一切の宗教に対して軽蔑の念慮を禁じ得ないものであるが、私が宗教を軽蔑すると否とに拘らず、人間の信仰といふものにこれ程の実用性がある以上、宗教は社会的心理的必要の上から永遠に滅亡するものでないと見られる。宗教が滅亡しないといふよりも、寧ろ信仰の実用性が絶えず古い宗教を維持し、絶えず新らしい宗教を創造して行くのだ。〉(高畠素之『自己を語る』人文会出版部、一九二六年、一二〇〜一二二頁)

人間の行動には動機が必要だ。高畠は、宗教を軽蔑していると述べるが、人間の行動、とくに持続的行動の動機を宗教が与えることについて、功利主義的観点から宗教を肯定的に評価しているのだ。裏返して言うならば、人間の行動は理性から生まれるものではないという確信を高畠がもっているので、宗教に対するこのようなプラグマティックな評価がでてくるのであろう。この場合、宗教をめぐる言説の知的洗練度に意味はない。〈信仰は一のものを十と信ずる意味に於いて、すべて盲信であり迷信である。信仰は迷信であるほど効能が大きい。キリスト教の自由神学を信じて一のものを七と信ずるよりは、鰯の頭を拝んで一のものを三百と信じた方が、はるかに大きな熱量源泉となる〉という部分に高畠の宗教観が端的に現れている。同時に、高畠は人間が本質において、宗教的動物であると考える。それは、宗教には人間を突き動かす実用性があるからだ。言い換えるならば、人間の理性による理解を超えた、超越的な「何か」によって、人間は突き動かされるのである。このような超越性なくして人間は生きていくことが出来ない。超越性をもたらすところに宗教の実用性がある。それだから、〈信仰の実用性が絶えず古い宗教を維持し、絶えず新らしい宗教を創造して行くのだ〉という結論を高畠は導き出すのである。

§

超越性をつくりだしていく宗教教団に対しても、高畠は基本的に好意的なのである。一九二二年に高畠は「邪教繁昌」という小論で、大本（いわゆる大本教）を擁護している。

大本は一九二一年に政府からの弾圧（第一次弾圧）を受けた。弾圧の前、大本は急速にその影響力を拡大していた。一九一九年に京都府亀岡市の亀山城を購入した。翌年には、当時、大阪で強い影響力をもっていた大正日日新聞を買収し、メディアを通じて影響力を拡大しようとした。大本は、当時の右翼勢力に無視できない影響力をもっていた。政府は、大本が右翼陣営に急速に影響を与えていることに危機を覚え、一九二一年二月十二日、不敬罪と新聞紙法違反の疑いで、教団代表の出口王仁三郎と教団幹部を検挙した。

王仁三郎は百二十六日間の未決生活の後で保釈されたが、綾部の本宮山神殿は破壊され、教祖出口なおの墓は天皇の陵に類し不敬であるとの理由で破壊された。その後、大本は淫祠《いんし》邪教であるというキャンペーンが政府とマスメディアによって展開される。このような状況で、高畠は大本を、シニカルな論理で擁護する。

〈一方の旗頭大本教は大分左前になつたとはいふもの丶、何しろ大霊道が恵那山中に総本院を築き、有田ドラツクが国賊退治に広告料を惜しまず、穏田の行者某が政界の水先案内となつてゐる限り、邪教も先づ当今では、八木節に次ぐ人気と申すの外はない。

議論を立てる者は、淫祠邪教が繁昌するのは、国運衰亡の前兆だといふ。異端邪説に迷ふは民心の動揺してゐる証拠で、偉大なる哲人の欠如してゐる事を語つてゐるといふ。憲政会の院外子にいはせれば、これも現内閣の放漫なる財政々策に罪があるといふ。

邪教の横行が、哲人の神隠しに由来すると否とは保証の限りでないが、心霊療法、自彊術、静坐法等が、凡ど無批判に受け容れられてゐるところを見ると、万更ら邪教に縁のない国民とも受取れぬ。

売卜者、相人、巫女、気合術師、天理教権教師、御二代様、巣鴨の神様、横須賀の預言者等、凡そ身すぎ世すぎのために、彼等の所謂『心霊』なるものを売物にしてゐる者がどれだけあるか。手取り早い話が、東京の如何なる露路横丁を探訪したつて、こんな手合の一人や二人住んでゐない所はあるまい。

シユライネルの言葉に（と記憶す）迷信が栄え邪教が起るは、その民族の老衰滅落を語るものである。洋の東西を論ぜず、時の古今を問はず、邪教迷信の絶えた例を聞かないが、上は海軍中将閣下より、下は新橋の髪結婆さんに至るまで、邪教熱に浮かされた記録も余り見ないやうだ。

この調子だと、上下鼓腹《こふく》して太平を寿《ことほ》ぐ現代にも、うつかりすれば亡国の危険性が潜在してゐることになる。京都府警察部長某が、決意して邪教狩りをやつた事も斯《こ》うなると憂国の至誠の迸《ほとばし》りと首肯される。

尤も考へて見れば、大本教が邪教といふなら、切支丹もお陀仏も、共に似たり寄つたりの代物には違ひない。一貫三百のドンドコなどは、陸海軍の軍人様をお得意としてゐるだけ、大分邪教的色彩は濃厚に窺はれる。加持祈禱が正教で、鎮魂帰神が邪教だとは、どうしたつて当節の人間には受取れぬ理窟だ。

浅草の観音様のお賽銭が、年収五万円を数ふる限り、成田の不動様が護摩を焚いて何万円を捲き上げてゐる限り、大本教をどう片付けたつて、日本人が邪教人種でないといふ証拠にはならぬ。兎《と》に何十万といふ人間が、得態の知れぬ囈言《うわごと》を吐いて、天下の愚夫愚婦の臍繰りで世を過ごしてゐる限り、日本人の亡国的不安は永久に免疫されないともいひ得る。

日蓮一流の国粋病的詭弁に共鳴した軍人役人の古手などが、法華坊主の尻馬に乗つて、世界統一を夢想してゐるやうでは、今更ら何の顔あつて大本教を邪教呼ばはりする資格があらう。南無阿弥陀仏で救はれた人間が尋常人待遇を受けるなら、艮《うしとら》の金神に拝跪する大本教だつて、敢て世間を狭くする必要はない。鎮魂帰神の職業が悪いといふなら、お賽銭と引換へに福徳を授ける神様仏様の商売をも共に征伐して然るべきが道理である。〉（高畠素之『幻滅者の社会観』大鐙閣、一九二二年、四四～四七頁）

大本もキリスト教も仏教も、〈共に似たり寄つたりの代物〉であると高畠は考える。そして、日蓮宗に注目する。〈一貫三百のドンドコ〉とは、日蓮の命日とその前夜に行われる「お会式（日蓮大聖人御報恩会式）」を指す。「一貫三百どうでもいい、テンテンテレツク、テンツクツ」という掛声をかけ、太鼓を叩いて行われる。江戸時代の職人が一日の手間賃（一貫三百）をふいにしてでも寺詣りしたいという心情を表している。日蓮の愛国主義に軍人や官僚が惹きつけられていくことを高畠は、〈法華坊主の尻馬に乗つて、世界統一を夢想してゐるやうでは、今更ら何の顔あつて大本教を邪教呼ばはりする資格があらう〉と揶揄する。高畠は、人間に持続的行動の動機をもたらす超越性をもっている大本と日蓮宗の見えない力に着目している。しかし、この力に対する評価は否定的だ。なぜなら、これらの宗教は、人間の力を善ととらえているからである。宗教は究極的に性悪説に立つことができないと高畠は考える。前出の論考「偏局哲学」において高畠はこう述べている。

〈人は斯様《かよう》にエゴイズムの権化であり、この意味に於いて悪を本性とするものであればこそ、国家とか、権力とか、法制とかいふものが必要になつて来る。社会にさういふものが必要だといふこと、それ自身が、既に性悪観の論証である。人の性が善であつて、何人も先づ他人のためを考へるといふ風であるならば、交通巡査も、踏切番も要らない。人道と車道の区別を強制的に立てる必要もない。強いて左側を歩るかせる必要もない。心の欲する所に従つて則を越えない筈だ、越えなからしめ得る筈だ。

然るに、何人も自分勝手の本性を有《も》つが故に、放任して置けば火事場の如き混乱を呈して収拾すべからざる状態に陥る。そこで規則の強制を以つて各人のエゴイズムを調節する。社会に法律や制度が必要となる所以である。ヨリ善き制度とは、ヨリ善くエゴイズム間の調節を行ひ得る制度だといふに過ぎない。

然るに、宗教家は人の性を善と見てゐる。一切衆生みな仏性ありとか、人は神の子とかいふ考は、すべて性善観の現はれだ。この性善観の立場からすれば、人は一旦の迷ひで、たまたま煩悩の奴となり利慾権勢に目のくらむことはあつても、それは本然の性の否定ではないから、教化伝道の力に依つて博愛仁義の神の子に遷善せしめ得る。

若しかういふ主張が、宗教家の真の立場であるとすれば、人間の改造か制度の改造かといふやうなことは、宗教家として問題となるべきでない。制度の必要は、制度改造の必要は、さういふ前提の否認から出発してゐるのだ。然るにさういふ前提に立つて、制度の改造を喋々《ちようちよう》するが如きは、滑稽も度を超えたことになるではないか。

だから、宗教家としては、制度の改造などはどうでも良いといふ主張が、一番正直でもあり徹底してもゐるといふことになる。人間を改造すれば制度も改造されるとか、人間と制度を同時に改造すべきだとかいふ主張は、いづれも、制度そのものの本質に対する絶対的無知と、卑俗浅薄な折衷享楽とから割出された白痴的常識論に過ぎない。〉（高畠素之『自己を語る』人文会出版部、一九二六年、一二七〜一二九頁）

キリスト教を含め、宗教はすべて、究極的には性善説によって組み立てられている。これでは、人間のエゴイズムを実効的に統制することができない。社会は、性善説に立つ宗教ではなく、性悪説の原理に立つ思想によって統制されなくてはならないのだ。〈ヨリ善き制度とは、ヨリ善くエゴイズム間の調節を行ひ得る制度だといふに過ぎない〉のである。宗教ではなく、悪の倫理学を構築することで、より善き社会ができるという逆説を高畠は提示しているのだ。

第二十一章　変装

高畠素之は、自らについてほとんど語ったことがない。本書で、いくども紹介したエッセイ『自己を語る』（人文会出版部、一九二六年）においても、高畠が見た世界に関する論考であり、自伝という意味での自己についてはまったく語っていない。思想はその人間の個性を抜きにして存在しない。われわれはこれまで、高畠の論を考察することで、その人物についておぼろげな印象をつかんできた。ここで高畠を直接知る人々の証言を見てみたい。

高畠は一九二八年十二月二十三日に、わずか満四十二歳で病死した。晩年には郷里前橋から衆議院議員選挙に立候補することを考えていたようである。しかし、それは急死によって果たせなかった。一九三〇年に『高畠素之先生の思想と人物』と題する事実上の追悼集が刊行された。その中で、茂木一次が高畠の人物像について興味深い手記を寄せている。短いものなので、全文を引用しておく。

〈高畠の人物　　　　医学士　茂木一次

上州が生んだ人間は、建武の新田左中将か、寛政の高山仲縄か、明治の高畠素之かと云へば高畠は鼻の先きと口の中でフ、ンと苦笑するだらう、上州の生んだ人間は、国定忠次か、高畠素之かと云へば、高畠は心の中で成程と快心の笑を洩らすかも知れない。高畠は世界社会主義の聖書、資本論の邦訳をしながら、愛犬十四貫の巨軀を有する土佐犬守邦を愛撫した、高畠は何よりも愛する闘犬に守邦と名附ける程の愛国主義者であつた。

資本論の邦訳を完了してから高畠は書斎の仕事に一段落をつけて、軈《やが》て街頭へ出やうとした。

思想界に於いて多くの敵を有《も》つて居た彼は、常に英国製の最も精巧なるピストルを懐にして演壇に立つた、彼は資本論の訳者であつて信者ではない、従つて一般のマルキシストとは違つて居た、高畠が街頭に出るに就ては無論天下に志しがあつた、高畠が胸中に描いた憧憬の人物はレーニンでなくてムツソリーニだつた。

彼は日本のムツソリーニたるに於いて、彼の相棒を物色して之を踏台にして天下に彼の志を展べやうとするのが理想であつた、而して床次竹二郎か宇垣一成か、彼が物色したのはこの二人の何れかであつた。

ところが床次の日和見主義が内股膏薬となり世間の人気が段々悪るくなるに伴れ、高畠にも嫌気がさして来た、茲《ここ》に於いて一意宇垣に傾倒した、従つて宇垣と相識り宇垣を取り巻く一党とも相当知己を得て、舞台は是れからと云ふ所になつて、不起の病に取りつかれて了《しま》つた、惜しい哉未だ序幕も明かぬのに。

高畠は明治に生れて昭和に死んだ、要するに上州の生んだ人物の偉らさは建武と寛政と昭和の差があると認めて貰らひたい、高畠は色々な問題を残して四十三（引用者註　数え年）で死んで去つた。

勤勉努力、強情我慢、真剣、意地と張り、学問をするにも酒を飲むにも彼の長からぬ生涯は、徹頭徹尾此の間に終始した、昭和三年の暮も押し迫つて彼が死んだ後、忠次を介して彼と識り忠次に扮して舞台の上に健闘した澤正は間もなく彼の後を逐ひ、経綸学盟で彼れと結んだ上杉博士も今春逝き、最後に彼が目星を着けた宇垣一成も何《ど》うやら此の頃影が薄くなつた、高畠が去つてからの世の中は、何となく淋しい感じがしてならない。〉（茂木實臣編著『急進愛国主義の理論的根拠　高畠素之先生の思想と人物』津久井書店、一九三〇年、一一一～一一三頁）

ここから、高畠の六つの特徴が明らかになる。

一、高畠は犬好きであった。
二、高畠はテロを警戒していた。それ故に演説をするときは英国製拳銃を携行していた。
三、高畠は『資本論』の翻訳者で、マルクス主義の言説に通暁していたが、マルクス主義者ではなかった。
四、高畠が憧れていた人物はイタリアのベニト・ムッソリーニであった。
五、高畠は日本でイタリア型ファッショ運動を展開することを考えていた。
六、ファッショ運動のパートナーとして政友会の床次竹二郎と軍人の宇垣一成を考えていたが、政党政治家には絶望し、晩年は宇垣に傾斜していた。

高畠のシニカルな評論とは、親和性が低いきわめて実践的な人物像が浮かび上がってくる。実践は、高畠の思想を理解する場合のキーワードであると筆者は考える。同志社で神学を学び、キリスト教の原罪観にもとづく性悪説を体得した。そして、その性悪説に基づいて、現実の世界を改善することを考えた。

＊

高畠は、悪を単なる善の欠如とは考えなかった。本質的に性悪な人間が形成した構造悪があると考えた。そして、『資本論』が資本主義社会における構造悪を解明していると直観した。そして、『資本論』の全訳に挑み、それを成し遂げた。高畠は『資本論』の論理は承認したが、唯物史観にもとづく革命後の理想社会の到来を信じることができなかった。本性において性悪な人間が、良き社会をつくることはできないと考えた。唯物史観に代わって社会進化論に高畠は惹きつけられた。しかし、高畠は適者生存の適者の側に自らを置かなかった。また、高畠は社会進化論に基づき国際政治を観察したが、弱肉強食の帝国主義国家間競争において、日本を強者の側に置かなかった。

国内における資本主義的競争による格差拡大、貧困問題の発生を、高畠は国家の力によって是正しようとした。しかし、ここで高畠は国家を善なる機関と見なしているわけではない。国家は有機体であるが、人間によって形成されている。国家も原罪を免れない悪にまみれた存在である。

国家という悪によって、資本主義の悪を抑える。そうすることによって、相対的な善が導かれるというのが高畠の基本的戦略だった。

国際関係においても、高畠はソ連を肯定的に評価した。それは、ソ連がマルクスが称揚したプロレタリア世界革命ではなく、労農帝国主義国家として、国家機能を強化し、帝国主義政策を推進したからである。ソ連国家という悪によって、英米仏などの資本主義帝国の悪を抑制し、相対的な善を導き出すことが可能であると高畠は考えた。

高畠にとって、思想は生きるための道具である。思想は個人にとってと同様に国家が生き残るためにも必要なのである。一九一七年のロシア革命後、対抗革命としてのファシズム運動がイタリアで生まれた。高畠は、その結果、従来の資本主義的列強による勢力均衡ゲームに新しい要素が加わっていることに気づいた。ソ連の共産主義もイタリアのファシズムも国民を動員し、平時においても総力戦に備えるという擬制によって国家体制を強化する。国際的生存競争で日本が生き残っていくためには、国家改造が必要であると痛感した。

それでは、国家改造の主体は誰か？　国民か？　高畠は民主主義に対しては冷ややかだ。しかし、大衆の力を高畠は軽視していない。むしろ大衆の力によってのみ社会が動くことを高畠は冷静に認識している。大衆は扇動によって動かされる存在である。従って、大衆を動かす指導的勢力が重要になる。

具体的にどの勢力が大衆に影響を与えることができるのだろうか？　資本主義社会においてカネが何よりも力をもつ。それでは資本家と提携すれば、国家体制を強化する改造が可能になるのだろうか？　そうではない。『資本論』が解明したように、資本家は資本の論理で動く。不断の利潤追求が資本家の職業的良心だ。利潤を犠牲にしてまで、国家のために奉仕することは、資本の論理に反する。従って、資本家の良心に期待するなどという幻想を高畠は追求しない。資本家に対して、直接的もしくは間接的暴力を加えることによって、国家体制を強化するために協力させることが適当と高畠は考える。

政治の力によって国家体制を強化する可能性を高畠は一時期真剣に追求する。政友会の床次竹二郎への接近もその時期になされた。しかし、政治家は基本的に財閥に依存している。従って、政治家に国家体制の強化を期待することは、それを資本家に期待するのと同じくらい意味のないことであると高畠は悟った。そして、最後の可能性を追求する。官僚による国家体制の強化だ。

官僚による国家改造を考えるならば、もっとも力をもつ勢力と提携する必要があると高畠は考えた。そうなると結論はすぐに見えてくる。最大の暴力装置を握った陸軍だ。それだから国家改造の意志を持つ陸軍大将・宇垣一成に高畠は接近したのだ。そして、その接近が具体的成果を生みだす前に高畠はこの世を去った。高畠の持ち時間があと数年多かったならば、国家社会主義は改革気運をもつ職業軍人の魂をとらえ、より社会的広がりをもったであろう。一九三〇年代において、高畠イズムが受肉した、より緻密で計画的な、乾いたファッショ運動が展開された可能性は十分あると筆者は考える。

性悪説に基づき人間と国家の生き残りを考えるという点で高畠の思想は、神学生時代から死に至るまで一貫している。しかし、時代状況に応じて、高畠は巧みな衣替えを行う。これを変装と言い換えてもいい。『人生劇場』で有名な小説家の尾崎士郎は、一時期、高畠に師事していた。尾崎は、一九五七年に自伝的小説『時は夢なり』を上梓した。この中に、高畠をモデルにした畠山源伍という独特なカリスマ性をもった人物がでてくる。この小説を読み解くと、いままでもうろうとしていた高畠像の輪郭が少しはっきりしてくる。

以下の引用中、商文社が売文社、泉枯山が堺利彦、畠山源伍が高畠素之、そして狭間丈一が尾崎士郎をモデルとしている。尾崎は、畠山たちが大逆事件（幸徳事件）後の「冬の時代」を生き抜く社会主義者たちであるという切り口で商文社について紹介する。

〈商文社の事務所は、日比谷公園の前から電車線路にそって数寄屋橋の方へ二、三町歩き、右側へまがった露路の突きあたりにあった。青ペンキの剝げ落ちたボロ建築で、階下は正体のわからぬ信託会社の事務所になっている。その二階が事務所であったが、畳十畳ほどの広さの板の間に古い机と椅子が雑然とならんでいて、露路に面して窓があったが、朝も午後も陽ざしは屋根の上を素通りしてゆくだけで、部屋の中はうす暗く、じめじめしていた。明治年代に、幸徳事件で一網打尽に社会党員が投獄されたあとをうけて、四分五裂したまま生活の道を失っている彼等の残党のために、辛うじて生きてゆくための足場をつくろうとして出来たのが商文社である。

外国語の翻訳や、商店の引札、広告文、手紙、——そのほか一切の文章を代作するのが主要な職業課目であるが、十数年前、一代の論客として声名を謳われていた泉枯山は交遊関係もひろく、ほとんど彼の個人的信用によって商文社を支えていたけれども、第一次の欧州戦争が終り、ロシヤに革命が成就するようになってから、商文社の存在が次第に明るみへうかびあがってきた。この頃、病身の泉枯山はもう五十も半ばをすぎて、ひと月の半分は紀尾井坂にある自宅に引き籠っていたので、彼の後輩である畠山源伍が社長の代理をしている。

畠山は冷徹な経済学者で、十年ちかい年月を刑務所で過しているうちに独力でドイツ語を体得し、『資本論』の翻訳に没頭していた。この事務室には四、五人の事務員がいて、商売は相当に繁昌している。

狭間丈一にとっては、まったく新しい生活の雰囲気であるが、時代に直接のつながりをもつ商文社の事務室は、夜になると秘密結社の本部のような観を呈し、ときどき、眠る場所のない昔の同志がやってきて、机の上へ、着物を着たままでごろりと寝ていることもあれば、毎月、何回かきまって開かれる社会主義学校には、若い新聞記者や、小説家、——その中には、ときどき、若い女性も幾人かまじって議論を闘わしていることもあった。

ありていにいえば、社会主義も無政府主義も共産主義も、彼等にとっては同じものである。思想のうえに区別を立てている余裕はなかった。そんな、ぜいたくなことをいっていられる時代ではない。ただ、何かすればよかったのだ。

しかし、何をしていいのか誰にもわからなかった。泉枯山にとっては、長い忍苦の十年であったが、用意周到な彼は、一歩前へ踏み出そうとする若い情熱を必死になっておさえていた。〉（尾崎士郎『時は夢なり』雲井書店、一九五七年、九四〜九五頁）

畠山は、十年近い年月を刑務所で過ごしていることになっているが、高畠が下獄した期間は二カ月（一九〇八年九月九日から十一月上旬）に過ぎない。下獄後、一九一一年九月頃、高畠は売文社に入社する。その間、京都や神戸を放浪し、独学でドイツ語を習得する。ちょうどこの頃、大逆事件が起きた。一九一〇年五月二十五日、宮下太吉[115]が、長野県松本署によって逮捕され、検挙が始まる。同年六月一日、神奈川県湯河原で幸徳秋水が逮捕される。そして翌一九一一年一月二十四日、幸徳ら十一人の死刑が執行された。

出獄の翌月、一九〇八年十二月に高畠は、教会から除名された。

〈出獄後の高畠は一時、茂木一次宅に身を寄せていた。前橋教会から正式に除名されたのはこの頃である。「社会主義の実行と主張は教会規約に依りて会員として在籍せしむる能はず依て除名す　明治四十一年十二月　執事会」と、前橋教会の会員名簿摘要欄には記されている。一九〇三年七月五日、中学五年のとき、前橋教会において堀貞一牧師より受洗して以来のキリスト教徒としての高畠は、名実ともに終焉したのである。なお教会からの除名は異例のことで、多くは自然除籍である。〉（田中真人『高畠素之　日本の国家社会主義』現代評論社、一九七八年、六一〜六二頁）

国家の法に抵触したことや、政治的主義主張は、本来、キリスト教会から除名する理由にはならない。そもそもキリスト教は教祖のイエス・キリストが国事犯として死刑に処せられた経緯がある。国家の秩序とはまったく別の秩序が教会には存在するはずだ。しかし、前橋教会はそれとは異なる基準に従った。もっとも助けが必要とされるときに、高畠は教会から追放されたのである。以後、高畠はキリスト教の世界とは一切の接触を断つようになった。

孤立無援の状況で、大逆事件とその後の「冬の時代」を経験した高畠は、生き残るためには変装する必要を痛感する。高畠の変装観が『時は夢なり』で示されている。

早稲田大学の学生・狭間丈一は、軽い気持ちで付き合った女性（おしん）を妊娠させる。おしんからは、責任を取れと迫られる。このトラブルのさなかに偶然、狭間は畠山と出会う。

〈やっと、おしんをなだめて同じ電車で大塚までゆき、ひとりきりになると狭間は日比谷公園でおりた。急いで交叉点を突っ切ろうとしたとき、洋服を着た一人の男がだしぬけに彼の前に突っ立った。

「何だ、狭間じゃないか」

眼鏡越しに、するどい眼がギロリと光った。

「あっ、畠山さん」

どきっとして立ちどまると、畠山が、ひと息にちかづいてきて、挑みかかるように彼の肩をおさえた。濃いひと筋眉が、見るからに男性的なかんじだった。

毎日、同じ事務室の中で暮らしているが、狭間は畠山から、こんなに親しそうに話しかけられたことは一ぺんもない。

いつもは、むっつりとして必要以外の言葉を口にしたことのない彼が、今夜はめずらしく酒気を帯びているせいか、馴々しそうな声で、

「ちょっとつきあえよ、――今夜は胆を砕いて語ろう」

畠山は、狭間の身体を、前へぐいぐいと押すようにしながらいった。

「このへんに君の行きつけの家はないのか」

「そんなものはありませんね」

「そうか、じゃあ、いいや」

畠山は狭間の方を見向きもしないでさきに立って歩き、数寄屋橋のガードの下に小さな洋食屋を見つけると、がらりと入口の硝子戸をあけた。

土間にはテーブルが二つおいてあるきりで、うす暗い電燈に照らしだされた店の中には装飾というべきものは何一つなかった。

「これは、ひどいな」

といいながら畠山は、片隅のテーブルの前においてある椅子に腰をおろした。奥の方から、エプロンをかけた女が眠むそうな顔をして出てくると、

「酒だ、酒だ」

と、突慳貪《つっけんどん》な声で叫んでから、テーブルの上へ、ぐっと上体を乗りだした。

「君には前から話したいと思っていたんだが」

酒がくると、彼は二三杯、立てつづけに、ぐいぐいと呷った。〉（尾崎士郎『時は夢なり』雲井書

店、一九五七年、一〇二〜一〇三頁）

この場末の居酒屋で、畠山は本質的問題について狭間に質す。

〈「ところで、改めて君に聴くが、君はいったい、右翼なのか、それとも左翼なのか？」

「それは」

狭間は、このとうとつな質問の意味を、理解することができなかった。

返事に躊躇している狭間を見ると、畠山は、急に、にやにやと笑いながら、

「つまり、こういう世の中では、急進的な左傾派ほど、その実、観念的な妥協派なのだ。今、僕等の前には二つの道しかない、テロリズムか国家社会主義か、——それ以外のものはことごとく微温的な妥協派なのだ。実際的な効果の前には何ものと妥協することをも辞さない僕等こそ、もっとも徹底的な非妥協派なのだ。そして僕等は、一歩前に踏みだすことが必要なのだ。それがためには議会政策もまた辞するところでない」

「すると、思想をカムフラージュして行動するということになるんですか？」

「ところが、カムフラージュしているぞ、と叫びながらやっていたんじゃ仕方がないからな。妥協はむしろ積極的でなければならぬ。僕は一切のハンディキャップをしりぞけて積極的妥協説を主張する」〉（前掲書一〇四頁）

ここで畠山は、左右の座標軸ではなく、現実に影響を与えるか否かという座標軸を立てる。過

激な左翼は、現実から遊離してしまうので、結果として体制側に全権を委任することになる。それを観念論であると畠山は斥ける。

そして、現実に影響を与えるのは、要人暗殺によるテロリズムか国家社会主義であると言う。国家に迎合することで、社会改造の現実性をつかむことを畠山は考えている。いったいどのような筋道でそのようなことが可能になるのだろうか。


〈畠山はまるで人が変ったように一人でまくしたてた。

「そこで、君にきくがね、例えば僕が日本の軍閥と提携したとする、こいつはどっちか?」

狭間はだんだん、教師の前でメンタルテストをうけているような気持になってきた。

「どっちかというのは?」

「消極的か積極的かということさ」

「もちろん、積極的です」

「よし、じゃあ、僕が普通選挙（作者註――そのころには、まだ普通選挙は施行されていなかった）の運動をはじめたとする、これはどっちだ?」

「そいつは運動のはじめ方によりますね、妥協の対象が問題じゃないんだから」

「すると、君の論法でゆくと、運動のはじめ方さへよければいいわけだな」

「いや、そんな、僕は」

「そこでさ」

畠山は上体をぐっと反りかえらせた。

「僕はこう思うんだ。実際運動には妥協もなければ非妥協もない。だから、もちろん消極も積極もない、――問題はただ、こんな時代的空気の中で、われわれがどこまで巧みに変装することができるか、というところにある。例えば今日、アナキストから見たマルクス派は右党だが、マルクス派から見た議会政策派はもっと右党だ。それで奴等は、いま同じように、微温的という言葉を浴せかけて批難しあっているが、しかし、時代が変ってきたら、こんどはアナキストがいちばん微温的になるかも知れん。とにかく理論は理論だ、運動は臨機応変でなければならん、と僕は思うんだが」

畠山の眼が正面から狭間の顔を睨み据えている。

「われわれに必要なのは理論じゃなくて、若さなのだ」

「そうです」

「そこでだ、僕は、泉先生に向って進んで絶縁状をたたきつけようと思っているんだが」

畠山の顔は、みるみるうちに生彩にあふれてきた。〉（前掲書一〇四～一〇六頁）

畠山は、〈問題はただ、こんな時代的空気の中で、われわれがどこまで巧みに変装することができるか、というところにある〉と強調する。これが尾崎士郎の見た、高畠の変装に関する認識だ。キリスト教徒、マルクス主義者、無政府主義者（アナーキスト）という名称が重要なのではない。重要なのは、性悪な人間が形成する社会に、最大の暴力装置である国家という悪を介入させることによって、相対的な善を生みだすことだ。そのために高畠は何にでも変装する覚悟を、恐らくは、前橋教会を除名された頃には既に固めていた。キリスト教の性悪説、『資本論』の労働力商品化などの基本概念について、高畠はまったくぶれない。また、ハーバート・スペンサー流の社会進化論に触れても、自らが強者で、生き残る側に残るなどという幻想をもたない。そして常に悪の相互牽制によって相対的な善をつくりだそうとするゲームに自らを投入していく。高畠は、何か大きな力によって招かれているという召命観をもっている。ただし、その大きな力は神ではない。自分の内側から湧きだしてくる強力な悪が高畠に召命観を与えているのだと筆者は考える。

8

それでは、人生の最後の段階で、高畠はどのような変装をしたのだろうか。筆者の理解では、高畠は国定忠次に変装したのである。前出の『急進愛国主義の理論的根拠　高畠素之先生の思想と人物』には、茂木實臣のまとめた高畠の国定忠次に関する論考が収録されている。短いものなので全文を引用しておく。

〈国定忠次論

上州として嬶天下《かかあでんか》の外何もないがたゞ一つ国定忠次が出た事によつて上州長脇差が知られて居る程国定忠次は有名になつた。もとはそれ程有名ではなかつたが今日では非常に有名となつて人気者の番附を作るならば先づ第一等と云ふ有様である。斯《か》く忠次が人気を博するに至つたのは澤田正二郎と云ふ役者の御蔭で澤正が名声を博したのは大阪で国定忠次劇をやつて人気を得たに初まると云ふ具合に両人とも出世に深い因縁がある。その澤正と先生が親しい間柄であり忠次と故郷を同じくすると云ふのも又深かい因縁がある……。

そこで国定忠次が更に有名になつたのは澤正のおかげだとはいへ、忠次の人物人柄にはドコか現代人の心にピリツと来るところがあるだから歌舞伎にもてはやされたやうな俠客親分は長兵衛にしろ誰にしてもあまりわざとらしく英雄化されすぎて居て実感が伴はないが、忠次となると器局が小さく寧ろ小人物に見へる位だがその一挙手一投足が神経で動いてゐる刹那主義である、狂的に思はれる位い前後のわきまへもなく癪にさはつたと見ればその場で切つて棄てる。剣道もそれ程の達人ではないが忠次の偉いところは何時でも捨身でやつてのける点である剣を取つて向ふとなると自分が切られてもよいから必ず敵を切らうと云ふこの捨身の態度が彼の極意であつて、この極意の前には如何なる正法の極意も三舎を避ける恐ろしくテンポが早いその早いところに結果の上の功利がある。この点に彼れの現代味があり現代人の心理が彼れに呼応する所以も茲《ここ》に其の原因がある。もう一つの原因は彼には背景といふものがない一本立である。昔の俠客は大抵権力又は財力の背景をもつて居た幡随院長兵衛にしても唐犬権兵衛にしても相模屋政五郎にしても諸大名の背景に支持されたまた町奴とか法華の長兵衛とかかう云ふ親分には幕府旗本がついてゐた。清水の次郎長や新門辰五郎も幕府の背景をもつてゐた。一体人入稼業の俠客は大名の支持をうけ博奕渡世の俠客は幕府や旗本の支持をうけた博奕と云ふものは今も昔も公然許されてゐる商売ではない。

随《したが》つて博奕打は官権に弱く、官権のために御用を努めながらこれを大目に見て貰ふと云ふ風であつたから自然時の官権たる幕府に頭が上らぬ次郎長にしても法華にしてもみな博奕打であつた。これに反して人入稼業の御得意は諸大名又は大家富豪であつて絶えず其の門を出入してゐる、大名と結託して人の周旋のみでなく色々な事業を請負つてゐた。

だから幡随院長兵衛などは大名に可愛がられたそして大名と旗本は仲が悪かつたから長兵衛は町奴と衝突した其の衝突を表面から見れば男と男の意気地の衝突、伊達と仁侠との葛藤の如く思はれるが実は幕府と諸大名との勢力争ひであつたといひ得る。

国定忠次は博奕打であつたから前述の標準からすれば当然時の官権に叩頭すべきであつたが彼は仁侠のためには時の官権たる悪代官と衝突してこれを殺し絶えずお尋ね者となり遂に官憲のために召取りとなつた。つまり彼は時の官憲を敵として戦つたのである、さればといつて諸大名とは無論何等の関係もない真に独力自力赤手空拳たゞその一党だけを力としてあばれ廻つた、これが現代人の思想にふれて居る点で彼の最も偉いところで他の英雄化した侠客とは全く趣きを異にしてゐる事が彼をして一層有名に至らしめた点であると思ふ。これが即ち先生の国定忠次観である。〉（茂木實臣編著『急進愛国主義の理論的根拠　高畠素之先生の思想と人物』津久井書店、一九三〇年、五一～五四頁）

普通選挙が施行されて行われる衆議院選挙への立候補を準備する過程で、なぜ高畠は国定忠次に変装しようとしたのであろうか？

まず、国定忠次に体現された暴力性である。高畠の場合、刀を振り回すわけではないが、茂木實臣によれば〈忠次式捨身の筆法で不良分子をやつゝける、主として腐敗した政治家或は共産党の如きは容赦なくやつける〉（前掲書五四頁）という、「ペンの暴力性」を高畠は強調した。政治の世界で、影響力を行使するために、筆誅で論敵を叩き潰すことができることは、高畠にとってとても重要だった。

次に反権力性だ。一般に博徒が幕府の、人入稼業のヤクザが大名の統治を強化するサブシステムとして機能していたのに対し、国定忠次は博徒であったが、仁俠のために時の権力と衝突し、目明かしなどの役人を殺害し、それ故に官憲によって磔で処刑された義賊という物語を作り出し、そのアナロジーで大衆の人気を得ようとした。

高畠は、民主主義を軽蔑していた。高畠は、大衆に国家を統治する能力がないと確信していた。しかし、煽動によって大衆を動かすことが、大きな力となることを認識していた。それだから、高畠は国定忠次というシンボル操作でポピュリズムに訴えようとしたのである。そして国家と一体化して権力を握るのではなく、社会の側から国家を動かす陰謀家の地位を、国会議員になって得ようとしたのである。国会議員のポストは、高畠にとって社会と国家をつなぐ好都合な場所だったのである。

第二十二章　出版資本主義

経済的基盤が整わないところで、知的活動は不可能である。ただし、スポンサーから資金を提供されていると思想の自由を失う。高畠素之はそのことをとても懸念した。高畠は、国家社会主義を掲げる右翼運動を展開したが、特定の資本家や富裕者から献金を受けることを避けた。また、コミンテルン（共産主義インターナショナル）の資金に依存する共産党員に対してもきわめて批判的だ。この点について、田中真人の指摘が興味深い。

〈一九二二年に国会に提出され、廃案となった過激社会運動取締法案に対して、『解放』誌より求められたアンケートに高畠は「正当かつ有効」と賛意を表わしている（同誌一九二二年四月号）。まだ治安維持法のないこの頃は大逆罪に抵触しないかぎり罪も大したことはなく、そのため近藤栄蔵や吉原太郎、さらにのちには北原龍雄など、コミンテルンや共産党の資金を費消、あるいは拐帯《かいたい》する「革命ブローカー」、山師的存在も少なくなかった。高畠は、気炎だけは高いこれら「左翼ゴロ」の「玉石を見分ける好機」といって、弾圧立法に賛意を表わすのである。しかしこの主張の背後には、山川均もその『自伝』で述べているように、広範な大衆と何の結びつきもない「安価な、あるいは非常に高価な、自慰や自己陶酔」という「社会のスネ」者の運動への大手術が必要であり、弾圧立法の強化は、「玉石を分け」る効果を生むものと考えられた。一九二五年の治安維持法の提出にあたっても、同様の態度をとっている。〉(田中真人『高畠素之　日本の国家社会主義』現代評論社、一九七八年、二五二〜二五三頁)

高畠も大逆事件を目の当たりにした。そして、国家の暴力性を皮膚感覚で知った。しかし、高畠は本気で世の中を改造したいと考えた。高畠の第一義的関心は、社会の改造である。資本主義から必然的に生まれる貧困を、富裕層から困窮者への再分配によって解消しようとした。そのためには、国家を打倒し、社会が社会を管理するという夢想を追求するよりも、暴力装置である国家の悪を用いて、資本主義の悪を解消することが現実的と考えた。

しかし、このような、国家と敵対しない国家社会主義革命であっても、現下日本で権力を握っている資本家と癒着した官僚と正面から対峙するので、革命運動に従事するためには、相当の覚悟が必要であると高畠は考えた。過激なスローガンを掲げることが社会改造につながるわけではない。また、資本家や政治家を殺害するテロは、国家による暴力を剝き出しにした大弾圧を招くので、かえって革命を遠ざける。もっとも、高畠は、非暴力主義者ではない。客観的情勢に鑑みてテロという手段が効果的ならば、躊躇なく行使すべきと考える。また、普通選挙運動を利用して、革命家も議会に進出すべきと考える。革命家は、さまざまな「変装」をする能力をもたなくてはならない。しかし、目的は社会改造ということで、一貫しているのだ。

他者、とりわけ外国の資金に依存しているような者に本気で革命を行うことはできないと高畠は考える。ちなみに共産党と一線を画した山川均、向坂逸郎、大森義太郎などの労農派マルクス主義者も、革命運動はその活動資金を自ら稼ぎ出すべきだと考えた。資本主義社会においてカネは力である。従って、カネを支払う者に人はどうしても依存してしまうことを高畠も労農派マルクス主義者も理解していた。資金提供者に依存しない思想を営むためには、自らの手で生活費と活動資金を調達しなくてはならない。

向坂や大森は、思想統制が強まり辞職を余儀なくされるまで、大学教師の給与で糊口をしのいでいた。山川や高畠の場合、同志社を中退し、高等教育を修了した学歴がない。しかも政治犯として、逮捕され服役した前科がある。そのため大学や専門学校、高等学校などの教育機関に勤務することは不可能で、研究資金が潤沢な財閥系の研究機関に勤務する可能性もほとんどなかった。高畠の場合、国家社会主義に転向し、右翼の立場を表明している。右翼系の人脈を用いて就職活動を展開すれば、研究機関に高畠が、数名の弟子を引き連れて職を得ることは可能だったと思う。しかし、高畠はそれをしなかった。資金を提供する資本家に依存し、思想的自由が制約されることを高畠が嫌ったからだ。そこで、高畠は資金を獲得する場を出版界に求めることにした。

〈公文書院より一九二〇年二月に『社会問題総覧』が刊行されている。社会政策、社会主義、労働組合、婦人問題の四篇に大別した六三二ページの大冊で、「高畠素之編」とある。大部分は売文社同人であった矢部周の執筆になるもので、同じころの『労働問題叢書』と類似の内容もみられるので、こちらも矢部ら、売文社の青年たちに執筆させていたのかもしれない。売文社の同人たちの多くは定職を有していない者がほとんどであった。このため「御大高畠」としては、若い同志たちに糊口の機会を与えることが必要とされた。明治―大正期の社会運動の指導者の資質として必要な条件のひとつである。この『社会問題総覧』もそうしたねらいをももっていた。〉(前掲書一八五頁)

高畠にとってみれば、出版界に基盤を据えることによって、資金を調達するとともに、自らの思想を宣伝する場所を確保することができるので、一石二鳥だ。しかし、この場所は資本主義社会における市場である。市場競争に生き残らなければ、目的を達成することはできない。そこで、高畠は出版市場の動向を丹念に分析している。例えば、「廉価多売と出版資本主義の確立」という小論で、第一次世界大戦後、出版市場が急速に拡大していく状況について、次のように分析している。

〈出版も生産であり、一切の重要生産が資本主義の原理に従つて動く世の中であるから、出版界が資本主義化して行く傾向に不思議はない。が、この傾向は従来さほどに著しくはなかつた。無論あるにはあつたが、他の一般生産界におけるほど甚だしくはなかつた。その証拠には、比較的纏《まと》まつた資本を擁して大規模の経営に立つ少数の有力な出版業者と相並んで、如何に多数の独立した中小出版屋が群生してゐたことか。他の生産業には、斯《こ》ういふ現象は余り見られなくなつてゐる。
その原因は、日本の出版物が極めて局限された需要範囲を有《も》つに過ぎないといふ事実にあつた。資本主義化とは一面資本の集中であり、資本の集中は生産規模の拡大と表裏し、生産規模の拡大は大量生産を意味し、大量生産は需要範囲の拡大を前提する。しかるに、日本の出版物に対する需要範囲は極めて狭小であつて、高級文芸物なら精々四五万、思想物なら普通五六千といふところが限度とされてゐた。しかるに、出版物の真の利益といふものは、出版物の種類を多くするよりも、寧ろ同じ出版物の版を重ねるところに獲られるのであるから資本を増加し、生産規模を拡大したところで、増版の可能が極めて局限された従来の状態が続く限り、利得の可能も亦至つて局限されてゐるわけである。それだけにまた、微細の資本しか有たない素人上りにでも、何か特殊のものをねらつて細々とやつて行く段には、必ずしもやつてやれぬことはなかつた。〉（高畠素之『英雄崇拝と看板心理』忠誠堂、一九三〇年、二一二〜二一三頁）

書籍に関して、文芸で四〜五万部、思想に関するものは五〜六千部の需要しかないと高畠は見ている。教育水準が高くなれば、書籍市場も広がる。しかし、出版社は、教科書や講談本以外の文芸書や思想書の購読者層は限られていると考える。それだから、書籍の価格を引き下げても、顧客はそれほど増大しないと考える。ところが、このような出版界の常識に反する廉価多売方式をとる出版社が現れた。新潮社と岩波書店である。

〈仮りに価格を思ひ切り引下げたところで、思想物や何かはさうも沢山売れるものでないとも考へられてゐた。それには、伝統的の古い出版観念が標準をなしてゐたのである。従来でも、比較的実力があり頭のいい出版屋は、この伝統の型を破つて或程度まで廉価多売に成功して来た。新潮社や岩波は、その著しい例である。だが、一般出版業者は依然として古い伝統的標準に囚はれてゐた。〉（前掲書二一五頁）

しかし、この状況が一九二〇年代半ばに大きく変化した。菊池寛が『文芸講座』を刊行したのを嚆矢に、講座物という形で、文芸書や思想書を数万冊販売する仕組みを作り、それが流行になったからだ。これが大量出版に向けた環境を整備した。

〈しかし、講座物の成功だけではまだ廉価多売随《したが》つてまた大量生産の可能を十分に納得せしむる社会的体験とはなり得なかつた。当時の標準としては、可なりの成績であつたとはいへそれでも第一回の応募が『文芸講座』一万弱、『社会問題講座』三万弱、『社会経済体系』二万弱といふ成績であつた。高級物でこれだけの成績は、従来の標準からいへば破天荒といひ得ぬことはないであらうが、それでもまだ出版界資本主義化の大段落を形づくるには十分でなかつた。〉（前掲書二一六頁）

ここで、出版界に革命が起こった。これまで三〜五円くらいした文芸書、思想書を一円で廉価販売するという手法を改造社の山本實彦社長がとり、大当たりした。

〈ところが、昭和元年末にいたり、突如として一個の怪物が飛び出した。改造社山本實彦君の投じた『現代文学全集』がそれである。山本君は実に破天荒なことをやりだした。即ち謂はゆる一円本の廉価革命を高級文芸物の縄張りに持ち込み、一挙にして二十数万といふ驚くべき応募数を獲得したのである。これに刺戟されて、新潮社は更らに大規模の予約全集物を計画して五十万の成績を挙げたといひ、続いて簇々《ぞくぞく》と同種予約物の計画が発表されて今日に及んでゐることは、毎日の新聞紙広告面が示す通りである。

山本君の破天荒なことは、従来最高級評論雑誌を以って目されてゐた『改造』をもこの渦中に投じて、僅々《きんきん》二三ケ月足らずの間に四五万部台から二十万部といふ驚くべき高水準に達せしめたことである。山本君は、行々百万突破の計画だと豪語してゐる。〉(前掲書二一七頁)

山本實彦という野心的な人物が、これまで出版界に歴然と存在した講談本や人情本などの大衆出版物と文芸書、思想書などの高級出版物の垣根を取り払ったのである。高畠は、この流れに乗って、自己の経済基盤を確立する。『資本論』も新潮社から改造社に版元を移動した。

実際、これらの文芸書、思想書や『改造』のような論壇誌の内容を読者がどれくらい理解しているかは問題ではない。知的なものに触れているという雰囲気が、市場を形成することに高畠は注目する。ここで重要なのは、宣伝の役割だ。例えば、思想書の販売にあたって東京市長や内相をつとめた後藤新平の推薦が効果をもつようになった。一昔前ならば、後藤が思想書を推薦すれば、知識人の読者はその本を敬遠したであろう。しかし、事情が完全に変化した。

〈春秋社では思想全集物をやつたが、その募集宣伝に後藤新平さんの推讃がひどく有効だつたといふ話を聞いて面白く感じた。従来の見方では、思想物に後藤さんの提灯では、提灯に薬罐《やかん》の嫌ひがあつた。無害を通り越して、有害の謗りを免れなかつた。後藤さんに推讃されたのでは、単にそれだけでモウ、その本を読む気になれぬといふやうな玄人ずれした読者も、決して少なくなかつたであらう。

けれども、今日予約全集物に誘ひ込まれる読者の大部分は、さういふ既成の玄人ずれした高級読者でなく、まるで方面の違つた畑から新たに供給されて来るホヤホヤの読者である。これらの新米読者を供給する水源地となるものは、多く『キング』や『現代』級の畑である。だから、さういふ縄張りで鳴らしてゐる後藤さんの鶴の一声が、この場合恐ろしく有効な客引となつたことは訝しむに足りない。

これは戯談でない。実際、思想物や高級文芸物に対する一般の興味は、それが単に部分的概念に対する興味程度を出でないにしろ、今やすさまじい勢ひで『キング』級民衆の間に浸潤しつつある。全集物の読者が凡《あら》ゆる家庭、凡ゆる使用人社会に行きわたつた事実は注目に価する。私の或友人が主宰してゐる某新聞社編輯局では、十六七歳のボーイに至るまで五十銭の『改造』を携えてゐるので、編輯長たる自分が公然『改造』を読むのも気恥しくなつたといつてゐる。実際、それほど迄に最高級の出版物が最低級の読者範囲に侵入して来たのである。

勿論、読んでわかるかどうかの問題でなく、単なる概念と名称との興味が普及した程度に止まるであらうが、それにしても恐ろしい現象である。今日マルクスや、余剰価値や、菊池寛や、スローガンぐらゐを自由に口走り得ないやうだと、一ボーイに至るまで肩身が狭いと感ずるやうになつたのだ。〉（前掲書二一七〜二一九頁）

新たに廉価本を購入して、文芸や思想に触れようとするのは、高等教育を受けた人々ではない。中等教育修了程度の労働者層だ。『キング』や『現代』の読者たちである。これらの人々にとって後藤新平は権威だ。だから後藤の推薦が、販売促進に直結するのである。書籍は内容ではなく、イメージを売る商品となったのである。高畠はこの状況を最大限に利用しようとする。そして、出版界の再編が行われる。高畠はこれを第一次世界大戦後の国際秩序の転換と類比的にとらえる。

〈以上述べた如き廉価多売可能の傾向こそ、出版界資本主義化の事実を確立するところのタートベシユタンド（＝実態　引用者註）となるのであつて、斯うなつてはモウ、小規模の経営では迚《とて》も太刀打が出来ない。そこで実力あるものは更らに伸びようとするし、従来中流どこで納まつて来たものは、この際一挙にして幕の内に漕ぎつけようとあせる。どのみち、中流では仕方がない。小さければ小さいで、これはまた一種の特殊的道楽的の立場を保持し得るが、貧乏少尉、やつと中尉と来ては、一番苦しいところだ。中流銀行に破綻が一番多かつた。幕下十両は貧乏神といはれる。そこでこの種の階級ほど、後れ馳せながら一斉に予約全集物をねらふといふことになる。

けれども、それに成功すれば一流にもなれやうが、失敗すれば上ツたりである。成功する者、落伍する者、伸びる者、縮む者、要するにこの予約戦のあらしの後は、さながら欧洲戦争の後のやうな趣きで、出版国力の分布地図に可なり著しい変化が行はれることであらう。

結局、数個の一流出版屋が日本出版業を独占して、中流どこが蹴落され、佃煮のやうな小営業者も次第にその数を減じて、わづかに特殊物を道楽半分に玩ぶ半素人的出版屋として瑞西、スペイン、ポルトガルのやうな遁世的余生を引摺る運命となるが落であらう。〉（前掲書二二〇〜二二一頁）

出版業界において、中堅出版社が没落し、資本力と企画力がある大出版社が数社だけ生き残る寡占状態が出現すると高畠は見ている。もっとも、大量出版と馴染まない専門書を発行する零細出版社は生き残る。

❦

出版業界の現状を分析するとき、高畠は企業経営者の視座をもっている。かつて、高畠は、堺利彦から売文社を譲り受け、新売文社を経営したことがあった。しかし、経営がうまくいかず、新売文社は自然消滅してしまった。高畠自身は、出版社経営に想定したよりもはるかに多くの労力がかかることを認識し、その後、事業から一切手を引き、執筆活動による原稿料と印税だけで、生活基盤を確保し、同志を支援することを計画し、それに成功する。

そのために、高畠は、出版に対する二つの姿勢をとるようになる。第一は、表現者として、自らの作成する原稿が面白く、読みやすいものであることにつとめる。第二は、執筆活動による経済的利益の極大化を図るのである。「出版戦、弱肉強食の弁」という小論では、まず製本代がコスト面におけるネックになっていることを強調する。

〈日本現在の出版生産上の技術といふものは、旧来の小規模生産に照応して維持されて来たものである。出版生産上の技術といつても、例へば製紙の如き、印刷の如きは、出版とは別途の需要からして、既に大量生産の域に達してゐるから、この方面では直ちに出版生産の大量化に呼応し得ぬことはないけれども、出版生産上の最も重要な一段階たる製本技術の如きは、未だ旧式手工業の域を脱して居らぬ。だから、如何に出版の需要が増大しても、それに応ずるだけの大量生産をなすことが出来ず、部数は激増しても製本費上の単価はその割に低下しないのみか、寧ろ余りに大量の部数に対しては、単価を引上げるといふやうな現状に在る。

つまり、現在の製本能力では、それだけの需要に応じ切れぬ状態に在るのである。随つて一冊当りの生産費中、製本費の占むる部分は可なり大きい。一円本を七掛半の卸値段とすれば、出版屋の手に入る純上りは七十五銭であるが、その中、純クロース製本ならば、どうしたつて十五銭は掛る。殊に同種予約物の競争が激しく、読者を釣るため競つて美装をこらすこと今日の如くになつては、とても十五銭では了へまい。甚だしいのになると、二十銭は確かに掛ると思はれるやうなのもある。七十五銭の中、製本費だけに二十銭とられては、出版屋の口銭は虫の息になつてしまふであらう。

だから、需要の拡大が完全に出版資本主義を確立せしめるやうになるには、少なくとも製本技術がそれに照応して革命されることを要する。しかるに、総べての生産技術は、需要の刺戟で革命されるものであるから、需要が現在の方向を辿つて確実に進行する限り、日本の製本技術も遠

からずして欧米式に機械生産化されることを予想し得る。〉（前掲書二二三〜二二四頁）

高畠は、『資本論』の論理に基づいて金儲けをしようとしている。資本が利潤を増大させるためには、機械化により、資本の有機的構成を高め、コストを削減する必要がある。印刷については、輪転機が導入され、数十万部の印刷が可能になっているので、今後、行うべき削減は製本代であると主張して、「製本を機械化すればもうかる」と出版社を唆《そその》かしているのだ。

❦

さらに過剰な宣伝費について、高畠は警鐘を鳴らす。

〈日本では出版物に恐ろしく宣伝費が掛る。宣伝費広告費は出版生産費中の重要なる部分を占めてゐる。出版物で新聞広告面を埋めるといふやうな国が日本以外どこにあるか。新聞社の広告収入からいつても、化粧品についでは図書類であらう。それに、全集物流行以来、立看板や張幕や幟の流行が、まるで選挙のやうな光景になつて来た。これも、只では出来ぬ。莫大の費用を食ふ。さういふ費用の予算をどこから捻出するか。一冊当りの定価は安いとしても全体の定価を張らせて、その何割かを広告費宣伝費に充用するほかはない。一円本三十冊通算二十万部とすれば、合計六百万部、その定価六百万円である。この六百万円の一割を広告費宣伝費に充てるとすれば、六十万円、五分でも三十万円は使へる。三十万円の宣伝なら、二頁ぶつ通しの広告も左程ベラ棒な話でない。単行本では普通、定価の一割乃至一割半が広告費の標準とされてゐるが、予約全集物になると、五分でもこんなにベラ棒な広告が出来るのである。

そんなに大げさな広告は馬鹿げたことだと若し購読者がいふならば、それは購読者の反省不足を裏書してゐる。事実に於いて購読者が宣伝にかぶれるから、出版屋も自然、宣伝に身を入れる形になるのだ。同じ出版物でも、半頁大の広告と、一頁大と、二頁ぶつ通しとでは、読者に対する反響が実際に違ふ。単に読者の注意を引くといふだけの目的ならば、半頁大と一頁大とに区別のあらう筈はない。苟《いやし》くも広告面を見る程の読者が、半頁大の広告を見落さうとは考へられぬ。殊に、半頁大ならば第一面に掲載される可能があるけれども、一頁大、二頁大と来ては附録面に追ひ遣られる恐れがあるから、自然、見落す機会も多くなつて来る。一頁大、二頁大といふやうな途方もなく大きな広告を掲げる動機は、単に出版の事実を読者に知らせるといふだけでなく、これを以つて読者の関心を圧倒しようとするところにある。読者が大げさな宣伝にかぶれるから、出版業者の方でも大げさな宣伝で読者を釣らうといふ料見を起すのだ。〉（前掲書二二六〜二二七頁）

文芸書や思想書を読みこなす能力を持たない人に対しても書籍を売り、利潤をあげるというのが資本主義の論理だ。読んで理解できない本でも、それを購入することで、読者の知的虚栄心を満足させるのだ。そのような書籍の典型が、高畠が訳し、改造社から円本として売りさばいた『資本論』なのだ。

〈この改造社版の最大の意義は廉価であり、それ故に多くの読者に迎えられたことである。

予約募集の方法によって発売され、当時の円本ブームにのって全五冊各一円であり、このほか紙装の普及版は各八〇銭であった。合計定価五円、あるいは四円というのは、大鐙閣―而立社版に比し二分の一、あるいは一四分の一の価格である。完結後の一九二九年にあらたに予約募集が行われ、発行部数は一五万部を数えた。〉（田中真人『高畠素之　日本の国家社会主義』現代評論社、一九七八年、一八〇頁）

出版業界においても、少数の勝ち組と、圧倒的大多数の負け組がはっきり分かれるようになった。この関係は、著者の側にも現れる。ごく少数のベストセラー作家と、圧倒的大多数の困窮する作家が出現する。

〈出版屋には一文なしから多額納税議員に攀《よ》ぢ上つた者もあるが、著者側には未ださういふ果報者の無いところを見ると、矢ツ張り出版屋の方が儲かる商売に違ひない。だから、法律上では出版屋の方が不利な待遇を受けてゐるが、社会的には出版屋が著者を搾取してゐるといつていへぬこともない。

しかし、それは従来の範囲内だけの話であつて、出版物の需要範囲が斯う拡大されて来ると、将来は著者側からも多額納税議員のやうな者が出て来ないとは限らぬ。現に今度の全集戦だけからでも一攫数万乃至十数万円の印税を収納すべき著者も出る筈であるとのことだ。

斯くして、出版資本主義の確立は、一面、出版業者間の階級的区分を明瞭ならしめると同時に、他面にはまた、文筆業者間の階級的対立をも助長して、其処に多数のプロレ売文業者と少数のブルヂオア著述業者とを階級的に相対峙せしめる形となるであらう。従来のブルヂオア文学とかプロレ文学とかいふのは、ほんのマ、事的概念遊戯に過ぎぬものであつたが、斯うなると、同じ文筆業者の間にも、現実に於いて直接的の階級事実、随つてまた階級意識が対立して来る。〉（高畠素之『英雄崇拝と看板心理』忠誠堂、一九三〇年、二三二〜二三三頁）

しかし、作家の貧富の差は、能力に起因するものではない。第一義的に出版社の宣伝力の差によると高畠は考える。大衆に文芸や思想を判断する能力はない。従って、書籍も、歯磨き粉のように宣伝によって売り上げが大きく左右されるのである。高畠は、予約出版物という形態での円本の本質は、宣伝費の捻出にあると見て、こう分析する。

〈どだい、出版物のやうな質的特殊性を重んずる商品にベラ棒な宣伝といふことは、坊主に女郎買を強ゐるやうな不釣合さがある。宣伝は質的特殊性の少ない商品にこそ意味がある。例へば、歯みがき粉の如きは、どれにしたつて大差はない。いづれも砂に薄荷を混ぜた位のシロ物であらう。だから、どれを買つても大差はない。大差がないから、特別自分の製品だけを買はせるやうにするには、宣伝が必要になつて来る。歯みがきといへば、ライオンと響かせるやうにしたのは、品物の力でなくて宣伝の力である。購買者からいへば、どの歯みがきでも構はないが、歯みがきを下さいといへば、どれにしませうと聴かれるから、いきなりライオンを下さいといふ。さういとはせる迄が、宣伝の力である。だから、かういふ品物に大げさな宣伝は坊主にお念仏である。といふよりも、寧ろかういふ品物は宣伝以外には殆んど正味がないので、需用者は謂はゞ歯を磨くために宣伝費を負担してゐるやうなものだ。

その関係を方面違ひの出版物に持ち込まうといふのだから、日本人も尻が浮いてゐる。そこで因果は覿面《てきめん》、数冊欲しいために五十冊の馬の骨を背負はされる。斯うして、近頃流行の予約全集物といふものが出来上つた。〉（前掲書二二八～二二九頁）

高畠自身は、改造社の宣伝により、予約販売で大量の『資本論』を販売し、受益している。恐らく、当時の円本ブームでもっとも経済的利益をあげた作家の一人が高畠である。しかし、高畠はそれを自らの実力とは考えず、資本の宣伝力によるものと認識している。自らの成功をこのように突き放して見ることができるところに、高畠の知力の強靭さが認められる。

このような突き放した見方をしながらも、高畠は「円本全集の運命」という小論で、円本ブームを次のように肯定的に評価する。

〈最後に世間には円本の流行を攻撃する者があつて、宮武外骨君の如き篤志家は、わざわざそのために書いたパンフレットを小売店に配布してゐる。が、円本の罪悪といつたところで円本に伴ふ謂はゆる醜悪現象は大抵みな出版者及び著者側の製造元に関することで、読者側からいへば、あの大冊が一円で買へるのだから、泥合戦であらうと、醜悪な営業心理であらうと、兎《と》に角、大助かりである。只だ競争の結果、大出版社が独占的勢力を得ることになれば、自然横暴になつて定価でも何でも意の儘にきめるといふ心配も一応は尤もである。然し、書籍は生活必需品でないから、余り高価過ぎると思へば買はないでも済む。それに一度円本の味を占めた以上、独占時代に入つ（た）からとてべら棒な定価に手を出す者はあるまい。この点は、他の産業方面と余程事情が違ふといはねばなるまい。〉（前掲書二三七頁）

出版資本主義が発展し円本全集が出現したことにともなうトラブルは、ほとんど出版社と著者、すなわち生産者側で生じている。質の高い文芸書や思想書を消費者が廉価で購入できるようになったのは、よいことなのである。購入者の多くが、本の内容を理解できないかもしれない。しかし、その中から、必ず内容を理解することができる人々がでてくる。これによって、日本人の知的水準が底上げされるのだ。

書き手は市場原理に背を向けてはいけない。読者が理解できるようにていねいに本をつくるのだ。それでも、『資本論』のように理解が容易でない本がある。そこで高畠は、『マルクス学解説』と題する啓蒙書やカール・カウツキー『資本論解説』の翻訳を改造社から円本で出版し、普通の読者が『資本論』に近づくことのできる道筋を整えた。もちろん、それによって高畠も印税を稼いだ。しかし、高畠は文筆活動で得た収益で蓄財や投資を行うのではなく、国家社会主義を信奉する同志に分け与えたのである。市場競争では勝者となりながら、その原理を破壊する運動に精力を傾注するという選択を高畠は行ったのである。

第二十三章　死者と生者

本章と次章では、筆者がなぜ高畠素之の亡霊を二十一世紀の日本に呼び出したかについて説明したい。

思想は、現実に影響を与えなくては意味がない。このことを筆者はモスクワで強く感じた。いくつかの偶然が重なって、筆者は牧師あるいは神学教師になる道を軌道修正し、外交官になった。外交官になる当初の動機は、そうすればチェコに留学することができると考えたからだ。

筆者は同志社大学神学部と大学院で、チェコのプロテスタント神学を研究した。そして、ヨゼフ・ルクル・フロマートカという神学者に惹きつけられた。フロマートカは、「ポレ・エ・テント・スビエト（Pole je tento svět.）」（チェコ語で「フィールドはこの世界である」という意味）という視座から神学を営んだ。

一九一八年にハプスブルク帝国からチェコスロバキア共和国が独立したときも、初代大統領トマーシュ・ガリク・マサリクの側近としてフロマートカは活躍した。

チェコスロバキアは、人造国家である。チェコは、オーストリアやドイツとの結びつきが強い。チェコのプロテスタント教徒は、形式的にはルター派、改革派（カルバン派）となっているが、自己意識は十五世紀に火刑にされた先行宗教改革者ヤン・フス[116]の後継者である。このフスによって開始されたチェコ（ボヘミア）宗教改革の影響をチェコ人は強く受けている。これに対して、スロバキア人はチェコ宗教改革の影響を受けていない。スロバキアは、ハンガリーとの結びつきが強い。ほとんどがカトリック教徒である。少数派のプロテスタント教徒は改革派だ。これもハンガリーのプロテスタント教徒が改革派であることの影響を受けていたからだ。

チェコ語とスロバキア語は、確かに言語的に近い。しかし、チェコ語とポーランド語も基本的意思疎通ならばできるくらい近い言語だ。またスロバキア語とウクライナ語、特にスロバキアと隣接する西ウクライナのガリツィア地方の方言はとても近い。相互に意思疎通ができる。そもそもスラブ語は、ロシア語、チェコ語、セルビア語などそれぞれ別々の言語ということになっているが、相互に意思疎通が可能な近い言語なのである。アラビア語や中国語は単一言語ということになっているが、話し言葉について、地域が離れていると意思疎通が不可能であることと比較すると、スラブ語を話す人々は、お互いにひじょうに近いのである。スラブ民族の歴史を学んでいると、民族という観念が十九世紀半ばになって急速に流行したことがわかる。フロマートカは、チェコ北東部、北モラビアのホドスラビッツエ村で生まれた。筆者はこの村を何度か訪れたことがある。ここはポーランド、スロバキアとの境界地域の村だ。ホドスラビッツエ村の人々はポーランド語なまりのチェコ語を話す。歴史の巡り合わせが少し異なっていたらフロマートカはチェコ人ではなく、ポーランド人になっていたかもしれないと感じた。

筆者の母親は、沖縄の久米島出身である。久米島は沖縄本島の西百キロメートルに位置する離島だ。この島を訪れると、歴史の巡り合わせが少し異なっていたら、この島は中国に帰属していたかもしれないと感じる。ホドスラビッツエ村を訪れたときに感じたのと同じ境界地域の臭いがする。

&

前にチェコスロバキアは人造国家であると述べたが、このような国家ができたことは、マサリクの境遇と関係している。マサリクの父親はスロバキア人の御者で、母親はチェコ人(モラビア出身)の洗濯婦だった。マサリクは当初、鍛冶職人に弟子入りしたが、向学心が強いので、両親はマサリクをギムナジウムに通わせることにし、その後、ウィーン大学、ライプチヒ大学で学び、カレル(プラハ)大学の哲学教授になった。マサリクは、自殺に関する社会学的分析、マルクス主義哲学に関する批判的研究、ロシア思想史研究、革命思想研究で著名になった。ハプスブルク帝国議会の議員をつとめたが、二十世紀に入るとチェコ民族独立運動を展開するようになる。第一次世界大戦の勃発とともに国家反逆罪で逮捕される危険があるので、国外に亡命した。スイス、イタリアを経てイギリスに渡る。そして、ロンドン大学キングズ・カレッジのスラブ研究所教授となる。イギリスから米国に渡り、米国のスロバキア系移民団体との関係をつけ、一九一八年十月十八日、ワシントンの米国議会で演説し、チェコスロバキア共和国の成立を宣言する。連合国はチェコスロバキア共和国を承認し、マサリクを代表と認める。この過程を見ると、チェコ人とスロバキア人が結び付いて、単一国家を形成したのが、偶然であることがよくわかる。ただし、マサリクにとって、父の故郷であるスロバキアと母の故郷であるチェコが同じ国家に属することが心地よかったのである。

二〇〇九年十月現在、米海兵隊の普天間飛行場移設問題で、沖縄と内地（沖縄以外の日本を本稿では内地、もしくは本土という）の間の亀裂が深まっている。もっともこの亀裂に関する認識は非対称だ。沖縄の人々が亀裂を強く意識しているのに対し、内地人は亀裂の存在にすら気付いていない。このような状況で、沖縄の知識人の間に日本からの分離、独立傾向が生じている。筆者はこの傾向に対して、過剰といってもいいほどの危機意識を覚える。人口百三十八万人の沖縄が独立しても、米国、中国、日本の三大帝国主義国によって翻弄されるだけであるという危機意識がある。これは外交官としての経験に基づく認識だ。それとともに父と母の国が一つであって欲しいという思いが筆者に強いので、沖縄の独立に対して強い抵抗感をもつのだ。前に述べたように私の母は沖縄の久米島出身であるが、父は東京の江戸川区出身である。

東西冷戦が終焉した後、中東欧はナショナリズムの時代を迎えた。一九九三年にチェコ・スロバキア連邦共和国は解体し、チェコ共和国とスロバキア共和国に分裂した。同様に、沖縄共和国もしくは琉球共和国が誕生しないという保証はどこにもない。

§

今になって振り返るとよくわかることがある。筆者がチェコのプロテスタント神学という、日本においてはきわめて稀なテーマを選択した背後には、この問題について極めれば、沖縄と内地の関係を理解するために役に立つという思いがあったからだ。

筆者自身がフロマートカという神学者を研究テーマに選んだのではなく、既に幽明境を異にしてテキストを通じてしか知ることができないフロマートカの方が筆者を惹きつけたのである。最近になって気付いたことであるが、筆者の場合、認識は直感と感情によって得られる。そこには必ず飛躍がある。神学体系としては、カール・バルトの方が、フロマートカよりもずっと精緻である。バルト神学をさらに存在論的に掘り下げたエバーハルト・ユンゲル[117]からは強い知的刺激を受ける。しかし、フロマートカのような魅力がないのだ。

筆者はキリスト教を救済宗教であると考える。もちろん神を信じている。それは、現世が苦しく、自分が救われたいという思いをもっているからだ。それならば、パウル・ティリッヒ[118]やルドルフ・ブルトマン[119]のような、存在論を重視する神学者に惹かれるはずなのだが、そうはならない。筆者が同志社大学神学部に入学したのは一九七九年で、大学院を修了したのは一九八五年であったが、当時のプロテスタント神学においては、実存主義の影響がまだ残っていた。しかし、筆者は実存主義には、まったく魅力を感じなかった。

人間の救済は、実存を掘り下げることによっては不可能だと、直感的に思ったからだ。それだから、神の啓示によって人間の実存を破壊するバルトやフロマートカの啓示神学に魅力を感じたのだ。

筆者の場合、いずれの問題に取り組むときも、まず結論が直感的に見える。その後、現状と直感的に見えた結論、正確に言うと作業仮説の間に掛け橋をかけることを考える。掛け橋がかからないときは、作業仮説が間違えていたということだ。たしかにそういうときもある。しかし、ほとんどの場合、少し曲がっていても、掛け橋をかけることができてしまう。バルトとともにヘーゲルに惹かれ、弁証法について熱中して学んだので、そのようなずるさが身についているのであろう。

高畠素之の思想は、筆者にとって重要な掛け橋なのである。

高畠に関する最初の関心は、神学部出身の知的に秀でた人物という程度のものだった。学生時代に、三条河原町の古本屋で高畠訳『資本論』を購入したが、第一巻（第一、第二分冊）しか読まなかった。『資本論』に関しては、岩波書店版の向坂逸郎訳がいちばんいいという偏見があったからだ。この連載を開始して、はじめて高畠訳『資本論』を通読した。その結果、向坂逸郎、長谷部文雄[120]、岡崎次郎[121]などの『資本論』邦訳が高畠訳を下敷きにしていることがよくわかった。高畠以外の『資本論』翻訳者は、いずれもマルクス主義者であるという自己意識をもっている。従って、国家社会主義に転向した高畠から継承する知的遺産などないという姿勢をとった。そして、高畠があてた「余剰価値」を「剰余価値」と言い換え、「商品の魔術性」を「商品の物神性」と言い換えた。剰余よりも余剰の方が自然な日本語だと思う。フェティッシュ（fetisch）の訳語としては、物神性よりも魔術性の方がわかりやすい。しかし、国家社会主義者であるが故に、高畠の翻訳は、歴史のくずかごに捨て去られてしまったのである。

フロマートカにしても、高畠にしても、一時期大きな影響力をもったが、時代の転換とともに忘れ去られてしまった思想家である。どうもこのような思想家に、筆者は惹きつけられる傾向がある。筆者の自発的意志で、フロマートカや高畠を探し出したのではない。きっとフロマートカや高畠の魂は、本願を遂げていないので、いまだに地上を浮遊しているのだと思う。この浮遊する魂に筆者がとらえられてしまったのだ。

3

この世界には、一級の知性と二級の知性がある。一級の知性の持ち主は、新しい「何か」を創り出すことができる。あるいは新しいものを創り出すことがなくても、コロンブスの卵のように、物事を常識とは異なった切り口から見て、新たな解決策を見出すことができる。カール・マルクス、カール・バルト、ヨゼフ・ルクル・フロマートカはいずれも一級の知性の持ち主だ。日本人ならば、宇野弘蔵や柄谷行人がこのような一級の知性の持ち主である。

これに対して、新しい「何か」を創り出すことも、新しい切り口を見出すこともできない二級の知性がある。ただし、この二級の知性にはそれ相応の社会的機能がある。

一級の知性の持ち主は、たいていの場合、天賦の才をもっている。このような人々の思考には、飛躍と断絶がある。従って、わかりにくい。一級の知性の持ち主が自明として説明を省略している事柄をわかりやすく説明することができる知性の持ち主がいる。また一級の知性の持ち主が、連続していると思い記述している事柄の中に断絶があることを見抜くことができる知性の持ち主もいる。こういう知性が筆者が呼ぶところの二級の知性なのだ。二級の知性の持ち主は、その本質において、解釈者なのである。高畠は、マルクスの思想に関する傑出した解釈者であった。このことを筆者は、柄谷行人との出会いを通じて認識した。

筆者は、柄谷の国家論から強い影響を受けた。柄谷は、マルクスの視座からカントを読み、カントの視座からマルクスを読み、その差異を対象化するというトランスクリティークによって、説得力のある国家論を提示した。ここでは、否定神学的方法が用いられている。日本人は、否定神学的方法をそれほど抵抗なく受け止めることができる。例えば、本居宣長が大和心について、積極的な定義を行わずに「漢心（からごころ）ならざるものが大和心」とした。これが否定神学的方法なのである。

柄谷は、マルクスが『資本論』において国家に関する記述がないところに国家の本質を見る。柄谷は、資本主義が社会システムとして自立する根拠が、労働力の商品化にあると考える。その意味で、柄谷も宇野弘蔵の影響下にある。労働力商品を資本家と労働者が、自由、平等な「ゲームのルール」に則って交換する。この交換に搾取が内包されているのだ。搾取自体は、暴力を背景に、他者の所有物を強制的に確保する収奪とは異なる。労働者は、資本家が提示する労働力商品の価格、すなわち賃金が不満ならば、交換を拒否することができる。その意味で、労働者は自由なのである。もっとも労働者は労働力商品以外に販売する商品をもっていない。土地も生産手段（道具、機械など）ももっていない。従って、労働力商品の販売を拒否することを続ければ、餓死せざるを得なくなってしまう。

『資本論』における資本家は、具体的人格を失った資本の論理を体現した人間としてでてくる。資本家が資本家として存在する限り、労働者から搾取し続ける。搾取をまったくしない資本家を想定するならば、それは倒産した資本家ということになる。倒産した資本家は、搾取もしないが、労働力商品の対価である賃金を支払うこともできない。労働者の生活を保障することができない最悪の資本家ということになる。

マルクスは、『資本論』において資本主義社会の法則を解明している。労働力が商品化された資本主義社会においては、資本家、労働者、地主の三階級が存在すれば、安定した社会システムが機能する。ここで重要なのは、資本を運営するのでもなければ、労働力を提供することもしない地主が「土地を所有している」という理由だけで地代を獲得することだ。資本家は、労働者から搾取した剰余価値の一部を地主に対して渡さなくてはならない。これは資本家階級の地主階級に対する譲歩である。ここで言う土地には、土地にともなう水力や豊饒度も含まれる。自然、環境と言い換えてもよい。資本によっても労働によっても、自然や環境を作り出すことはできない。地代という形でマルクスは資本主義システムが発展する際の環境制約性について述べているのである。

マルクスの『資本論』は、イギリス古典派経済学を集大成したデイビッド・リカードの『経済学及び課税の原理』を批判的に継承している。もちろん『資本論』冒頭の価値形態論はまったく異なった構成になっている。それとともに課税に関する言及がない。それは、マルクスが『資本論』において、国家を考察の対象としていないからである。国家は、抽象的な存在ではない。官僚によって担われた実体をもった存在である。そして、官僚は税金によって生活する一つの階級なのである。

柄谷との『資本論』に関する意見交換を通じ、筆者は官僚が階級であるという確信をもつようになった。

交換形態に搾取を隠蔽する資本家と異なり、官僚は暴力を背景にした収奪によって自己の存在が担保されている階級であることに、筆者は柄谷の指摘によってはじめて気付いた。それまで『資本論』は五回通読している。しかし、否定神学的方法でマルクスを解釈するという視座をもたなかったので、官僚が国家と結び付いた階級であることには、まったく気づかなかった。柄谷という天才の知性に接する機会がなかったら、筆者はこのことに一生気づかなかったかもしれない。

&

国家の暴力性について気づいたことは、外交官生活においても何回かあった。一九九一年九月、リトアニアの首都ビリニュスで、睡眠薬が入ったウオトカを飲まされたことがある。相手はKGB（ソ連国家保安委員会＝秘密警察）関係者だと思う。一九九一年八月のソ連共産党守旧派によるクーデターが失敗し、ソ連が解体過程に入った時期だった。八月末にソ連政府が、リトアニア、ラトビア、エストニアの独立を承認した。

筆者は、当時、モスクワの日本大使館で民族問題を担当していた。リトアニアの民族主義者たちは二十代から三十代前半で、一九六〇年生まれの筆者と同世代か、少し若いくらいだった。知識人であるこれらの青年たちが弾圧を恐れずにソ連権力に立ち向かっていく姿に筆者は感銘を覚えた。同志社大学で神学部自治会の友人たちとバリケードストライキをしたときの思い出と、リトアニア最高会議（国会）にバリケードを作って籠城する「サユジス（リトアニア運動）」活動家たちの姿が二重写しになった。

大使館の上司や同僚には黙って、リトアニアの活動家たちに資金や電話、ビデオなどの機材を提供したり、情報を流した。これらの反ソ活動がリトアニア政府から高く評価され、独立後の一九九二年一月に筆者は「一月十三日勲章」を受章する。これだけのことをすれば、当然、KGBにも目をつけられる。

一九九一年九月のビリニュスに話を戻す。ありえないと思っていたソ連からの独立を達成して、街中が浮かれていた。どの酒場やレストランでも、西側から来た外交官やジャーナリストに対しては、ただ酒を振舞ってくれた。リトアニア外務省の連中とウオトカをしこたま飲んで、ホテルに戻ってきた。最後にウオトカをショットグラスに二〜三杯ひっかけてから寝ようと思ってバーに寄った。

「日本人か。一杯やらないか」と二人連れの男が寄ってきた。私は「そうだ」と答え、男たちが勧めるテーブルについた。

「ついにソ連帝国のくびきからリトアニアが脱することができた。あなたたち外国人の支援のおかげだ」と男の一人が言った。もう一人の男が、ショットグラスではなく、ビール用のコップにウオトカを一〇〇㎖くらい注いだ。それ自体は、それほど珍しいことではない。ショットグラスでちびちび飲むのを嫌がって、大きなコップで一〇〇㎖、ときには二〇〇㎖のウオトカを一気に飲むことを好む人もいる。こういうウオトカの飲み方をするとショットグラスで飲むときの数倍早く酔いが回る。

ウオトカを飲み干してから〇・五秒くらいの時差を置いて胃から食道に熱いものが上がってくる。この感覚がなんとも形容しがたいほどいいのだ。さらにそれから二〜三秒すると頭がくらくらしてくる。こういうときにすばらしい着想が浮かんだりする。

筆者は、

「リトアニア独立のために」

と音頭をとって、コップに入ったウオトカを飲み干した。男たちも同量のウオトカを飲み干した。

〇・五秒くらい置いて胃から食道に熱いものが上がってくるのはいつもと同じだ。それから二〜三秒して、頭がくらくらするのではなく、激痛が走った。そして、ひどく疲れを感じた。

「ほんとうに目出度いので、もう一杯飲もう」と最初にウオトカを注いだ男が言った。筆者は黙ってうなずいた。再び同じくらいの量のウオトカが注がれた。

「勇敢な日本の外交官のために」と男が言った。

朦朧とする頭の中で、「僕は日本人かと聞かれ、『そうだ』と答えたが、日本の外交官だという自己紹介はしていない。どうして僕が外交官だということをこの男は知っているのか」と考えた。そう考えながら、ウオトカを飲み干した。

ひどく眠くなってきた。この場でそのまま眠ってしまうのではないかと思い、「ちょっと疲れたようだ。部屋に帰って寝る」と言おうとしたが、呂律がよく回らずロシア語が出てこない。

椅子から立ち上がって、背を後ろに向けた。

そのとき後ろから右肩を強く叩かれた。ロシア人が喧嘩を売るときにこういう肩の叩き方をする。「何だ！」と言って振り返ろうとしたが、身体が自由に動かない。そのとき男が右の耳元に口を寄せてささやいた。

「おい、行動には気をつけるんだな。ソビエト社会主義共和国連邦は未だ存在しているんだからな」

筆者は朦朧とする意識の中で、手すりにつかまって階段を上っていった。部屋は三階だった。手が震えるので、鍵がなかなか鍵穴に入らない。ようやく鍵が開いた。筆者はベッドに倒れ込んだ。そして意識を失った。

それから何時間くらい経っただろうか。窓越しに陽の光を感じ、目が覚めた。時計を見ると午前九時だ。立ち上がろうとしたが、全身がしびれていて身動きがとれない。そのうち、うとうとして、また眠りについてしまった。次に目が覚めたのは午後三時だった。今度は起きあがることができた。ウオトカの風呂につかったように全身の毛穴からアルコールの臭いが吹き出している。それから、下半身が冷たい。寝ている間に失禁したようだ。これまでどれだけウオトカやウイスキーを飲んでも失禁したことがない。それに左半身がしびれている。

昨晩の記憶をたどってみた。リトアニア外務省の友人たちと楽しく飲み食いした記憶ははっきり残っている。それからホテルに戻ってきた。まっすぐ部屋に帰ってきたか？　そうじゃない。バーに行った。そのとき、

「おい、行動には気をつけるんだな。ソビエト社会主義共和国連邦は未だ存在しているんだからな」

とささやいた男の低い声が頭の中に響いた。うかつだった。あのウオトカの中にしびれ薬が入っていた。

すぐにリトアニア外務省の友人に電話をした。あごと舌がしびれていて、きちんと発音ができない。ホテルをチェックアウトして、外務省に行った。筆者は友人の儀典長に昨晩あったことを伝えた。

「プロの仕事だね。死なない程度のしびれ薬をウオトカに入れた。おなじ瓶からウオトカを飲んだのか」

「記憶ははっきりしている。瓶は一本だった」

「それじゃ、相手はコップにウオトカを注ぐ瞬間に薬を混入させた。手品の心得があれば、簡単にできる。連中はプロだ」

「ＫＧＢか」

「多分そうだろう。もしかするとＧＲＵ（参謀本部諜報総局）かもしれない。いずれにせよマサルに警告を与えた」

「警告されるような悪事をした覚えはない」

「それはそうだ。しかし、何が悪事であるかを判断するのは、残念ながら、僕たちではなく連中の方だ」

「どうすればよいか」

「シグナルは受け取ったという態度を示せばいい。活動をこれまでよりもちょっと抑えればいい。そうすれば、連中も手を出してこない」

「わかった」

このとき筆者は、国家の本質が暴力であるということを皮膚感覚で知った。いまでも他人がウオトカを注ぐときは、何か仕掛けがあるのではないかと、思わずグラスを注視してしまう。

ソ連崩壊後も、クレムリンの横でロシアの交通警官に筆者が運転する車を強制的に停止させられ、殴られたことがある。もちろんこれもシグナルだった。ロシアの秘密警察からすれば、筆者の活動に看過できない点があったので、身体でわかるように警告を与えたのであろう。

外交官として行動する中で、筆者は国家が暴力装置であるということを十分理解した。ただし、日本国家が暴力装置であるということを、暴力装置の一部を担っている筆者は自覚していなかった。このことを自覚するためには、ビリニュスでしびれ薬を飲まされてから十一年後、すなわち二〇〇二年まで待たなくてはならなかった。

二〇〇二年五月十四日、筆者は、当時吹き荒れていた鈴木宗男バッシングの嵐の余波を受けて、東京地方検察庁特別捜査部によって逮捕された。検察が筆者に与えた役割は、外務省と鈴木宗男衆議院議員がからむ犯罪をつくるための供述調書作成に協力することだった。逮捕されてからそれほど時間を経ないときのことだ。筆者の弁護人をつとめる元検察官が、拘置所の面会室でアクリル板の向こうからこう言った。

「検察官時代、僕は、『事実を曲げてでも真実を追求せよ』と教えられました」

「どういう意味ですか」

「たとえば、佐藤さんの預金通帳があります。そこに佐藤さんがキャッシュマシンから何回か現金を預けています。出張のときにお金を降ろしすぎて、あまったものかもしれない。外務省から現金で渡された仕事用の預かり金かもしれません」

「確かにそういうカネの動きはあります」

「カネには誰が持っていたかという名前が書いてありません。それだから、そういう数字を賄賂だったということにしてしまうのは、ベテラン検察官の腕にかかれば簡単なことです」

「……」

「官僚や商社員はほとんどが優等生です。子供の頃から褒められるのに慣れて、叱られたことがほとんどない人です。こういう人たちは、密室で検察官が怒鳴りあげると、すぐに言うことを聞くようになります。僕は検察官時代に、被疑者を早く自動販売機にしろと先輩から言われました」

「自動販売機ですか」

「そうです。検察が望むとおりの供述をする自動販売機です。検察は組織として『こうする』と決定したら、それで動く機関です。検察が事実を曲げてでも、彼らなりの真実、つまり鈴木宗男代議士を有罪にするという目的を追求する機関であることを忘れないでください」

それから三カ月後、拘置所のかびくさい独房の中で、筆者が信頼していた外務省の上司や同僚、大学教授たちが筆者を厳しくなじり、厳罰を希望すると書いた検察官面前調書を読んだ。そして、事実を曲げて真実を追求することの意味を知った。

このときから、筆者の内面でいくつかの変化が生じた。

第一は、知識をつけたいという強烈な意欲がでてきた。なぜこのようなことになったのかを、理解したいと思った。この独房に落ちてくるのは偶然ではなく、それなりの必然性がある。その理路を押えたいと思った。

第二は、塀の外に出たら猫か小鳥を飼おうと思った。ある時期、文字通り命を賭けて北方領土交渉に取り組んだ盟友でも、自分が苦しい状況に置かれると人間は裏切る。このこと自体を恨んだり、嘆いたりしても仕方がない。人間は信頼を裏切る動物なのである。筆者のそばには子供の頃から、猫か小鳥がいた。猫も小鳥も、餌を与え、排泄物を処理する人間との間に構築された信頼関係を自分の側から裏切ることはない。だから安心して付き合うことができる。それから猫も小鳥も死を予知しない。それだから不安に駆られずに生きることができる。うらやましい。

第三は、生きている人間からは、今後、裏切られる可能性があるので、極力、死者と対話をすることにした。この作業の一環として、筆者は高畠素之に向かい合うことにした。

第二十四章　ファシズムの誘惑

高畠素之について語ることによって、筆者は、自身の半生を思想的に整理したいのだ。高畠は、『自己を語る』の序文でこう述べている。

〈私は短気だから、根気で埋合せる。私は凡骨だから、努力と勤勉で埋合せる。私は人の悪口をいふから、我が身の責任と真実を重んずる。私は短所ばかりだから、何か一つ極端に長所を発揮しようと思つてゐる。

けれども私は、これらの短気や、凡骨や、毒舌や、その他一切の短所を改めようとは思はない。思つても、大方無益だといふことを知つてゐる。短所に手を触れるな。長所を発揮すればいいのだ。〉（高畠素之『自己を語る』人文会出版部、一九二六年、扉）

高畠のこの文章を読むと、筆者は自らの神学生時代を思い出す。あの頃、世の中の真理を速やかに知りたいと思っていた。真理をつかみ、この世界を一挙に変容させたいと考えていた。それだから、いつも苛立っていた。プロテスタント神学と本格的に取り組み、自らの学力と教養の欠如を自覚した。それだから、根気よく、努力することによって神学を習得することにした。
筆者も他人の批判をすることがある。それに対する、自らの責任を自覚しているつもりである
し、また批判は真実を追求するために行うものと自戒している。筆者も短所ばかりである。それ
だから、どこか長所をつくりたいと考えている。
ここで引用した高畠の思考は、原罪を強調するプロテスタント神学と親和的だ。〈私は、これ
らの短気や、凡骨や、毒舌や、その他一切の短所を改めようとは思はない。思つても、大方無益
だといふことを知つてゐる〉と述べているが、高畠は開き直っているのではない。人間は原罪を
抱えている存在であるから、そこから逃れることができない。原罪からは悪が生みだされる。従
って、人間は自らの悪を正面から受け止め、それに対抗する長所を伸ばすしかないと認識してい
るのである。

8

高畠のこのような原罪観、倫理観は、同志社で神学を学んだときから変化していない。田中真
人は、高畠の人間性悪論についてこう記す。
〈高畠の国家社会主義論の主要な構成要素として「人間性悪論」とでもいうべき人間観があ
る。キリスト教、無政府主義、社会主義は、人間存在に対し「愛他互譲の倫理的楽観主義」
に立脚するが故に空論であるとし〈万人の万人に対する闘い〉の人間社会の調和を保つため

には、永遠の統制機能としての国家権力を想定するものである。同志社における高畠のキリスト教からの離反が、崇高な人格の形成に打ち負けんとする自己の苦闘に答ええない楽観主義にあったとすれば、高畠はここでも、国家社会主義的発想のひとつを準備したといえよう。〉（田中真人『高畠素之　日本の国家社会主義』現代評論社、一九七八年、三八〜三九頁）

田中の指摘は的確だ。ただし、高畠がキリスト教を「愛他互譲の倫理的楽観主義」と理解したのは、高畠が同志社で自由主義神学を学んだからである。高畠の死亡した年である一九二八年に刊行された『ムツソリーニとその思想』の中に、高畠の晩年のキリスト教観をうかがわせる記述がある。

〈宗教に高等批評といふものがある。宗教の殿堂を科学の命題に依つて基礎づけようとするのであるが、如何に科学的に繊巧細微な基礎を具備せしめられた宗教であつても、それが人類の宗教的行動を喚び起す力とならぬ限りは、真実の宗教といふことは出来ぬ。鰯の頭の信心でも、信ずる人の心に熱意を与へ行動を喚び起す限りは、その方が遥に真実の宗教だといひ得る。

だが、問題は鰯の頭の信心ができぬ人はどうするかといふことだ。進んだ頭の人は、進んだ理屈なら信仰できるが、何もかも矢鱈に信心するわけには行かぬ。だから、さういふ人にとつては理屈に深入りすることもこれまた実行功徳の一方便だ。世の中の知識水準が進めば、自然さういふ方面の人も殖えるわけで、この点を考慮に入れないと、プラグマチズムも飛んだ間違ひになる。が、それだけの条件をつけて考へれば、プラグマチズムの理論も一応は賛成できる。これを人生の雑多な方面にこぢつけて応用すると、いろいろ面白い皮肉が編み出される。〉（高畠素之『ムッソリーニとその思想』実業之世界社、一九二八年、八四～八五頁）

ここでいう高等批評は、まさに自由主義神学のことだ。神学を知的に展開しても、それによって人間が宗教的信仰に基づいた行動をしないようならば、そのような知的神学には意味がないと高畠は考える。これは、一九二〇年代に声をあげたカール・バルト、エミール・ブルンナー[122]をはじめとする弁証法神学者と親和的だ。さらにチェコのヨゼフ・ルクル・フロマートカも高畠と同じ問題意識をもっていた。バルトが一九二一年に『ローマ書講解』第二版を公刊した後、人間が神について語ることをやめ、神が人間について語ることに耳を傾けるという神学上の大きな方向転換が起きた。しかし、この時点で、高畠はもはやキリスト教神学に関する関心を失っていた。高畠がバルトの『ローマ書講解』第二版を読んでいたならば、きっと新たな知的触発を起こしたと筆者は想像している。

高畠は、キリスト教信仰を失った。無政府主義的社会主義とマルクス主義的社会主義が混淆、並存していた明治社会主義に触れ、高畠は徐々にマルクス主義に傾斜していく。高畠には外国語の才能があった。マルクス、エンゲルスの文献を読み漁るうちに、マルクス主義に二つの魂があることに気づくようになる。『資本論』に体現されている資本主義社会の内在的論理を解明する観察者としての魂と、『共産党宣言』に体現されている資本主義体制を打倒しようとする革命家としての魂だ。

マルクスの革命家としての魂は、唯物史観というイデオロギーによって支えられている。高畠は、唯物史観が性善説に立つ楽観主義に見えた。この楽観主義では、社会主義革命はできないのではないかという疑念が生じた。この疑念は、『資本論』の翻訳作業を進めるうちに確信に変わった。それと同時に高畠は、社会進化論に触れた。適者生存、弱肉強食を説く社会進化論の方が性悪な人間によって構成される社会の現実を唯物史観よりもはるかに正確に捉えているように思えた。しかし、高畠は「強者のみが生き残る資格がある」という社会進化論をそのまま受け入れることはできなかった。なぜなら、後発資本主義国である日本は、弱肉強食の世界において、帝国主義列強によって淘汰されてしまう運命にあるからだ。そこから二重の戦略を考える。

対外的には、帝国主義競争に勝ち抜くように日本の国力を強化する。国際社会は、弱肉強食の戦場であり、国際協調やインターナショナリズムに対する幻想を一切持たない。ここでは、社会進化論がゲームのルールとして、採用される。

国内的には、国家という合法的な暴力を独占する装置によって、社会進化論的な弱肉強食を是正する。国家主導で、格差是正、雇用対策を行い、社会主義を実現する。ここでは、社会進化論は適用されない。社会を強化するため、強者を抑制し、弱者を保護する。

こうして、高畠は国家社会主義を提唱するのである。

§

先行思想に照らすならば、高畠の国家社会主義は、フェルディナント・ラッサールに近い。ただし、ラッサールとの違いが二つある。第一は、ラッサールと異なり、高畠は『資本論』の論理を正確におさえていた。それ故に、資本主義の枠内での改良主義で、社会主義社会を実現することは不可能であると考えた。労働力商品化の止揚が、社会主義の当然の前提とされた。第二は、帝国主義政策を積極的に推進したことである。特にソ連を「労農帝国主義」であると高畠は規定した。高畠が知るソ連は、スターリン体制が成立する以前の、レーニン路線のソ連であった。このソ連の本質を高畠は、国家機能が高度に発達した帝国主義であり、マルクスのインターナショナリズムが破綻したことの証明ととらえた。しかし、ソ連を手放しで肯定的に評価したわけではない。ソ連のイデオロギーは唯物史観で、性善説に基づいている。それ故に人間の悪を見据えることができない。そのような国家は、悪に対する歯止めを失うと考えた。

資本主義を是認することはできない。同時にマルクス主義の革命観もとることができない。現実に存在するソ連型社会主義も支持できない。こう考え、国家社会主義という構想を練っているうちに、高畠はイタリア・ファシズムと親和的な世界観を構築する。

これが、筆者が懸念する高畠素之の亡霊なのである。率直に言おう。新自由主義による格差の拡大と社会の解体から日本は生き残っていかなくてはならない。しかし、一九九一年十二月のソ連崩壊を知るわれわれは、ソ連型社会主義の処方箋をとることもできない。非ソ連型マルクス主義という主張も、観念の上ではなされているが、受肉した場合、どれもソ連体制とあまり変わらないものになりそうだ。それは、マルクス主義の社会観が性善説に基づいているからだ。

そうなると、性悪説に基づき、国家機能により、人々を動員し、社会を強化していこうとするファシズムに魅力が生じる。筆者自身もファシズムに魅力を感じている。しかし、それと同時に外部からの声、キリスト教的に言うならば、啓示によって、ファシズムは誤りであることが告げられている。高畠素之が、二十一世紀の日本にファシズムの亡霊を呼び出すことを防ぐことが、本書の実践的目的なのだ。

&

ここで、高畠のファシズム理解を整理しておこう。

ファシズムは、人間のエゴイズムを直視した、性悪説の世界観に立つ。

〈生産が人類生活上の必要から直接に生じた如く、政治も亦社会的生活上の必要から直接に生じたものである。政治の本質は、社会的に必要なる秩序又は統制にある。人間は社会的動物の一種であつて、如何なる人間も社会的結合のもとに生活してゐる。社会的結合のもとに生活する生物個体は、その結合を強大にすることに依つてのみ充分に自己を保存し発展せしめることが出来る。

生物の社会的結合はこの様に、自己保存の必要上発達して来たものであるが、この結合の発達につれて社会的本能がますます強くなり、それにつれてまた社会的結合がますます強くなつて来る。然るに生物の本能の中では、自己保存慾といふものが最も原始的な普遍的な要素となつてゐて、社会的本能の如きも、本来は主としてこの自己保存慾から派生して来たものである。

そこで生物の本能の中では、絶えずこの両要素間の闘争が行はれる。この異種本能間の闘争は、人類に至つて更に複雑となり深刻化されて来る。蓋《けだ》し自己保存本能が社会的本能といふ対抗力を生ぜしめた如く、社会的本能は又、猜疑心や優勝慾その他の如き一見反社会的本能と思はれる対抗力を助長して、これが本来の自己保存本能と結合し一種の複雑なエゴイズムを構成することになるからである。そこでエゴイズムなるものは、人類にも他の凡《あら》ゆる生物にも共通した最も原始的の強力な本能であるが、人類のエゴイズムは他の生物に比して遥かに複雑であり、総合的であるといふことになる。随《したが》つて、その力の強さ、その影響の及ぶところも亦、他の生物のエゴイズムに比して遥かに強大であり深刻である。〉（前掲書九〇〜九一頁）

人間は利己的（エゴイスティック）な存在である。それは人間の本性が性悪だからだ。こういう人間たちによって構成された社会（人間の結びつきによって複数の社会が想定されている）は、それぞれの人間の自己保存と社会的集団のエゴイズムが結び付いて、大きな破壊力をもつようになる。こういったエゴイズムを統制することは、合法的な暴力装置である国家にしかできない。ここから高畠は、ある人々によって他者を支配することの必要性を説く。

〈個々の人類は、程度の差こそあれ、みな斯《こ》うした複雑なエゴイズムの持主である。これが絶えず社会的本能と衝突する。斯様《かよう》なエゴイズムの発動を若し勢ひの赴く儘に放任して置くならば、人類の社会的結合は遂に破壊されることを免れない。さればといつて、原生的の社会的本能のみを以てこれを統制し調節することは不可能である。そこで第二次の社会的結合要素として、茲《ここ》に支配といふ政治法律的機能が発動して来る。つまり、各人が勝手のことをしてゐては社会がもち切れない。さればといつて、各人の胸に潜む社会的本能の力だけではこれをどうすることも出来ぬといふところから、何等かの程度で強制を加味した支配の機能が発動して来るわけだ。

この支配統制は、極く単純な形では如何なる社会にも発動してゐる。それは幾人かの個人が団合するとき、必ず其処に何等かの形で規則又は規約といふやうなものが成立するところを見ても解る。秩序の方面から見た社会は、総てこの支配機能の現はれだといふことが出来る。尤も、この機能は同質結合の単純社会にあつては、他の社会的機能から分化独立することなく、総ての機能が混淆して結合的に作用してゐる。それはちやうど下等生物の身体諸機能がそれぞれ特殊の器官を有することなく、総てが混合的に作用してゐるのと同じである。然るに、生物の発達段階が進んで、高等な生物となるに従ひ、各種の身体機能が互ひに分化独立して、それぞれの機能を担任する特殊の器官ができて来る。消化栄養のためには特に胃腸ができ、排泄のためには肛門や汗腺ができ、呼吸のためには肺臓ができるといふ如き有様である。〉（前掲書九二〜九三頁）

ここで、人間社会における機能分化を生物有機体モデルで高畠は理解しようとする。動物において、脳と手足は分化している。単純な社会進化論ならば、ここで資本家を脳、労働者を手足の機能を果たしていると位置付けるが、『資本論』を踏まえた高畠は、資本主義社会の階級支配を是認するようなことをしない。主体を種族に求める。そして、一つの種族が他の種族に対する優越性を確保しようとする優勝欲に歴史発展の原動力を求める。高畠の思想を敷衍すると、種族ごとの棲み分けが適者生存の原理に基づいてなされることになる。

棲み分けは、二重の構造をもつ。まず種族の中で、エリートとそれ以外の棲み分けが行われる。そして、種族間の棲み分けが行われる。種族自体は、ライプニッツが言うモナド（単子）であり、分割不能だ。

〈社会が複雑となり、異質結合の度合が進むにつれて、支配統制の機能が次第に他の社会的諸機能から分化独立する傾きがある。支配機能の分化は、斯様に社会的必要上から生ずるものであるが、更らに人類のエゴイズムの中にあつて特殊の位置を占むる優勝的の欲望が、一度び現はれた支配機能分化の傾向を助長するところの主観的因子として作用する。人類の欲望には色々あるが、とりわけこの優勝慾は強い決定力を有《も》つてゐる。マルクスの学説に依れば、生産事情の発達が他の一切の社会的発達を決定するといふのであるが、この説は兎《と》もすれば物質的の生活慾が他の一切の慾望を決定するといふ意味に解され易い。が、人類の生活慾といふものは、決して普遍常住的に決定力を有つものでない。それが決定力を有つのは、人類が餓死の瀬戸際に立つた瞬間か、又は少なくとも生活難の境遇に置かれた場合に限られる。一度び何等かの程度で生活上の余裕を有つた瞬間から、他の各種の慾望、殊に性慾とこの優勝慾とが決定的に作用して来る。

優勝慾とは、自己の力を社会的に誇示し認識せしめようとする慾望である。この力の表現形態が何であるかといふことは問ふところでない。それは物質的富の形をとることもあれば学問や、体力や、又は武術の形をとることもある。けれども、その最も直接にして且つ普遍的なものは政治上の支配的位置である。この支配的位置の獲得といふことが、優勝的慾望の最も熾烈なる追求対象となる。而して一度び萌《きざ》し始めた支配機能分化の傾向は、この慾望の発動に依つてますますその勢を強め、その勢ひが強くなればなるほど、この慾望の発動も更らにますます強くなつて来る。斯くして支配機能分化の勢ひは、ますます促進せしめられることになるのである。〉（前掲書九三〜九五頁）

そうなると、種族の内部で、優れたエリートによる指導がなされることが、当該種族が適者生存の世界で生き残り、陽の当たる場所を占めるために不可欠となる。従って、エリート政治が、種族の生き残りのため必要になる。

ムッソリーニは、エリートによる政治を称揚し、実践した。このエリート主義を高畠は理論的に承認する。しかし、皮膚感覚においては違和感をもつ。高畠自身は外国語に通暁し、マルクスの『資本論』やモルガンの『古代社会』の翻訳者として著名だった。客観的に見れば、哲学、経済学、社会学を修得した知的エリートであった。しかも、論壇でも無視できない影響力をもった。高畠の人格が尊大である、論敵をあまりに厳しく追いつめすぎるといった批判は多かったが、高畠の能力に対する疑念の声はなかった。ただし、大学を卒業していない高畠は、アカデミズムにおいても、論壇においても、エリートの仲間とは見なされなかった。この状況に高畠は、不満と憤りをもっていた。しかし、高畠はすね者として社会を見るのではなく、民主主義を利用して、議会に進出することを考えた。高畠は、民主主義も結局は少数支配であるという認識から、議会を肯定的に評価する。

〈国家集権主義といつても、ムツソリーニズムの場合には、それが強烈なる寡頭独裁主義に依つて彩られてゐることは言ふ迄もない。ムツソリーニは曰く『議会政治は、歴史の創造的因子たる個性を窒息せしめて、国家の制度を機械化せんとするものである』と。然らば彼れは、斯くの如き機械化的政治に代ふるに如何なる政治形態を以てせんとするか。曰く『フアスシスト革命の重大なる意義は、国家メカニズムから国民を脱却せしめ、個性尊重主義に立つ偉大なる人格者をして、国家に活力を附与し得るところの政体を樹立するにある。』つまり英雄独裁主義の樹立、これがフアスシスト革命の目的とするところである。議会政治は個性圧殺の機械主義に堕するからいけない。真に威望あり、手腕あり、実行力ある人傑の独裁政治は、創造と果断決行との閃きに動くものであるから、たとひ専制主義、集権主義であつても、それは決して個性の発動を殺すやうなことがない。

この見地は、国家社会主義の立場からも一応は是認し得る。政治の本質が支配統制に在ることは、上述の通りである。支配の目的からいへば、専制独裁政治が一番有効であるから、随つてそれが一番望ましい政治形態だといふことになる。支配の主体は、少数の手腕家ほど能率を挙げ易い。国家以外の団体統制に於いてもさうであるが、国家の政治に於いては殊に然りとせられる。〉（前掲書一〇一〜一〇三頁）

支配を合理的に行うためには、有象無象の能力が低い大衆を政治や国家統治に関与させるべきではない。高畠が掲げる国家社会主義の観点からは、専制独裁政治が最も望ましいことになる。それだからボリシェビキによるプロレタリア独裁体制を高畠は肯定的に評価している。これは、レーニンという指導者がいたからだ。しかし、日本において、国家改造を行う場合、そのようなカリスマ性をもった指導者（英傑）はいない。ここで、高畠は、天皇親政を当初から除外している。高畠にとって皇統を維持することは、日本の国家改造の大前提である。その場合も政治の外側に天皇を置いている。現実の日本に英傑はいないのだから、民主主義を装って、民意を代表しているとの表象で、実質的な専制独裁政治を行うべきと考える。

〈茲に若し一人の優秀な英傑があつて、国家の結合維持に必要な一切の支配機能を直接に担任行使するといふことであれば、それが支配機能発揮の上から見て、一番単純でもあり有効でもある。が、茲に問題となることは、さういふ英傑は求めてつねに得られるわけのものでない。そこで若し、さういふ英傑が居らないとすれば、その場合には英傑的祖先に対する国民の伝統的礼讃を以て支配者の現実的資格に代用せしめることも出来るが、文明が進んで国民のエゴイズムが深刻化し、個人意識が発達すると、それだけではなかなか一国の政治を行ひ得なくなる。何等かの形、何等かの程度で、支配上に国民の意志を採用又は斟酌せねばならなくなつて来る。即ち、政治のデモクラシー化なるものが行はれる所以である。議会政治なるものは、斯かる政治デモクラシー化の一の現はれに過ぎぬ。その意味に於いて、議会政治も亦、政治発達上の必然的産物といひ得るのである。

けれども、政治の本質は支配にあつて、支配は少数支配ほど能率を挙げ易いのであるから多数支配の別称の如く見られてゐる議会政治の樹立後に於いても、事実に於いては矢張り少数支配が行はれることを避けられぬ。議会政治の下に於ける国民意志の代表団体たる政党の内部を見ると、其処には名目の如何に拘らず、例外なしに幹部政治が行はれてゐる。幹部は少数であるから幹部政治は少数政治と異ならぬ。そこで若し、議会政治は政党政治でなければならぬとするデモクラシーの定則に従ふとすれば、議会政治も亦、実質上は少数政治だといふことになる。

これで見ても、議会政治は少数政治の否定又は対蹠を意味するものでなく、寧ろ少数政治の変形に過ぎぬことが知られる。つまり実質は少数政治だが、表面は多数政治であるかのやうに見せかける、羊頭狗肉、言ひ換へれば羊の皮を着た狼である。その限りで、議会政治は存在の理由を充分に有つてゐる。が、若し、この羊頭狗肉の実を示すことが出来ず、羊頭を掲げて羊肉を売り、狼の実質を羊に転化せしめようとするまでデモクラシーが素朴放縦化されたとき、政治の本体は尻をまくる。国家社会主義の立場からすれば、議会政治も、独裁政治も、共に少数支配の表現形態たる意味に於いて存在の理由を有つものであるが、放縦デモクラシー跋扈の反動としてのファスシオ的超議会主義にも、一応の道理があることを拒むわけには行かぬ。〉（前掲書一〇三〜一〇五頁）

高畠は晩年、衆議院議員選挙への立候補を真剣に考え、準備をしたが、癌に倒れ、不帰の人になってしまった。ただし、高畠は代議制度をまったく信用していなかった。民主主義を装って、高畠の知力を用いて、当時の状況でもっとも優れた官僚集団であった陸軍将官を操って、専制独裁政治を実現しようとした。そして、真の民主主義が生まれそうになったときは、能力に欠ける大衆が政治の舞台に出てくることを阻止するために、クーデターを行い、ファッショ体制への転換を図る必要があると考えていたのである。高畠の宇垣一成陸軍大将への接近を、ファッショ革命に向けた保険であったと筆者は見ている。高畠が、一九三〇年代末まで、生きながらえていたら、陸軍の力を背景に、乾いたクーデターを行ったと思う。内閣総理大臣官邸、陸軍省、陸軍参謀本部、内務省、放送局、新聞社を占拠し、徹底的なクーデターを行い、国家社会主義体制への転換を図ったと思う。

8

高畠には理想とする政治体制があった。それは、国家サンジカリズムと高畠が特徴づける協同主義（コーポラティズム）だ。

〈ファスシズムといふからには、ファスシオの捧示するイズムを指すことにならうが、厳密にいふと、体系化された理論は彼等の間から発見することが出来ない。現に、御ン大のムツソリーニは『思想を無視するところの思想』を看板にしてゐるし、彼れに追随する一味徒党も、親分の揮ふ一本の指揮棒に統轄された大管絃楽団だから、何にも彼にも行動第一が主義である。殊にはまた、ファスシオといふ言葉はイタリヤ語で『束』を意味し、薩州鹿児島は健児社の『社』に該当するとあれば、コムミユニズムのアナーキズムのといつた場合とは根本的に話しが違ふ。

そこで若し強て彼等から主義らしい理論特色を抽き出さうとすれば、彼等の行動の跡を辿つて『かうもあらうか』と鑑定してやる外はない。さうした親切者の一人が、ファスシズムを定義して『国家サンヂカリズム』と呼んだ。なるほど巧いことを言つたと感心してゐる。

国家主義とサンヂカリズムとは、氷と炭よりも相容れない両極の概念を指示するものとされてゐる。一方が集中主義で他方が分散主義、また一方が保護主義で他方が自由主義、どつちから見ても『同居お断り』の代物であるが、ムツソリーニは平気でこの呉客と越客を同居させてゐる。面白いといへば面白いやうなものの危ツかしいといへば危ツかしくもある。

何故にファスシズムは国家サンヂカリズムであるか。政治上には極度な集権主義を採るに反し、経済上にはまた極度な分権主義を主張するからである。〉（前掲書一四一～一四二頁）

外交、安全保障政策においては、極度の集権主義によって、国力を増進する。経済に関しては、極度な地方分権で、社会の活力を最大限に引き出すのだ。国家の介入によって、資本家の横暴を許さずに、貧困を根絶し、格差を是正する。労働者にストライキ権を認めない。国家が、労働者に一定の生活水準を保障する。その代わり、全ての労働者は、社会と国家のために額に汗を流して働かなければならない。「働かざる者食うべからず」の原則が徹底される。病気や高齢など正当な事由なく、職につかないことは許されない。新自由主義の行き詰まりを打破する現実的処方箋として、民主主義を装う専制独裁政治による国家サンジカリズムは日本の生き残りのために魅力的だ。

高畠は、ファシズムのプラグマティズムに着目する。

〈実をいふとムツソリーニの思想には思想といふほどの体系も何もない。日本の安達謙蔵[123]は無策の策を喋々《ちようちよう》し、西洋には不死の死といふ言葉があるが、強いてムツソリーニの思想を求めるならば、それは恐らく無思想の思想とでもいふべきものであらう。

彼れ自身の言葉をかりていへば、嘗ても言つた『思想そのものを無視するところの思想』である。彼れは極端な行動讃美論者であつて、『事実は書物よりも、経験は教養よりも、ヨリ大なる価値を有する』と信じてゐた。『決算を終つて考へれば、最初の論理的予測に反することが極めて多く、数は理性の反対を示す』といふのが彼れの持論である。始めに行動あり、行動は真理を創造する。一切の合理主義は虚偽である。随つて彼れは、歴史の必然性といふものを信じない。『歴史が必然的過程を踏むとは、断じて考へられぬ』とは、彼れが平素口癖のやうに強調してゐるところである。

この『思想そのものを無視するところの思想』はプラグマチズムから来てゐる。彼れ自身もプラグマチズムの熱心な信奉者であることを認め、予の信念はプラグマチズムに基礎づけられてゐると言明したことがある。

元来、プラグマチズムといふものは、哲学上、倫理学上の実践主義であつて、真理と虚偽との区別を、人生の目的に適合するか否かに依つて判定しようとするものである。宗教も、道徳も、学問も、本来は人類生活のために存すべきものであるに拘らず、動もすればそれが生活そのものを忘れて、論弁や儀礼の末技に走る傾きがある。思想の価値は、その論理的体系の精粗に懸るものでなく、寧ろ事実に於いてそれが人間の行動を喚び起すところの原動力たるか否かに依存するものである。〉(前掲書八三～八四頁)

高畠は、プラグマティズムを〈哲学上、倫理学上の実践主義であつて、真理と虚偽との区別を、人生の目的に適合するか否かに依つて判定しようとするもの〉と規定する。この規定自体は間違えていない。

しかし、なぜ人間が人生の目的に適合する選択をできるかという問題に高畠は踏み込まない。それは、高畠が同志社で神学を学ぶ過程で、神を信じることができなくなり、超越的な神の啓示に耳を傾けることができなくなってしまったからだ。プラグマティズムの真理観の背後には、「目に見えない世界」に、真理があり、それを反映してわれわれは正しい選択ができるのであるという実念論（リアリズム）の思想的構えがあるが、高畠にはそれが見えないのである。

高畠の思想が妖しい魅力をもつのは、徹底した性悪説に立つからだ。高畠は人間を信じることができず、悪の力がこの世界を支配していることを認める。ただし、悪の力による相互牽制によって、どの人間も自らの思惑に基づく世界構築ができなくなる。その結果、超越性が担保されるのだ。この超越性は、ニヒリズムによる超越性だ。

しかし、ニヒリズムによる超越によって、人間の悪を抑えることはできない。高畠が、自ら提唱した国家社会主義ともっとも親和的と考えたムッソリーニのファシズムは、一九三〇年代にヒトラーのナチズムに呑み込まれてしまった。ファシズムの知的に複雑な操作を加えた超越性が、ナチズムの単純な「血と土」の神話に圧倒されてしまったのである。

高畠には、もう一つの道があった。『資本論』から唯物史観の限界を知った上で、社会進化論的な弱肉強食の論理と人間の性悪な本性を超克するもう一つの道である。それは、第一次世界大戦の大量破壊、大量殺戮を前にして、スイスの片田舎のザーフェンビルに住んでいた青年牧師カール・バルトが新約聖書の「ローマの信徒への手紙」を読み直し、「神は神である」という真理を再発見した道だ。晩年に、高畠が、もう一度、ヨーロッパの「危機の神学（弁証法神学）」に触れ直したならば、国家社会主義はゲシュタルト的転換を遂げたと思う。筆者は、二十一世紀に甦った高畠の亡霊を再びキリスト教神学の世界に誘うことを考えている。

あとがき

高畠素之とは、実に不思議な知識人だ。私は、同志社大学神学部在学中に高畠の著作をいくつか読んだ。高畠が同志社大学神学部（専門学校令による神学校、その後、大学令によって、文学部神学科となり、戦後、新制大学の神学部となる）の先輩であることが、この思想家に関心を持った理由である。この先輩との出会いは、私個人にとって重要な意味を持った。

まず、『資本論』解釈についてだ。本書を読めばわかるが、高畠は『資本論』の論理に通暁していた。何しろ、先行の翻訳が無いところで、自力で訳語を作り出していったのである。マルクスが多用するFetischcharakterを高畠は魔術性と訳したが、現在の『資本論』翻訳で用いられている物神崇拝よりは、魔術性の方が、正確なイメージが涌く。時代的条件もあるが、高畠はソ連型（スターリニズム）の『資本論』解釈を受けずに、テキストに忠実に翻訳を行った。自分の頭で考えるうちに、高畠は資本主義の構造分析として『資本論』は優れているが、マルクスが考えていた共産主義革命は根拠薄弱なユートピアであるという結論に至った。そして、社会革命の理論は、『資本論』の論理とは別の位相から、外挿的にもたらされるものと考えた。それが高畠にとっては国家社会主義だった。

私は神学生の頃に高畠と並行して宇野弘蔵の著作を精読していた。宇野は、理論と実践の区別を強調した。そして、資本主義の内在的論理を解明する原理論（経済原論）、歴史的に資本主義がどういう発展過程をたどるかを経済政策の変遷によって解明する段階論（経済政策論）、それらを総合して行われる現状分析の三段階に分けることの必要性を宇野は説いた。宇野経済学と呼ばれるこの理論に私は魅了された。当時、共産党や社会党左派（社会主義協会）の理論家は、理論と実践の有機的結合という、レトリックは優れているが、内実に欠けるスターリン主義的なスローガンを弄んでいた。それに対して、新左翼の活動家は、理論から自由になって革命的な夢を語ることができるので宇野経済学を活用した。しかし、煩瑣なスコラ学ともいえる宇野学派の『資本論』読みを追いかける新左翼活動家はほとんどいなかった。私は、人的関係では新左翼系の活動家と近いところにいたが、彼らが夢中になっている革命思想にはほとんど共感を覚えなかった。性善説を前提とした人間観で社会改造を行っても、そこから巨悪が生じることになると思っていたからだ。

当時、同志社大学今出川キャンパスの神学館二階には、「アザーワールド」研究室と呼ばれる奇妙な空間があった。もともとは大学院生の研究室であったが、一九六〇年代末の学園紛争時に神学生たちに占拠され、その状態がずっと続いていた。今出川キャンパス内で、学生の完全な自主管理が行われているのは、アザーワールドだけだった。神学部の教授たちは、このような不法占拠空間の存在について寛容だった。ある神学教授は、「神学にはカオスが必要です。完全に秩序だってしまうと神学は崩壊してしまう。それだから、アザーワールドのようなカオスが神学館にあることは、むしろ好ましいことなのです」と言っていた。

このアザーワールドに、私は大学二回生から大学院博士課程前期（修士）課程を修了するまでの五年間、一週の内、三日は泊まっていた。そこで神学部自治会の常任委員たちと議論をし、酒を飲んで、皆が寝静まった後、私はスタンドライトを点けて、『資本論』と宇野弘蔵と高畠の著作を読んでいた（当時から私はショートスリーパーだった）。その結果、行き着いたのは、国家社会主義でもなければ、新左翼的な反スターリン主義でもなかった。「イエス・キリストを信じる者は、他の神を信じる者、無神論者よりも現実をよりよく理解する」というチェコのプロテスタント神学者ヨゼフ・ルクル・フロマートカの言説が正しいと思うようになった。

本書を書いている過程で、私は自伝を書いているのかと勘違いすることが何度かあった。まず、高畠が新聞紙条例違反で禁錮二カ月の実刑判決を言い渡され、下獄したときに英訳『資本論』に触れたことだ。私の場合、勾留期間は一年五カ月で、高畠よりは読書時間を多く得ることができた。獄中で『宇野弘蔵著作集』、カール・バルト『ローマ書講解』、『岩波講座世界歴史』、『おもろさうし』、ヘーゲル『精神現象学』、『太平記』などを読んだ。獄中では思考が研ぎ澄まされる。高畠も『資本論』に触れたのが獄中であったことが、決定的に重要だったのだと思う。『資本論』の論理が、高畠の琴線に触れたのだ。私の場合、獄中で、宇野弘蔵の経済哲学に強い関心を持つようになった。宇野が理論と実践を区別したのは、自らをアカデミズムの安全地帯で防衛するためではなかった。宇野が考える革命は、必然的に暴力を伴い、そのような運動に従事するときには命を差し出す覚悟が求められる。こうした運動に自分は従事することができないので、社会主義イデオロギーを持っているだけで革命運動に直接参与しない者には、社会主義者を自称する権利はないという発想だ。アカデミズムで行うのは、あくまでも学理の追究で、革命運動の実践については、知識人であるからといって特権は認められないという発想だ。この了解は、高畠の知識人観に近いと思う。高畠は、ロシアの無政府主義者クロポトキンの論文を翻訳した森戸辰男が新聞紙法違反（朝憲紊乱罪）により起訴され有罪となって下獄した事件に関して、大学教授であっても国法は平等に適用されるべきであるという論陣を張った。国立大学（東京帝国大学）という国家機関の中にいる進歩的知識人に対しては、高畠はきわめて厳しい。私も、言説だけは威勢がいいが、本質において臆病な大学人が嫌いだ。政治活動は、最大限の覚悟をもって行うべきなのである。この点で、私は高畠の影響を受けている。

同時に私は、同志社大学の神学部と生命医科学部、同志社女子大学、さらに沖縄県名護市の公立名桜大学の客員教授をつとめ、教壇に立っている。これも、高畠から批判的に学んだ結果だ。高畠は知識人としても翻訳家としても傑出した能力を持っていた。そのことは、当時の論壇もジャーナリズムも認めていた。神学部中退で、制度的なアカデミズムとは無縁であったが、そのことによって高畠が軽く見られることはなかった。また、高畠は文筆によってカネを稼ぐ術も知っていた。従って、経済的に困窮し、特定の資本家や組織に依存することはなかった。そのような高畠にはカリスマ性があった。ただし、そのカリスマ性は演説で人々を煽動して動員するような性質のものではなかった。周囲にいる人々に影響を与え、心酔させるような小さなカリスマ性だ。企業や官庁で言うならば、優れたチームリーダーが持つカリスマ性なのである。このようにして高畠の周辺に集まってきた弟子たちは、高度な知的操作に耐えられない人たちだった。高畠のアイロニーや反語法がわからなかった。アナロジー、メタファーとして語った事柄を額面通りに受け取った。従って、国家社会主義をはじめ、高畠が提唱した言説は、弟子たちに継承されず、死に絶えてしまった。

高畠と較べれば、私の能力ははるかに劣っている。高畠のような周囲にいる人々の磁場を変化させるようなカリスマ性もない。しかし、私の経験したこと、考えていることの一部には、次世代にとって有益な内容も含まれていると信じている。そのような知の継承のためには、大学という場はとても重要なのだ。特に神学を学ぼうとする若い人々に対しては、高畠の生涯を貫いた「世俗化された神学」を伝えたいと思っている。高畠自身は、キリスト教から離れたと思っている。しかし、高畠は生涯、性悪説に基づいて人間と社会を考えた。性悪説という視座が高畠にとっての「世俗された神学」なのである。神学では、罪から悪が生じると考える。使徒パウロは自らに内在する罪についてこう述べた。

〈わたしは、自分のしていることが分かりません。自分が望むことは実行せず、かえって憎んでいることをするからです。もし、望まないことを行っているとすれば、律法を善いものとして認めているわけになります。そして、そういうことを行っているのは、もはやわたしではなく、わたしの中に住んでいる罪なのです。わたしは、自分の内には、つまりわたしの肉には、善が住んでいないことを知っています。善をなそうという意志はありますが、それを実行できないからです。わたしは自分の望む善は行わず、望まない悪を行っている。もし、わたしが望まないことをしているとすれば、それをしているのは、もはやわたしではなく、わたしの中に住んでいる罪なのです。〉（「ローマの信徒への手紙」七章一五～二〇節）

人間が原罪を抱えているという事実と、悪のリアリティを本書を通じて私は後輩の神学生を含むすべての読者に伝えたいと思っているのだ。その意味で本書『高畠素之の亡霊』は、応用神学の書でもある。

本書を上梓するにあたっては、『新潮』連載時に伴走して下さった矢野優氏（編集長）、新潮社出版部の小林由紀氏、新潮選書編集部の竹中宏氏、さらに作家・佐藤優の生みの親である新潮社取締役の伊藤幸人氏にたいへんにお世話になりました。どうもありがとうございます。

二〇一八年三月二十八日、曙橋（東京都新宿区）にて

佐藤優

高畠素之略年表

西暦	元号（年齢）	高畠素之および周辺の動向	高畠素之の著作	社会の動き
1886	明治19（0歳）	高畠武増、しげ子の五男として前橋市に生まれる。		
1889	明治22（3歳）			大日本帝国憲法発布。第二インターナショナル設立。
1894	明治27（8歳）			日清戦争
1899	明治32（13歳）	前橋中学に入学。		
1902	明治35（16歳）	父・武増死去。この頃から前橋教会に通い始める。		
1903	明治36（17歳）	前橋教会にて受洗。 前橋教会で木下尚江の講演を聞く。	『名士講演集』、「霊気談々」（『坂東太郎』）	
1904	明治37（18歳）	同志社神学校に入学。	「天長節と聖誕節に対する所感」、「戦争談」（『坂東太郎』）	日露戦争
1905	明治38（19歳）		「進歩の悶え」（『坂東太郎』）	日比谷焼打ち事件
1906	明治39（20歳）	同級生・遠藤友四郎、前橋教会で反キリスト教演説。 神学校寮内で雑誌『土曜文学』を発刊。		日本社会党結党。
1907	明治40（21歳）	神学校寮を退寮後、退学。東京の堺利彦を訪ねる。前橋教会系の幼稚園で保母をしていた初江と結婚。		

1908	明治41 （22歳）	遠藤友四郎らと「上毛平民倶楽部」設立。『東北評論』発刊するも、新聞紙条例で禁固2ヵ月の有罪判決。この際、英訳版『資本論』と出会う。	「社会主義と基督教」（『東北評論』）	
1910	明治43 （24歳）	夜学教師等しながらドイツ語の勉強に勤しむ。		大逆事件の検挙始まる。堺利彦ら、売文社設立。
1911	明治44 （25歳）	京都にて堺利彦と再会。売文社入社。		幸徳秋水ら、死刑執行。特高警察設置。
1912	明治45 大正元 （26歳）		「科学と進化」（『近代思想』）	
1913	大正2 （27歳）		「『続経済学講義』を読みて」（『近代思想』）	
1914	大正3 （28歳）	売文社より社会主義者の情報誌『へちまの花』創刊。		シーメンス事件。第一次世界大戦開戦。
1915	大正4 （29歳）	『へちまの花』を『新社会』に改題。	「社会主義の四派」（『新社会』）	
1916	大正5 （30歳）	売文社語学部開設、翻訳、執筆に専念。山川均、売文社に参加。	「個人主義と社会主義」（『新社会』）、「マルサス人口論の消長と資本主義」（『新理想主義』）、「トルストイズムの労働論を難ず」（『新理想主義』）、「マルクスの戦争観」（『新社会』）、「認識論と唯物論」（『新社会』）	
1917	大正6 （31歳）	『新社会』にてカウツキー「資本論解説」翻訳連載。堺利彦第13回総選挙に立候補。	「大杉氏の自由恋愛と社会主義者」（『新社会』）、「革命渦中の露独」（『新社会』）、「赤裸のルーテル」（『新社会』）	ロシア、二月革命。
1918	大正7 （32歳）	『新社会』の編集人となる。尾崎士郎ら、売文社に入社。	「政治運動と経済運動」（『新社会』）、「労働者ますます貧し」（『新社会』）、「蕾の綻びと毬の破れ」（『新社会』）	

西暦	元号（年齢）	高畠素之および周辺の動向	高畠素之の著作	社会の動き
1919	大正8（33歳）	堺、荒畑寒村らと袂をわかち、売文社を引き継ぐ。 『国家社会主義』（全4号）を創刊。 大鐙閣版『マルクス全集』の『資本論』の翻訳を依頼される。	「老壮会と黎明会」（『新社会』）、「労働者に国家あらしめよ」（『国家社会主義』）、「過激派の立場を論ず」（『国家社会主義』）、「唯物史観の改造」（『解放』）、「国家社会主義と階級闘争」（『改造』）、『社会主義と進化論』（売文社）	パリ講和会議。『改造』、『解放』創刊。
1920	大正9（34歳）	遠藤友四郎と『霹靂』刊行。 大鐙閣版『資本論』刊行開始。	「生田長江君の癩病的資本論」（『霹靂』）、「新マルサス主義と貧困・避妊・搾取」（『改造』）	日本初のメーデーが上野公園で開かれる。
1921	大正10（35歳）	週刊『大衆運動』創刊。	「階級の概念と其近世的体現」（『解放』）、「偏見的インターナショナリズム」（『改造』）、「消費者本位の大衆運動」（『大衆運動』）	
1922	大正11（36歳）	『局外』創刊。	「超国家主義の迷妄」（『解放』）、「議会政策のために」（『解放』）、「過激運動取締法案―正当且つ有効」（『解放』）、「マルクス価値説の『矛盾』」（『解放』）、「マルクスの矛盾と河上博士の矛盾」（『解放』）、『幻滅者の社会観』（大鐙閣）	
1923	大正12（37歳）	上杉慎吉らと経綸学盟を結成。	「営利主義の進化的効果」（『局外』）、「軍国主義」（『局外』）	
1924	大正13（38歳）	『週刊日本』創刊。 大鐙閣版『資本論』訳了。	「大衆の心理」（『週刊日本』）、「マルクス主義の悶へ」（『週刊日本』）、「我々の政策」（『週刊日本』）、「国家論に就て」（『急進』）、「プロレタリア国家の論理的破綻」（『急進』）	
1925	大正14（39歳）	新潮社版『資本論』刊行開始。	「性悪性」（『急進』）、「社会主義分類上の一考察」（『急進』）、「日本社会主義」（『急進』）、「薬石の効なき普選」（『改造』）、「無産政党禁止余談」（『報知新聞』）	

1926	大正15 昭和元 （40歳）	赤尾敏設立の建国会顧問となる。 新潮社版『資本論』完結。	「カール・マルクスの国家理論」（『解放』）、「それもよし、これもよし」（『虚無思想』）、「社会主義思想上の観念的傾向と現実的傾向」（『新潮』）、『マルクス十二講』（新潮社）、『自己を語る』（人文会出版部）	
1927	昭和2 （41歳）	改造社版『資本論』刊行開始。	「労農帝国主義の極東進出」（『改造』）、「是々非々——社会雑観」（『大調和』）、「人は何故に貧乏するか」（『改造』）、「ムッソリーニズムと国家社会主義」（『大調和』）、「代議士」（『随筆』）、『論・想・談』（人文会出版部）	
1928	昭和3 （42歳）	大川周明、安岡正篤らと宇垣一成を訪問。 麻生久、平野力三らと田中義一首相を訪問。新国家社会主義政党党首へ擬せられる。 12月23日、胃ガンにて死去。	「英雄崇拝と看板心理」（『改造』）、「社会思想の観念的傾向」（『不同調』）、「カール・マルクスの思想を繞りて」（『政友』）	

注釈

1　**ジョルジ・ルカーチ**（1885–1971）ハンガリー出身の哲学者。『モーゼス・ヘスと観念弁証法の諸問題』他

2　**宇野弘蔵**（1897 - 1977）マルクス経済学者。東京帝国大学社会科学研究所教授、法政大学社会学部教授。『恐慌論』他

3　**廣松渉**（1933–1994）哲学者、東京大学名誉教授。『マルクス主義の成立過程』他

4　**ホセ・オルテガ・イ・ガセット**（1883–1955）スペインの哲学者。

5　**ニコライ・ベルジャーエフ**（1874–1948）ロシアの哲学者。マルキストからロシア革命を経て転向。

6　**カール・バルト**（1886–1968）スイスの神学者。『ローマ書講解』他

7　**ディートリヒ・ボンヘッファー**（1906–1945）ドイツの牧師、神学者。ヒトラー暗殺計画に加担、逮捕された後、絞首刑。

8　**遠藤友四郎**（1881–1962）高畠とは「売文社」入社から国家社会主義グループにいたるまで行動を共にする。

9　**石川三四郎**（1876–1956）社会運動家、アナーキスト。

10　**伊庭孝**（1887–1937）俳優、演出家、作詞家、音楽評論家。

11　**フェルディナント・ラッサール**（1825–1864）プロイセンの政治学者、哲学者、法学者、社会主義者。全ドイツ労働者同盟の創設者。

12 **アーネスト・ゲルナー**（1925–1995）パリ生まれの歴史学者、哲学者、社会人類学者。チェコに暮らした後、英国に亡命。ナショナリズムの研究で知られる。

13 **第四階級** 第一階級の王・諸侯、第二階級の貴族・僧侶、第三階級のブルジョアジーに対する無産階級、労働者階級。

14 **カール・カウツキー**（1854–1938）ドイツの革命家、政治家、哲学者、経済学者。『マルクス資本論解説』他

15 **ゲオルギー・プレハーノフ**（1856–1918）ロシアの社会主義者。マルクス、エンゲルスの『共産党宣言』を露語に翻訳。

16 **山川均**（1880–1958）社会主義者、思想家、評論家、マルクス経済学者。第一次共産党創設メンバー。労農派。売文社メンバーの一人。

17 **大内兵衛**（1888–1980）マルクス経済学者。東京大学経済学部教授、法政大学総長。労農派。

18 **大森義太郎**（1898–1940）マルクス経済学者。東京帝国大学助教授。共産党員を一斉検挙した三・一五事件（一九二八年）で大学を追われ、後に論壇で活動。人民戦線事件で検挙。

19 **向坂逸郎**（1897–1985）マルクス経済学者。九州大学経済学部教授。労農派。山川均らとともに社会主義協会を創設。

20 **松浦要**（1889–1964）中央大学商学部教授。

21 **生田長江**（1882–1936）評論家、翻訳家、劇作家、小説家。『ニーチェ全集』（翻訳）他

22 **堺利彦**（1871–1933）社会主義者、思想家、評論家、翻訳家、小説家、政治家。第一次共産党創設メンバー。労農派。売文社創設者。

23　ミハイル・トゥガン＝バラノフスキー（1865–1919）ロシアの経済学者。「近代景気循環論の父」と呼ばれる。

24　**森戸辰男**（1888–1984）社会学者、政治家。片山、芦田両内閣で文相を務めた後、広島大学学長。『思想と闘争』他

25　**ピョートル・クロポトキン**（1842–1921）ロシアの革命家、政治思想家、地理学者、社会学者、生物学者。無政府主義者。

26　**上杉慎吉**（1878–1929）憲法学者。東京帝国大学法学部教授。一九二三年に高畠素之とともに国家社会主義団体「経綸学盟」を設立。

27　**ハーバート・スペンサー**（1820–1903）イギリスの哲学者、社会学者、倫理学者。「進化」「適者生存」の発案者。

28　**売文社**　一九一〇年に堺利彦が大杉栄、荒畑寒村、高畠素之らとともに始めた編集プロダクション、翻訳会社。後に山川均らも加わる。一九一九年解散。

29　**対馬忠行**（1901–1979）思想家、社会主義活動家、トロツキスト。

30　**和田春樹**（1938–）歴史学者。東京大学名誉教授。専門はロシア、ソビエト、朝鮮史。

31　**塩川伸明**（1948–）東京大学名誉教授。専門はロシア政治史、比較政治学。

32　**マモン**　キリスト教において富を意味する言葉。転じて「貪欲」を指し、擬人化されて地獄の七大君主の一人とされる。

33　**富塚良三**（1923–2017）経済学者。中央大学名誉教授。『恐慌論研究』他

34　**松嶋敦茂**（1940–）滋賀大学経済学部教授。専攻は経済学史。『経済から社会へ　パレートの生涯と思想』

他

35 **大島清**（1913-1994）経済学者。東京教育大学教授、筑波大学名誉教授、帝京大学教授。専攻は金融論。

36 **石川準十郎**（1899-1980）国家社会主義の思想家、活動家。早稲田大学教授。高畠に引き合わせた兄の金次郎は後に日本社会党より衆院議員。

37 **津久井龍雄**（1901-1989）国家社会主義の思想家、活動家、ジャーナリスト。赤尾敏、児玉誉士夫らと交流。

38 **山路愛山**（1865-1917）キリスト教伝道師、評論家、歴史家。『高山彦九郎』他

39 **ピエール・ジョゼフ・プルードン**（1809-1865）フランスの社会主義者、哲学者。

40 **村松梢風**（1889-1961）作家。『騒人』は個人編集の雑誌。村松友視は孫。

41 **中西伊之助**（1887-1958）作家、社会運動家、政治家（共産党、一期）。

42 **白柳秀湖**（1884-1950）評論家、作家、歴史家。売文社メンバーの一人。

43 **古賀廉造**（1858-1942）刑法学者。大審院検事および判事等を歴任。貴族院議員。

44 **ジェームズ・ラムゼイ・マクドナルド**（1866-1937）イギリスの政治家。労働党として初の首相。

45 **オスヴァルト・シュペングラー**（1880-1936）ドイツの哲学者、歴史学者。ヨーロッパ中心主義の世界観を批判。

46 **ベーム・バベルク**（1851-1914）オーストリア学派の経済学者。『資本と利子』でマルクス経済学を批判。オーストリア大蔵大臣を務める。

47 **オイゲン・カール・デューリング**（1833-1921）ドイツの哲学者、経済学者。反マルクスを展開するも、エンゲルスにより『反デューリング論』で徹底批判された。

48 **池田晶子**（1960–2007）哲学者、文筆家。

49 **フランツ・オッペンハイマー**（1864–1943）ドイツ出身の医者、社会学者、経済学者。フランクフルト大学教授。アメリカに亡命。

50 **ポリビオス**（BC204?–BC125?）古代ギリシャの歴史家。ローマ史を通じて政体循環史観を説く『歴史』を執筆。

51 **シャルル＝ルイ・ド・モンテスキュー**（1689–1755）フランスの哲学者、思想家。著書『法の精神』により、三権分立論を説く。

52 **中江兆民**（1847–1901）思想家、ジャーナリスト、政治家。自由民権運動の理論的指導者。

53 **美濃部達吉**（1873–1948）法学者、憲法学者、政治家。東京大学名誉教授。

54 **穂積八束**（1860–1912）法学者、政治家。東京帝国大学法科大学長。

55 **加藤弘之**（1836–1916）政治学者、政治家。帝国大学第二代総長。

56 **フランソワ・ピエール・ギヨーム・ギゾー**（1787–1874）フランスの首相、歴史家。「選挙権が欲しければ金持ちになれ」の発言により二月革命が起こる。

57 **アンリ・ド・サン＝シモン**（1760–1825）フランスの思想家。産業階級の保護育成を唱える。

58 **シャルル・フーリエ**（1772–1837）、フランスの哲学者、倫理学者。宇宙には物質的、有機的、動物的、社会的運動の四つの運動があるとし『四運動の理論』を執筆。

59 **アウグスティヌス**（354–430）ローマ帝国がキリスト教を公認した時代の神学者、哲学者。

60 **エルフルト綱領**　一八九一年ドイツ社会民主党のエルフルト大会で採択されたカウツキー起草の党綱領。階級闘争や生産手段の社会的所有、労働者階級による政治権力の獲得などが掲げられる。

61 **宇垣一成**（1868-1956）旧陸軍大将、政治家。陸軍、外務、拓務大臣を歴任、たびたび首相候補に擬せられる。戦後は参院議員。

62 **麻生久**（1891-1940）政治家、労働運動家。社会大衆党書記長、日本大衆党委員長。

63 **安田善次郎**（1838-1921）実業家、安田財閥の祖。

64 **朝日平吾**（1890-1921）右翼活動家。安田を殺害後、自刃。

65 **サンジカリズム** 労働組合運動、労働組合主義。転じて革命的労働組合運動、およびその思想も指す。

66 **人民戦線事件** 一九三七年十二月、翌三八年二月の二度において、日本で人民戦線の結成を企てたとして労農派系の学者計四百八十四人が検挙された事件。

67 **ゴットフリート・ライプニッツ**（1646-1716）ドイツの哲学者、数学者、思想家、政治家。

68 **近藤栄蔵**（1883-1965）社会運動家。アメリカ留学後、第一次日本共産党創立に参加。一九二三年、ソ連に亡命。帰国後、国家社会主義へ転向。

69 **『お目出度誌』騒ぎ** 市中に出回る冊子の内容が不敬にあたるとして社会活動家・高津多代子が逮捕されたが、証拠不十分で釈放。

70 **中岡艮一**（1903-1980）鉄道労働者。原敬殺害犯だが、背後に右左翼団体等の組織はなかったと言われる。

71 **暁民会** 早大学生、高津正道らによって結成された社会運動団体。高津の妻は『お目出度誌』騒ぎで逮捕された高津多代子。

72 **ダニエル** 旧約聖書『ダニエル書』の主人公。賢者として描かれる。

73 **大岡忠相**（1677-1752）江戸時代の幕臣。

74 **三木武吉**（1884–1956）政治家。当時、憲政会の「ヤジ将軍」として名を馳せる。

75 **横田千之助**（1870–1925）政治家。当時、立憲政友会のプリンスとして扱われた。

76 **野田卯太郎**（1853–1927）政治家。原内閣で逓信大臣を務めた。

77 **床次竹二郎**（1867–1935）大蔵官僚、政治家。原内閣で内務大臣を務めた。

78 **中央新聞** 立憲政友会の系列。

79 **報知新聞** 憲政会の系列。

80 **阿部浩**（1852–1922）内務官僚、政治家。原敬内閣成立に際し東京府知事に就任。

81 **岡喜七郎**（1868–1947）内務官僚、政治家。原内閣成立時に警視総監に就任。

82 **エドゥアルト・ベルンシュタイン**（1850–1932）ドイツの政治家。ドイツ社会民主党。社会主義革命の到来を否定し、議会主義による漸進的な社会主義の実現を主張。修正主義者と呼ばれた。

83 **ミハイル・バクーニン**（1814–1876）ロシアの思想家、哲学者。貴族の出身だがプルードンの影響を受け無政府主義者に転ずる。

84 **オット・フォン・ビスマルク**（1815–1898）プロイセン、ドイツの政治家。プロイセン王国首相。

85 **ヨハン・カール・ロトベルトゥス**（1805–1875）ドイツの経済学者、社会主義者。『地代論』他

86 **ルイス・ヘンリー・モルガン**（1818–1881）アメリカの文化人類学者。アメリカンインディアンの研究から『古代社会』を執筆。

87 **平林初之輔**（1892–1931）作家、評論家。プロレタリア文学の理論構築を行う。

88 **アウグスト・ベーベル**（1840–1913）ドイツの社会主義者。ドイツ社会民主党の創設者の一人。

89 **エドマンド・バーク**（1729–1797）イギリスの哲学者、政治家。議会政治を擁護して近代政治政党の定

義づけをおこなった。「保守政治の父」と呼ばれる。

90 カルビン・クーリッジ（1872-1933）アメリカの政治家、第三十代大統領。

91 カール・フォン・クラウゼヴィッツ（1780-1831）プロイセン王国の軍人、軍事学者。

92 ヘクター・チャールズ・バイウォーター（1884-1940）イギリスのジャーナリスト。一九二一年に『太平洋におけるシーパワー　米日の海洋問題の研究』を著し、日米開戦を予想した。

93 **ローザンヌ学派**　レオン・ワルラス（1834-1910）によって創始され、ウィルフレド・パレート（1848-1923）によって体系づけられた経済学の学派。ミクロ経済学の基礎を確立。

94 **ゼノア**　イギリス西部にある人魚姫伝説発祥の村。

95 **小泉又次郎**（1865-1951）政治家。憲政会の代議士として普通選挙法推進に注力した。小泉純一郎元総理の祖父。

96 **バールーフ・デ・スピノザ**（1632-1677）オランダの哲学者。汎神論は一切のものは神の顕現であるとする。

97 **水守亀之助**（1886-1958）編集者、作家。雑誌『新潮』の編集者を経て、雑誌『随筆』、『野火』を主宰。高畠の著書を出版する人文会出版部の経営に携わる。

98 **ロベルト・ミヘルス**（1876-1936）ドイツの社会学者、歴史学者。すべての政治体制は寡頭制に変化する「寡頭制の鉄則」を提唱した。

99 **レスター・フランク・ウォード**（1841-1913）アメリカの社会学者。知性の発達による社会問題の解決を標榜。『動態社会学』他

100 『ルイ・ボナパルトのブリュメール十八日』一八五二年に発表されたマルクスの評論。フランス二月革

命から後のクーデターまでを解析する。
101 **ドウェイト・ウィットニー・ラーネッド**（1848–1943）アメリカ出身の教育者、宣教師。同志社大学第二代学長。
102 **安部磯雄**（1865–1949）社会運動家、政治家。早大教授。第一回普通選挙で当選、社会大衆党党首となる。
103 **浮田和民**（1859–1946）思想家、政治学者。早大教授。熊本洋学校から同志社英学校に学び、同志社の教師も務める。
104 **大西祝**（1864–1900）哲学者。東京専門学校（早大）で教壇に立ちつつ、キリスト教的自由主義の立場で国家主義を批判。
105 **フリードリヒ・シュライエルマッハー**（1768–1834）ドイツの神学者、哲学者。
106 **芳川鎌子**　芳川顕正伯爵の四女。一九一七年、夫の下を出奔、お抱え運転手、倉持陸助と駆け落ちし、心中未遂を起こす（倉持は自害）。
107 **日蔭（影）茶屋刃傷事件**　一九一六年、アナキストの大杉栄が三角関係のもつれで、東京日日新聞記者だった神近市子に刺される。
108 **日向欣子姙娠事件**　一九一九年、夫の日向輝武代議士と死別後、すぐに九歳年下の詩人と再婚妊娠。欣子は大正三大美人の一に数えられる。
109 **鍋島好子**　佐賀鍋島家の長女。お抱え運転手で加賀の温泉旅館の跡取りだった若者と駆け落ちする。
110 **梅子隈畔の抱き合い心中**　一九二一年、哲学者の野村隈畔が愛人と入水自殺。
111 **出沢某**　出沢佐太郎。芳川鎌子の心中相手だった倉持の元同僚。鎌子と恋仲になり結婚。

112 **海老名弾正**（1856–1937）思想家、教育者、牧師。同志社大学第八代総長。

113 **木下尚江**（1869–1937）キリスト教社会主義者、ジャーナリスト、作家。

114 **武田清子**（1917–2018）思想史学者。国際基督教大学名誉教授。

115 **宮下太吉**（1875–1911）共産主義者、アナキスト。天皇殺害を企てたとして検挙、大逆事件で処刑された十二人の一。

116 **ヤン・フス**（1369?–1415）ボヘミア出身の牧師、神学者。宗教改革運動の先駆者。

117 **エバーハルト・ユンゲル**（1934–）ドイツの神学者。

118 **パウル・ティリッヒ**（1886–1965）ドイツの神学者。

119 **ルドルフ・ブルトマン**（1884–1976）ドイツの神学者、聖書学者。

120 **長谷部文雄**（1897–1979）経済学者。同志社大、立命館大、龍谷大学教授。

121 **岡崎次郎**（1904–1984?）マルクス経済学者。九州大、法政大学教授。八十歳の時、夫人とともに姿を消す。

122 **エミール・ブルンナー**（1889–1966）スイスの神学者。チューリヒ大学総長。

123 **安達謙蔵**（1864–1948）ジャーナリスト、政治家。憲政会。加藤高明、若槻内閣で逓信大臣、浜口内閣で内務大臣を務める。

本書は『新潮』二〇〇八年一月号から二〇一〇年二月号にかけて連載された『高畠素之の亡霊』に一部加筆修正をおこない、再編集したものです。（編集部）

新潮選書

高畠素之《たかばたけもとゆき》の亡霊《ぼうれい》——ある国家社会主義者《こっかしゃかいしゅぎしゃ》の危険《きけん》な思想《しそう》

著　者………………佐藤優《さとうまさる》

発　行………………2018年5月25日

発行者………………佐藤隆信
発行所………………株式会社新潮社
〒162-8711 東京都新宿区矢来町71
電話　編集部 03-3266-5411
読者係 03-3266-5111
http://www.shinchosha.co.jp
印刷所………………錦明印刷株式会社
製本所………………株式会社大進堂

乱丁・落丁本は、ご面倒ですが小社読者係宛お送り下さい。送料小社負担にてお取替えいたします。価格はカバーに表示してあります。

ISBN978-4-10-603826-6 C0331

いま生きる「資本論」 佐藤優

それは革命の書ではない。私たちの住む新自由主義社会のカラクリを知り、人生を楽にするための知恵の書だ。多くの受講生が抱腹し興奮した白熱講座、紙上完全再現！

いま生きる階級論 佐藤優

容赦のない収入格差。逃れられない教育格差。ピケティには救えない危機的状況の日本を〈横断的階級〉となって生き抜け！　超人気「資本論」講座、待望の第二弾。

学生を戦地へ送るには　田辺元「悪魔の京大講義」を読む 佐藤優

日米開戦前夜、京大の哲学教授はいかにしてエリート学生を洗脳し、戦地へ赴かせたのか？悪魔の講義の構造を解明し、現代に警鐘を鳴らす渾身の合宿講座全記録。

君たちが知っておくべきこと　未来のエリートとの対話 佐藤優

超難関高校生たちに向けて語った、大学の選び方、外国語習得術、異性問題の解決法から知識人階級のルールまで。「知のバトン」を次世代へ繋ぐ白熱講義、完全収録！

ゼロからわかるキリスト教 佐藤優

貪婪な新自由主義、過酷な格差社会、「イスラム国」の暴虐——現代の難問の根底にはすべて宗教がある。世界と戦う最強の武器・キリスト教論の超入門書にして白眉！

ゼロからわかる「世界の読み方」　プーチン・トランプ・金正恩 佐藤優

北方領土交渉は2018年に動く。トランプの反アジア人思想とは。金正男殺害の引き金はツイッター？　公開情報で鮮やかに読み解く圧巻の世界情勢講義、完全収録。

国家の罠
外務省のラスプーチンと呼ばれて
佐藤優

有能な外交官にして、傑出した諜報員——。国を愛し、国のためを思い、対ロシア外交の最前線に飛び出した男はなぜ、国家に裏切られなければならなかったのか。

自壊する帝国
佐藤優

ソ連邦末期、「改革」と「自壊」はまさに紙一重となっていた。世界最大の巨大帝国崩壊の一部始終を内側から見つめた、迫真のインテリジェンス・ノンフィクション。

インテリジェンス人間論
佐藤優

歴代総理、世界の指導者、伝説のスパイ、異能の思想家から、聖人君子まで、総勢百五十余人が登場。豪快にしてユーモア溢れる「実録　ハードボイルド・ワンダーランド」。

功利主義者の読書術
佐藤優

タレント本、ビジネス書から、世界文学の名作、哲学書、宗教書まで——。「役に立てる」という観点から読み直せば、今まで気づかなかった智慧が見えてくる。

外務省に告ぐ
佐藤優

イジメ、セクハラ、不倫、不正蓄財、そして汚職。佐藤優が「外交敗戦」の背後にある外務省の病巣を鋭くえぐり、日本外交を再生するための処方箋を熱く論じる。

プラハの憂鬱
佐藤優

その人は私に世界の読み解き方を教えてくれた——１９８６年ロンドン。外交官研修時代の著者と亡命チェコ人古書店主との濃密な知的交流を回想する青春自叙伝。

JAに何ができるのか

奥野長衛　佐藤優

米国のTPP離脱、農政改革、従事者の高齢化と後継者不足……岐路に立つJAは何を目指し、どこへ向かうのか。改革派の農協トップと舌鋒鋭い論客による最強対談。

とりあたま大学
世界一ブラックな授業！編

西原理恵子　佐藤優

STAP細胞騒動に炎上する朝日新聞、佐村河内にアナ雪、ピケティ……。毒と笑いは東大以上。最凶教授陣が13～15年のニュースを徹底解剖。大増量の第四弾！

とりあたまGO
モンスター襲来！編

西原理恵子　佐藤優

街にはポケモンがあふれ、ゴジラも上陸、トランプ大統領誕生、天皇陛下「生前退位」、SMAP解散……次々と世界を襲った怪物級のニュースを最強コンビが迎え撃つ！

戦前日本の「グローバリズム」
一九三〇年代の教訓

井上寿一

昭和史の定説を覆す！「戦争とファシズム」の機運が高まっていく一九三〇年代。だが、実は日本人にとって世界がもっとも広がった時代でもあった――。

《新潮選書》

未完のファシズム
―「持たざる国」日本の運命―

片山杜秀

天皇陛下万歳！　大正から昭和の敗戦へと、日本人はなぜ神がかっていったのか。軍人たちの戦争哲学を読み解き、「持たざる国」日本の運命を描き切る。

《新潮選書》

日本はなぜ開戦に踏み切ったか
―「両論併記」と「非決定」―

森山優

大日本帝国の軍事外交方針である「国策」をめぐり、昭和16年夏以降、陸海軍、外務省の首脳らが結果的に開戦を選択する意思決定プロセスを丹念に辿《たど》る。

《新潮選書》